De aquí y de allá

Cristina Erausquin
compiladora

De aquí y de allá

Interacciones en Desarrollo frente a desafíos de la Inclusión Educativa

2017

2

Argentina

Leticia Mara Bardoneschi

Natalia Cánepa

Silvia Di Falco

Cristina Erausquin

Livia García Labandal

Mariela Lloréns

Violeta Vicente Miguelez

Chile

Braulio Javier Bruna González

Paraguay

María Laura Romero Lévera

Claudia Ruiz Diaz Meza

Serie lux viridis
Psicoeducadores en formación

2017

De aquí y de allá 2

Interacciones en Desarrollo frente a desafíos de la Inclusión Educativa

Argentina-Chile-Paraguay

Cristina Erausquin ... [et al.]; compilado por Cristina Erausquin

1a ed . - Ciudad Autónoma de Buenos Aires: PsiDispa, 2020.

(Serie lux virides: psico-educadores en formación; 2)

274 p. ; 23 x 15 cm.

ISBN 978-987-86-4051-8

1. Psicología de la educación. 2. Inclusión Escolar. 3. Tesis de Maestría.

I. Erausquin, Cristina, comp.

CDD 371.904

Tapa: ©PsiDispa
verD2.08ta2.01ma2.08co2.3

Los autores y sus (capítulos)

Leticia Mara Bardoneschi (5)

Braulio Javier Bruna González (12)

Natalia Cánepa (8)

Silvia Di Falco (3 y 10)

Cristina Erausquin (1, 2 y 14)

Livia García Labandal (13)

Mariela Lloréns (7 y 9)

María Laura Romero Lévera (4)

Claudia Ruiz Diaz Meza (6)

Violeta Vicente Miguelez (11)

El gráfico de la última página fue recuperado de http : / / www . colegioceumonteprincipe. es/blog2/wp-content/uploads/ 2019/11/66.jpg

Comité Revisor

Los autores de los capítulos 3 a 12 fueron todos alumnos de dos Seminarios, dictados para la Maestría en Psicología Educacional en dos cuatrimestres consecutivos durante el año 2017, en la Facultad de Psicología de la Universidad de Buenos Aires.

El Comité Revisor invitó a quienes obtuvieron las mayores calificaciones en sus Trabajos Finales, presentados durante el año siguiente, a contribuir con uno (o dos) capítulo(s) para el libro **De aquí y de allá 2** —el segundo volumen de la serie—.

Para su inclusión en el libro, las contribuciones debían estar basadas en dichos Trabajos Finales, tenían que adaptarse a las exigencias editoriales, y ser aprobadas por el Comité Revisor.

Resultaron seleccionados 10 trabajos de 8 autores: cinco de ellos de Argentina, uno de Chile y dos de Paraguay.

El Comité Revisor estuvo conformado por:

Mg. Cristina Erausquin. Lic. en Psicología (UBA) y Magister en Psicología Cognitiva y Aprendizaje (FLACSO). Profesora Adjunta Regular de "Psicología Educacional" y de la "Práctica de Investigación en Psicología y Educación", ambas de la Licenciatura de Psicología, Facultad de Psicología, Universidad de Buenos Aires (UBA). Profesora Titular de "Psicología Educacional" en Facultad de Psicología de la Universidad Nacional de La Plata (UNLP). Profesora Dictante de los Seminarios "Contribuciones de Teorías del Desarrollo", "Interacción y Comunicación Educativa" e "Introducción a los Problemas Epistemológicos en Psicología Educacional", en la Maestría en Psicología Educacional, UBA. Profesora de Posgrado "Inclusión Educativa y Diversidad", Facultad de Psicología, UNLP. Directora de Proyectos de Investigación UBACYT en

Psicología, UBA y similares en Psicología en la UNLP. Miembro de la Comisión Asesora de la Maestría en Psicología Educacional, UBA.

Dra. Livia García Labandal. Lic. en Psicología (UBA) y Doctora en Psicología (UBA). Profesora Adjunta Regular de "Didáctica Especial y Prácticas de Enseñanza de Psicología" en el Profesorado en Psicología y JTP en "Psicología Educacional", Facultad de Psicología, Universidad de Buenos Aires (UBA). Profesora Co-Dictante de los Seminarios "Interacción y Comunicación Educativa", "Instituciones, Organizaciones y Grupos", y "Salud, Educación y Diversidad", todos en la Maestría en Psicología Educacional, UBA. Directora de Proyectos de Investigación PROINPSI y Proyectos de Extensión en la Facultad de Psicología, UBA. Profesora de Posgrado en la Universidad de Belgrano y en la Universidad Abierta Interamericana. Miembro de la Comisión Asesora de la Maestría en Psicología Educacional, UBA.

Lic. Diana Fernández Zalazar. Lic. en Psicología (UBA) y Especialista en Constructivismo y Educación (FLACSO). Profesora Adjunta de "Psicología y Epistemología Genética" y de "Informática, Educación y Sociedad", ambas de la Licenciatura en Psicología, Facultad de Psicología Universidad de Buenos Aires (UBA). Profesora Co-Dictante del Seminario "Contribuciones de Teorías del Desarrollo" y Profesora Invitada en el Seminario "Interacción y Comunicación Educativa" de la Maestría en Psicología Educacional, UBA. Investigadora y Directora de Proyectos de Investigación en el Área Educacional. Profesora en Grado y Posgrado sobre TICS y está a cargo del Programa de Educación a Distancia de la Facultad de Psicología, UBA.

Buenos Aires, diciembre 2019

Contenido

Trayectorias que interrogan sentidos de la Investigación en Psicología Educacional

Cristina Erausquin (Argentina)

¿Por qué se nos habrá ocurrido aproximar —y para colmo *hibridar*—, reflexiones y reelaboraciones de experiencias de agentes educativos y psico–socio–educativos —casi todas mujeres, esta vez—, experiencias interrogadas e interpeladas por categorías de análisis provenientes de diferentes teorías y áreas de conocimiento, en dos Seminarios de la Maestría en Psicología Educacional de la Universidad de Buenos Aires, *Contribuciones de Teorías del Desarrollo*, por un lado, e *Interacción y Comunicación Educativa*, por el otro? ¿Y luego, por qué publicar esos trabajos en un libro?

Ensayo una respuesta, siendo ya éste nuestro libro 2 *De aquí y allá ....* Veamos. Por un lado, está el supuesto saber sobre el desarrollo psicológico de una persona, el saber sobre cómo se desarrollan sus rasgos, su personalidad, su conocimiento, su identidad, algo que parece tan determinado en edades, fases, etapas, a través de los tiempos, como un proceso que se ha vinculado a avances —y a veces retrocesos o estancamientos— en una escala vertical que pretendió representar el *progreso* necesario hacia la adultez. He ahí a la denominada Psicología Evolutiva, con jerarquías genéticas en las que se convirtió la heterogeneidad de pensamientos, comportamientos y culturas (Wertsch, 1993).

En definitiva, se configuró en la modernidad como un saber que se deslizó hacia la transformación de la diversidad y sus contrastes, en una polarización entre la presunta normalidad de conductas, pensamientos, emociones, y la sospecha de anormalidad, que conlleva también, asociada, la sospecha de un déficit de educabilidad (Baquero, 2001). Esa fue una Psicología Evolutiva centrada en los niños como su objeto de indagación y "el niño" fue su unidad de análisis, constituyéndose como disciplina que parece estudiarlo en su devenir desde la "tabula rasa" de la infancia —edad sin luz y sin habla— a la completitud y punto de llegada de la adultez.

Por otro lado, está ese otro supuesto saber, que también se pretendió universal y necesario, uniforme, de la Pedagogía, que no siempre enfocó las interacciones y comunicaciones educativas, sino que se conformó como un saber del educar, del enseñar. Y que remite más bien a espacios de adultos siguiendo pautas para la escolarización de los menores, a partir de la trasmisión de los contenidos curriculares y la educación formal, y postula también relaciones sobre todo verticales, en lo cognoscitivo y en lo disciplinante, con las infancias. Esas relaciones atraviesan sistemas de acciones ordenados por "guiones" pre-determinados, desde afuera de los proyectos o intereses de los sujetos, que han sido dispuestos para "educarlos" "por su propio bien".

Los dispositivos de interacción y comunicación han sido previamente pautados por adultos para ir dando pasos seguros y firmes, uniformes, como el "guardapolvo blanco", para conducir a esos niños hacia un supuesto —hecho promesa y certeza en la modernidad— de progreso universal y necesario. A través de la incorporación de contenidos en los cuales se fragmentó el conocimiento de la humanidad, en una línea continua y sostenida, dejando afuera las vivencias, lo corporal, lo emocional y la acción, para que supuestamente florezca, en esa atmósfera aséptica, la inteligencia en la mente —siempre, claro está, del individuo—.

¿Cómo y por qué vincular experiencias en las que se entremezclan Psicología y Educación, adultos y niños, si sus roles no están destinados a "salir fuera de sí", a interactuar y comunicarse en profundidad, a entrelazarse, sino a establecerse como necesidad y perentoriedad en sí mismos, por separado?

Es justamente la crisis de ese modelo la que nos precipita a hibridar y a crear unidades de análisis más amplias para la investigación y la intervención en–y–entre psicología y educación. Es la declinación de las certezas del futuro, y también de la autoridad supuesta y atribuida a quienes tienen responsabilidad de guiar ese proceso, las que hacen posible el re–surgimiento de la inclusión de lo diferente y lo diverso en nuestras vidas, más allá de lo binario.

Más allá del poder que sujeta y ahoga las potencias, al identificar con una etiqueta al otro, al extranjero, al diferente. Y somos nosotros los que queremos ser parte de esa "agencia humana" (Engeström, 2001), estratégica y expansiva, capaz de aprender "lo que todavía no está ahí, pero puede aparecer mientras lo construimos entre todos". Una agencia que pretende interactuar con los *guiones* pre–establecidos de funcionamiento de los sistemas de actividad en los que estamos inmersos —familia, escuela, trabajo— para problematizarlos, interrogarlos y transformarlos de modo que nos sirvan para vivir mejor.

Y es necesario hacerlo a partir del reconocimiento de *lo que nos pasa* como sujetos mientras habitamos esos *escenarios*, y también lo que queremos que ocurra entre nosotros y el mundo. Para ello, necesitamos liberar al Desarrollo y a la Psicología de esos *sesgos* con los que se constituyeron, tan nítidos en la palabra "Evolutiva", que adjetiva y recorta a la Psicología cuando se ocupa del Desarrollo.

Palabra ésa —Evolutiva—, que si bien a todos ahora nos hace ruido, continúa nominando, en la academia, a una disciplina psicológica importante, la Psicología Evolutiva (PE). Lo hace especificando los "contenidos curriculares de la PE", que guían y ordenan el aprendizaje de esa ciencia en la academia. Con ese sesgo de *lo que evoluciona*, aun con todo lo que hemos querido o podido historizar, des–armar, de–construir, para "desarrollar" el concepto de "desarrollo" (Valsiner, 2001). Pero, ¿lo habremos desarrollado?

¿Qué ha pasado con nuestra potencia para interpelar y problematizar esa conciencia "del único y universal" desarrollo humano en Psicología?

¿Qué ha ocurrido con eso, por ejemplo, en los últimos veinte años de nuestra disciplina?

Releyendo a autores y textos de Psicología Social, Evolutiva y Educacional, que formaron parte de la Perspectiva Crítica que atravesó a nuestra disciplina ya a principios de este siglo —o a fines del anterior—, hallé dos trabajos, presentados en un Congreso Interamericano de Psicología organizado por la Sociedad Interamericana de Psicología (SIP) en Caracas, Venezuela, en 1999. Esta lectura, mientras trabajaba en la compilación de este libro, me hizo reflexionar sobre el camino —recorrido o no— en esta dirección de–constructiva con la que me identifico hoy: aquella de la que emerge una co–construcción más inclusiva, lo que hemos denominado una "dialéctica dialógica de la diversidad y la igualdad". Y hoy lo retomo a propósito del evento que celebro: el libro 2 "De aquí y allá ..."

El primer artículo es de Erica Burman (1999), y se titulaba "Retóricas del Desarrollo Psicológico: desde la complicidad hacia la resistencia". Retomaba allí la autora algunos conceptos que ya planteara en su libro "Deconstrucción de la Psicología Evolutiva" (1994), a saber:

- Resulta necesario de-construir los saberes que constituyen la Psicología Evolutiva, para co-construir saberes y experiencias con los sujetos-en-situación y con los pueblos y comunidades en sus contextos vitales y formativos.

- La deconstrucción de la Psicología Evolutiva es una introducción crítica a la misma. Crítica no significa que se la sustituya o deseche, sino que se presenta una síntesis de des-naturalizaciones y discusiones complejas, pero fundamentales. Se centra en problematizar las condiciones de producción de los saberes científicos, y aun más, en los efectos de las investigaciones en las prácticas humanas de crianza y educativas, y en la producción de subjetividades.

- Deconstruir es desmantelar el poder que tiene el aparato del conocimiento científico para construir cuestiones que nos disciplinan y configuran. La desigualdad y el tratamiento diferencial basados en la clase social, la cultura, el género, la edad y la sexualidad, impregnan la estructura profunda de la práctica de la Psicología Evolutiva.

"Los académicos nos dedicamos a la producción ideológica... Nuestra responsabilidad institucional, entonces, es ofrecer una crítica responsable de la estructura de la producción del conocimiento que enseñamos, incluso mientras lo enseñamos", cita Burman. Las ideas son herramientas para el cambio, pero, sin duda, también se utilizan para impedirlo, concluye la autora.

- Deconstruir es poner al descubierto, someter a escrutinio, las claves político-éticas que involucran y sostienen a la Psicología Evolutiva. Vinculase con la tarea de la *Psicología Crítica* (Ian Parker), enfocando los discursos que la disciplina construye como sistemas socialmente organizados de significados, definiendo categorías que especifican lo que se puede decir y hacer, y articulando las explicaciones con las prácticas que a ellas se asocian.

- La Psicología Evolutiva (PE) ha sido dirigida por la exigencia de producir *tecnologías de medida*, que terminan produciendo objetos y sujetos de la investigación.

  Supuestos ideológicos impusieron escoger y abstraer al niño como unidad de análisis de la Psicología Evolutiva. Luego, las madres sustituyeron a los hijos como *foco de indagación*, en cuestiones reguladoras de sus vidas a través de: a) la intervención activa en las vidas de mujeres en tanto madres, b) el impacto indirecto, respecto a cómo se desarrollan los niños y qué es lo "mejor" para ello y c) un impacto más extenso, constitutivo del clima cultural y de la estructura de provisión de servicios disponibles para los niños y madres trabajadoras —guarderías, escuelas, personal doméstico y auxiliar—.

- Las descripciones se tornaron *prescripciones, al sustentarse* en la apelación a la biología y a la evolución, tanto en la teoría del apego como en el enfoque del desarrollo del lenguaje y la educación. El apoyo de la PE en las ideas evolucionistas y biologistas y la legitimación de las mismas, sustentó su tendencia a clasificar y estratificar a individuos, grupos y poblaciones, de forma que se mantengan las opresiones, asimetrías y dominios de clase, género y raza.

- ¿Por qué hay que asumir que el estudio del desarrollo humano estudia "el niño"?

  ¿La discusión sobre el desarrollo es sobre "los niños" o sobre "los contextos en los que las personas crecen y cambian"?

  Por eso —continúa E. Burman— "me refiero a "la niña" como el "individuo o sujeto de la Psicología Evolutiva, utilizando el pronombre femenino "ella". Si le resulta extraño al lector, merece la pena considerar por qué.

  ¿De quién estamos hablando cuando decimos "niño"?

  ¿De un ser abstracto?

¿De todo el mundo?

¿De un universal que abarca todas las culturas, todas las clases sociales?

¿Qué consecuencias tiene para la psicología evolutiva el haberse olvidado del género, la raza, la clase social, la geografía colonial y colonizadora, como dimensiones estructurantes del desarrollo en la modernidad?

- La Psicología Evolutiva que se estudia en la academia está dirigida a y escrita por investigadores occidentales, y del norte del mundo. Es típicamente anglo–estadounidense. Interesa ello para analizar la estructura del enfoque dominante, con el fin de comentar sus implicaciones e impacto en los países post–coloniales cuyos servicios están moldeados por el legado colonial, para beneficiar material y simbólicamente a los que ocuparon "nuevos" continentes y usufructuaron ventajas de mano de obra barata o población esclavizada.

- La Psicología Evolutiva ha compartimentalizado la duración de la vida, de manera que el "desarrollo" quedara confinado a la primera parte de la vida.

  ¿Y después? ¿Sólo queda el declive o el estancamiento, siendo la adultez "una estación de llegada" ... a lo establecido?

- "Este es un libro de Psicología Evolutiva", no de sociología, señala Erica Burman.

La suya es una obra nutrida por ideas feministas y post–estructuralistas, y por la historia de los *posicionamientos* de la autora como sujeto y agente, los cuales se han constituido también en instrumentos de análisis.

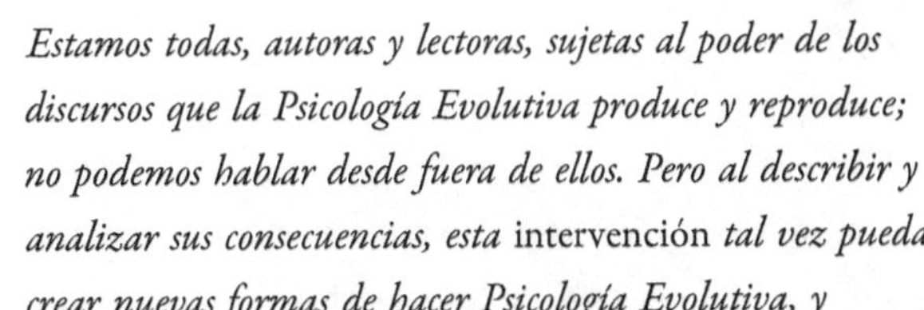

Estamos todas, autoras y lectoras, sujetas al poder de los discursos que la Psicología Evolutiva produce y reproduce; no podemos hablar desde fuera de ellos. Pero al describir y analizar sus consecuencias, esta intervención *tal vez pueda crear nuevas formas de hacer Psicología Evolutiva, y*

> *podamos co–construir nuevos saberes, experiencias y prácticas sociales.*
>
> *Burman, 1994.*

En el artículo de 1999. antes citado, Erica Burman agrega otros conceptos:

- Para entender al Desarrollo como *discurso*, uno debe mirar no a los elementos mismos sino al sistema de relaciones establecidos entre ellos, así como a la idea de progreso como significante trascendental.

- La resonancia entre el discurso del *desarrollo en psicología* y el planteo político del *desarrollo económico en el mundo*, que culmina en la globalización trans–nacional contemporánea, delata recursos culturales y trayectorias políticas comunes. Especialmente el *concepto de progreso*, con sus corolarios de continuidad, homogeneidad y linealidad, delata orígenes comunes en el estado–nación colonial del siglo XIX, que ya empezó a globalizar... la pobreza y la injusticia.

- El desarrollo asume una *teleología necesaria*, en tanto propone que los "nativos" de las "nuevas" geografías más tarde o más temprano serán reformados en una única dirección posible, al mismo tiempo que denota la separación siempre sostenida entre los reformadores y los reformados. El desarrollo descansa en el perpetuo re–conocimiento y simultánea desacreditación de la diferencia. Progreso y desarrollo son tratados como si tuvieran contenido y propósito que emanan de sí mismos. Y como contenido emanado de la *cultura dominante*, ese privilegio le posibilita mantener invisible y encubierto su ejercicio de poder.

- Por eso, el *supuesto saber del Desarrollo* se transforma en un asunto, que requiere enfrentamiento y lucha política, a la vez sobre el modelo de desarrollo psicológico científico y sobre las más amplias prácticas del desarrollo social y económico mundial.

La idea de "progreso" de la modernidad ofrece una representación lineal de cambio desde una posición de déficit o inferioridad a una de avance, mejora o madurez. Y lo hace como si se tratara de un término abstracto de la ciencia, cuando se apoya más bien en ingenuidades evolucionistas, que constituyen la resolución de todas las incógnitas. La diversidad no es sino comprendida en relación a "estadios" del desarrollo, que unen indefectiblemente en una sola escala posible lo que ocurre en diferentes escenarios sociales y relaciones entre personas y situaciones.

Ahora bien, se pregunta Burman en 1999, y yo, en 2019: ¿Cuánto se ha construido, en Psicología, en el marco de un saber que comprenda modos alternativos de ver y entender la diferencia entre los seres humanos y sus desarrollos, que no la considere como una más o menos patologizada desviación de las normas culturalmente dominantes?

La Psicología Evolutiva confunde los "cómo" con los "por qué". Se rodea de tests, medidas y modelos, que ponen un tope a la conceptualización, a través de un pensamiento concreto que pretende creer en lo que "ve". Bloquea un pensar más allá de lo que es, hacia lo que podría ser o podría haber sido si ...

El otro trabajo que hallé, en este recorrido por diferentes capas de la memoria colectiva problematizadora de la ciencia psicológica —desde adentro—, también fue extraído de las *Memorias del XXVII Congreso Interamericano de Psicología, Caracas, 1999*, publicado como *La Psicología al Fin del Siglo*.

Ese otro trabajo se titulaba *Psicología Liberadora*, cuyo autor, el Dr. Edward Sampson, de Berkeley, California falleció recientemente —enero de 2020 a los 72 años, con una vida dedicada al trabajo académico en Psicología Social—. Su mensaje era, como él lo anticipa en su artículo:

> *Antes de que la psicología actual pueda ser útil para la mayoría de las personas que habitan el mundo, la psicología misma debe ser liberada y transformada significativamente de las formas que ha adoptado en la actualidad, que sirven principalmente a los intereses del poder establecido.*
> *Este trabajo intenta presentar las bases para esa transformación y explica brevemente algunos cambios que son necesarios para liberar a la psicología, de modo que pueda ella misma demostrar ser una disciplina liberadora.*
>
> *Sampson, 1999.*

En el trabajo reflexionaba sobre la elección que ha hecho la Psicología, de la auto–contenida, pura e in–contaminada unidad de análisis del INDIVIDUO como su objeto favorito y el más puro "átomo" de su búsqueda, alrededor del cual enfoca su indagación, ignorando u olvidando que ella misma es una disciplina inherentemente histórica y cultural. La pretensión parece haber sido que, despojándolo [al individuo] de todo lo que lo complejiza, y diversifica, se encontraría más fácil y nítidamente su esencia.

Dos han sido, según Sampson, las lealtades que más contribuyeron a esa elección, y a ese sesgo: la sujeción de la Psicología moderna al Iluminismo y su supeditación al Individualismo.

El despojar al humano de su diversidad pretendía forjar el camino para encontrarse con su esencia, mientras lo estaba privando de las condiciones históricas y culturales que lo construían en su ser y devenir. El Iluminismo desechó el hecho de que la gente habita realmente diferentes mundos y se conforma en su ser y su saber de muy diferentes maneras de ser y saber.

Tanto el Iluminismo como el Individualismo responden a búsquedas valiosas de la Ciencia de liberarse del poder de la Iglesia, el Ejercito y el Estado, pero en ese camino, lo que crearon fueron nuevas instancias de vigilancia y control (Foucault), mediante la clasificación y tipificación de individuos, a quienes se les dijo —desde afuera de ellos mismos— quiénes y cómo eran, y quiénes y cómo deberían ser.

Para entender en profundidad a lo humano, y no sólo vigilar, clasificar, tipificar y manejar a los individuos, en el campo de la Psicología Social, Sampson propone una unidad de análisis denominada "actuando en conjunción" —*acting ensemble*, en el original—, apoyándose en M. Bakhtin y L. Vygotsky, lo mismo que en J. Wertsch, M. Cole, L. Resnik, e incluso G. Bateson. Y su propuesta es utilizar esa unidad para bucear en la profundidad no sólo del Conocimiento y la Inteligencia, sino también del Bienestar de los seres humanos.

En respuesta a las preguntas por el "quién" conoce ..., habla ..., siente ..., actúa ..., se desarrolla ..., siempre habrá un "ensemble" —derivado de la unidad de análisis "acting ensemble"—.

En los términos de este libro, hay un *entramado, entrelazamiento, entretejido, hibridación* (Cazden, 2010), desde los cuales emerge algo nuevo. Lo que a su vez posibilita entender cuáles son las condiciones para que se produzca o no ese proceso que entendemos como conocer, sentir, actuar, desarrollarse ... Sin eso, sólo veremos productos en una escala vertical. Con el cambio propuesto, entenderemos qué condiciones, interpersonales, sociales, culturales, hacen posible —o no— tales o cuales devenires.

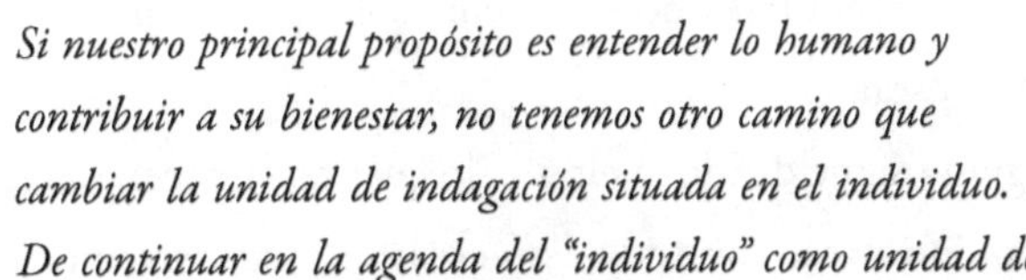

Si nuestro principal propósito es entender lo humano y contribuir a su bienestar, no tenemos otro camino que cambiar la unidad de indagación situada en el individuo. De continuar en la agenda del "individuo" como unidad de

> *análisis, ello sólo podrá conducirnos a tipificar, clasificar y manejar individuos. Como sostenía Foucault, y desarrollaron muchos otros autores, eso tiene mucho menos que ver con entender y contribuir al bienestar de lo humano, y mucho más que ver con controlarlo y manejarlo desde afuera y someterlo a diferentes formas de dominio.*
>
> *Sampson, 1999.*

Gracias Edward Sampson por el aporte que hiciste, y aun nos llega, desde una mirada sobre los supuestos de las investigaciones de la Psicología Social Contemporánea —en ese fin de siglo— y el des–enmascaramiento riguroso que realizaste de las contradicciones políticas y éticas que atravesaron las mismas, en nombre de una ciencia del individuo aislado y "despojado".

Una pregunta sin respuesta

Parecería que entonces estudiar el desarrollo psicológico no es enfocar momentos prefijados de "evolución" de niños y adolescentes, según un "guion" universal, homogéneo y uniforme; así como tampoco trabajar sobre la interacción y comunicación educativa es centrarse en los que enseñan a los que aprenden, en una única dirección ... vertical y binaria.

Parecería más bien que nuestro estudio es para preguntar —y preguntarse—, qué condiciones hacen posible ciertos desarrollos y no otros. Y qué significa para las personas que los viven, la presencia o no de esas condiciones, ya que sólo pensando en lo que nos sucede y les sucede a los que están a nuestro alrededor, podremos descubrir a lo humano en sus potencias y a las condiciones que favorecen o dificultan su despliegue y enriquecimiento. Y esa tarea no se hace en soledad: es un "acting ensemble", al decir de Sampson.

Y la pregunta sigue dando vueltas —lo cual no es necesariamente malo—: ¿qué se ha podido hacer con todo esto en estos últimos veinte años?

O bien alternativamente, ¿se ha podido llegar a co–construir sobre la base de esa deconstrucción, algo novedoso y potente en estos campos de conocimientos?

Queda en suspenso la respuesta —por supuesto—, para que autores y lectores busquemos y encontremos algunas pistas, desde nuestras posiciones como actores de esta realidad y de este mundo, que incluye la ciencia y dentro de ella, la psicología.

Referencias

Baquero, R. [Ricardo] (2001). La educabilidad bajo sospecha. *Cuadernos de pedagogía, 4*(9), 71–85.

Burman, E. (1994). Introducción. *La Deconstrucción de la Psicología Evolutiva.* Madrid: Visor.

Burman, E. (1999). Rhetorics of Psychological Development y From Complicity to Resistance. *Sociedad Interamericana de Psicología: La Psicología al fin del siglo.* Ambos trabajos presentados en el XXVII Congreso Interamericano de Psicología. Caracas, Venezuela.

Casal, V. y Néspolo, M.J. (2019). Formación de educadores: la narración como eje del saber sensible para la inclusión. En Casal, V., Néspolo, M.J. (comp.) *Formación de educadores para la inclusión educativa* (pp. 55–64). Buenos Aires: Lugar Editorial.

Cazden, C. (2010). Las aulas como espacios híbridos para el encuentro de las mentes. *Aprendizaje y contexto: contribuciones para un debate,* (pp. 61–80). Buenos Aires: Manantial

Engeström, Y. [Yrjö] (2001). Expansive learning at work: Toward an activity theoretical reconceptualization. *Journal of education and work, 14*(1), 133–156.

Sampson, E. (1999). Liberating Psychology. *Sociedad Interamericana de Psicología: La Psicología al fin del siglo.* Trabajo presentado en XXVII Congreso Interamericano de Psicología. Caracas, Venezuela.

Valsiner, J. (2011). La dialéctica en el estudio del desarrollo. *Desarrollo cognitivo y educación,* (pp. 138–162). Buenos Aires: Paidos.

Wertsch, J.V. [James V] (1993). La heterogeneidad de voces. *Voces de la mente: un enfoque sociocultural para el estudio de la acción mediada*, (pp. 115–140). Madrid: Visor Aprendizaje.

CAPÍTULO 2

Acerca de los autores de este libro

Cristina Erausquin (Compiladora)

Todos los autores del libro son investigadores en formación o formados o formadores, en el área psico–educativa. Muchos de ellos son psicólogos, pero hay también pedagogos, comunicadores, psicólogos sociales, operadores comunitarios. Pienso de la Psicología Educacional algo similar a lo que afirma Villacañas de Castro sobre la Pedagogía Crítica:

> *... la Pedagogía Crítica como Investigación de Acción Educativa enfoca hoy una amplia franja de territorio que se extiende entre la terapia psicológica y la intervención política revolucionaria. Entre uno y otro borde, se encuentra la acción social que la investigación pretende transformadora. Pero no se trata de transformar la relación entre consciente e inconsciente del individuo, ni transformar la relación entre las diferentes clases sociales y su poder. Sí es, tal vez, transformar las "situaciones".*

Villacañas de Castro, 2016.

Parecemos entonces involucrados en una tarea colectiva. ¿En qué consiste? No es solamente un proceso mental racional individual el que la orienta, ni tampoco sólo un vivenciar emocional. Las personas que toman parte en una investigación, pueden emerger más conscientes de las injusticias a que unos son sometidos por parte de otros, en base a desigualdades de raza, género, clase social, lenguajes, culturas, o de la inequidad en la distribución y el acceso a los bienes materiales y simbólicos de una sociedad. E incluso, pueden ser más conscientes del peso que tienen esas desigualdades en sus propias vidas, las de los investigadores. Y puede ser que puedan entonces negociar más eficazmente los efectos en unos y otros de esas desigualdades e injusticias, y de cómo son afectados unos por otros... y generar igualdad en la diversidad.

También parece que el camino de la **investigación** atraviesa el de la **intervención**, y viceversa, y no sólo sobre quienes integran el foco de la indagación, sino también sobre los/las que lo desarrollamos conjuntamente con los "investigados". Lo mismo vale para la psicología evolutiva, que para una pedagogía que tuvo como objeto indagar la lógica disciplinar de los contenidos curriculares, independientemente de los deseos, proyectos, sentidos que los mismos tienen —u otros podrían tener— para los alumnos.

Hoy la **investigación en educación** parece transitar el viaje hacia una co–construcción de las teorías en un "acting ensemble" —al decir de Sampson (1999)—, en una conjunción–hibridación con esos sentidos y significados relevantes para los alumnos y las personas de hoy. Lo que requiere despegarse de la lógica disciplinar encapsulada y aislada, "des–disciplinarse", "salir fuera de sí" para constituir de nuevo conjuntamente sentidos que armen y des–armen los alumnos con nosotros y nosotros con ellos, en la tarea de re–contextualizar y re–conceptualizar.

La *investigación–acción participativa* brinda la oportunidad a los sujetos de reflexionar sobre sus propias vidas, roles, profesiones, trabajos, a la vez que sobre ese pedazo del mundo en el que ellos mismos se configuran y pueden re–co–configurarse. La dimensión objetiva y subjetiva se entraman en el trabajo entre investigadores e investigados, en una **dialéctica de con-**

cientización, que se compromete a estar abierta a nuevas problematizaciones, preguntas, polifonías, pluralidades.

Todos los autores de los capítulos fueron cursantes de los dos Seminarios ya mencionados —además de los capítulos introductorios y finales que armamos las docentes a cargo del dictado de los mismos—.

Algunos autores optaron por abordar en un capítulo, una experiencia significativa de su trayectoria profesional en un escenario educativo— entregada para su evaluación como Trabajo Final de Contribuciones de Teorías del Desarrollo—, y otra experiencia, también significativa, pero diferente, analizada para el Trabajo Final de Interacción y Comunicación Educativa, abordada en otro capítulo.

Así lo hicieron dos maestrandas, que por eso tienen dos capítulos cada una. En los otros casos, analizaron una experiencia, como docente o agente psico-educativa, con las categorías conceptuales que habíamos discutido, debatido, interrogado, en las dos asignaturas. Y por último, una de las autoras, trabajó en el diseño de una intervención posible sobre una situación-problema muy actual, pero imaginaria, extraída del escenario educativo.

Las partes de este libro: capítulos, tramas y autorías

En el tercer capítulo, **Educación Inclusiva: una experiencia de trabajo con y entre docentes**, una Maestranda, Silvia Di Falco, argentina y porteña, madre, mujer, antropóloga y psicóloga, que trabaja hace tiempo en educación, presenta una experiencia con docentes de una escuela secundaria de gestión pública de CABA, desde su rol de agente de apoyo de educación especial.

Ya en la presentación de los actores involucrados —vicerrector, asesor pedagógico, profesores, profesores de clases de apoyo, preceptores y equipo de apoyo de educación especial—, uno/a se marea, y al estilo de Mafalda, exclama: guau!!!, ¿y todos esos seres de dónde salieron?, ¿y cómo pretender que se pongan de acuerdo?, ¿será necesaria tanta gente para resolver algo? Y todavía faltan los alumnos, que también son actores, gestores y agentes.

Esas son las escuelas de hoy, desafiadas por la necesidad perentoria de construir INCLUSIÓN, CONVIVENCIA, APRENDIZAJE, así, con mayúsculas; con gente que tiene diferente formación, de diferentes generaciones, que ejerce diferentes roles y pertenece a diferentes organizaciones, y a quienes se les requiere orientar sus acciones en sistemas de actividad que tienen pautas, líneas de autoridad, normas y reglas diferentes. Pero se encuentran **todes** en el espacio de una escuela pública, en ese increíblemente poblado y diverso escenario sociocultural, para ver qué pueden hacer para que las cosas salgan mejor. Nada más ni nada menos.

Emergen los problemas típicos de una secundaria de hoy: repitencia, abandono y relaciones de "baja intensidad" de los jóvenes con las escuelas. Y el trabajo se centra en generar estructuras de inter–agencialidad potentes con y entre todos los actores adultos, para re–crear una escuela secundaria que tenga sentido, que valga la pena, para los jóvenes, y para ellos mismos, los agentes educativos, que son también sujetos intencionales, agencia humana, y que muchas veces se pierden en el camino.

El trabajo asombra por la fluidez con que Silvia hace dialogar a las categorías conceptuales —no sólo de la perspectiva sociocultural, sino también de la perspectiva cognitiva y de la perspectiva psicogenética, como teorías claves del desarrollo psicológico— con la situación–problema y con las vivencias de los actores presentes en las narrativas.

En el cuarto capítulo, **¿Una inclusión forzada o fallas en la inclusión?**, la maestreada María Laura Romero Lévera, de Asunción, Paraguay, Lic. en Psicología egresada de la Universidad Católica Argentina, nos relata y analiza su experiencia con un niño, en un colegio privado confesional. Un niño de 9 años que concurre al 3° grado de la escuela primaria, portando un diagnóstico de Trastorno del Desarrollo, y ella trabajando desde el rol de Acompañante en un dispositivo de integración e inclusión.

El conjunto de demandas que atraviesa esa inserción, entre familia, equipo terapéutico externo a la escuela, acompañante, en su vinculación con el Centro de Integración, docentes, directivos, compañeros de Emiliano. El sufrimiento del niño en medio de ese cruce de demandas, pretensiones, negaciones, y la dificultad para trabajar juntos en un entramado común.

¿Cómo dejar marcas, atravesando la experiencia, en un dispositivo escolar que tenga sus huellas, las de sus recorridos y sus conflictos?

Los entramados, el trabajo para crear condiciones de apropiación participativa en el niño, que muestra su requerimiento de que logren los adultos involucrados apropiarse recíprocamente de las expectativas de todos ellos, incluyendo al niño, y de la puesta en valor del aporte de lo que cada uno puede ofertar. Un trabajo realizado en consulta colaborativa, como práctica híbrida que teje y desteje, para incluir e incluirse en el proceso.

En el quinto capítulo, titulado **Construir espacios de interacción y comunicación en la escuela primaria**, la maestranda Leticia Mara Bardoneschi, licenciada en Ciencias de la Educación, docente de UBA y de Universidad Nacional de Luján, porteña viviendo en Provincia de Buenos Aires, y trabajando actualmente en Equipos Interdisciplinarios de Orientación, nos presenta una experiencia de trabajo en Inclusión y Convivencia, en una escuela primaria pública con niños de una población "vulnerabilizada social y económicamente" (Terigi, 2009) y su docente de 4° grado, que piensa que "con ellos no se puede".

A partir de su rol de orientadora escolar realiza un trabajo de construcción y responsabilidad compartida y colaborativa, aportando a la ética del semejante como posibilidad, construyendo confianza, co−gestionando con niños y adultos al mismo tiempo posibilidades nuevas de encuentros enriquecidos, desmontando etiquetas convertidas en identidades, des−armando la armadura de una docente impotentizada, que aceptó recibir ayuda y la capitalizaron todos y todas. Le exigió meterse a tejer y destejer los bloqueos, los encierros, las expulsiones recíprocas, para aprender a incluir la diferencia afuera y adentro de todos —nosotros—.

Analiza rigurosamente el papel de las mediaciones explícitas e implícitas (Wertsch, 2007, Daniels, 2015), el valor de la visibilización de lo que hacemos y para qué lo hacemos, a la que contribuye el otro, el extranjero, el diferente, y que nos sirve para descubrir y descubrirnos. "Barajar y dar de nuevo", utilizar el juego y la creatividad, tomando prestadas las ideas —todos y de todos— para aprender a hablar y a escuchar en la co−responsabilidad frente a las acciones y los resultados. Descubrir y co−construir herramientas nuevas, desde lo impensado, pero que empieza a pensarse.

En el sexto capítulo, **Aceptar y enriquecer las diferencias**, Claudia Ruiz Díaz Meza, colega nacida en Asunción, Paraguay, psicóloga clínica, estudiosa de diversas áreas, actualmente en la Maestría en Psicología Cognitiva de UBA, analiza una experiencia acaecida en su país, en un colegio privado religioso, con un joven de 14 años, de secundaria.

El suyo es un trabajo sobre la dificultad de una comunidad educativa para aceptar la diversidad de creencias, y el material dialoga con un texto medular de Wertsch sobre la heterogeneidad y las jerarquías genéticas (1993). Emerge el valor de la resistencia como grito de libertad, como autonomía necesaria del crecimiento, y la contribución del agente psico−educativo generando la posibilidad de orientar el proceso para que no se convierta el estudiante en destinatario de la humillación, la vigilancia, la marginación o el castigo, que tan bien describe Vygotsky en su texto sobre Conducta Ética en la Escuela.

El debate de ideas que se propone en la institución escolar, como un evento instituyente que inaugura un camino de enriquecimiento metacognitivo para todos, transformando el choque, el conflicto, pero a partir de él, no escondiéndolo ni ignorándolo ni reprimiéndolo. Y desnudando las contradicciones de un sistema de actividad, se habilita el conflicto en su mejor potencia: la del diálogo entre todos los miembros de esa comunidad, sobre lo que los constituye sin que se den cuenta, la religión y sus creencias —o prescripciones— sobre la vida humana. Un trabajo que es casi proclama del valor y significatividad de la heterogeneidad en las aulas, de cara a la inclusión de todos en sus derechos a ser. Haciendo posible así la apropiación participativa, como conversión personal, de cada uno y cada cual, capaz de otorgar sentido a lo que los direcciona sin que puedan verlo.

La experiencia es visitada con preguntas que interpelan cómo se construye el conocimiento científico y cómo la competencia para el pensamiento racional puede entramarse con una ética de lo educativo, que no elude pensar las diferentes violencias escolares y trabajar con la metacognición como genuina equilibración de las contradicciones.

En el séptimo capítulo, **Conflictos y violencias en torno a un aula virtual**, otra colega argentina, Lic. y Prof. Mariela Lloréns, que vive en CABA, investigadora y profesora de Psicología y Asesora pedagógica en diferentes instituciones públicas y privadas de educación superior, presenta una experiencia singular, en una institución de educación superior privada, que forma en el Área de Ciencias de la Administración, en Capital, y que la encuentra en su rol de Asesora Pedagógica, que ella identifica como agente psicoeducativa.

Experiencia a travesada por conflictos generacionales y de género, etiquetamientos recíprocos entre un joven alumno y una alumna menos joven, con violencias verbales, riesgo de abandono de los estudios, fuerte malestar en uno y otra, en torno a un tema contemporáneo, las TICS y su aprovechamiento en el nivel superior, y las competencias que se suponen tienen unos u otros para su uso educativo.

Pero detrás de ese retazo de nuestros tiempos, menos visibles son las contradicciones institucionales, cuestiones que no se asumen ni se ponen a la vista de todos, funciones que no están claras, que nadie sabe quién tiene que asumir, y sesgos, prejuicios, estereotipos, que a nadie se le ocurre des–anudar.

Nuevamente, el diálogo reflexivo asoma en la agencia psicoeducativa, y con ese tiempo para pensar y pensarse, emerge también lo no pensado, la mediación invisible, las categorizaciones supuestas, no explicitadas, pero que terminan determinando lo que cada uno puede o debe hacer, o lo que inmediatamente se espera que hagan. Y son esos resortes visibles los que la teoría permite visitar, para tomar distancia, para no eludir el conflicto —pero no sólo el que aparece, sino todos los que están atrás— , para proponer intervenciones que dejen huella en el sistema, para que pueda aprender de lo que ocurre sin patologizar, sino volviéndose sobre lo que no se pensó, no se aclaró, no se entendió.

También resulta interesante la mención de la "fragilidad humana", que vulnera tanto a exitosos como fracasados, y el saber del encuentro psico–educativo como una oportunidad para descubrir esa fragilidad como devenir de la existencia, que hace asomar en el horizonte la potencia propia.

En el octavo capítulo, **Pensar la ética con Vygotsky. Reflexiones sobre interacciones psicoeducativas en educación superior**, una colega argentina mendocina, Natalia Cánepa, psicóloga y docente en una Facultad de Educación en su provincia, nos presenta una experiencia significativa sobre su posicionamiento como docente de materias vinculadas al desarrollo humano y la perspectiva psicológica, en una Institución pública de nivel superior universitario.

A través de un debate ético vinculado a la asunción de una identidad no heteronormativa por parte de un alumno y las resistencias que tuvo que atravesar, y la participación abierta en la conversación de otra alumna que desarrolla sus ideas de base religiosa sobre la homosexualidad como patología.

Pero más allá de la temática, —también fuertemente contemporánea— y de la reflexión sobre su tratamiento de los conflictos, supuestos, estereotipos en juego, en tanto intervención, se destaca el diálogo consigo misma que emprende la autora, su cuestionamiento a su propia voz o sensibilidad o posición, que se tornara "autoritaria" con la alumna, como molesta con su presencia, en defensa del derecho del alumno humillado.

Ese pensarse y re–pensarse, está presente en preguntas como ¿cuánto estamos verdaderamente dispuestos a aceptar, atravesar, reconocer la diversidad, si nos toca tan fuerte, y en el cuerpo y la emoción nos lo notamos, nuestra propia intolerancia, o repulsión de las ideas opuestas?

Empezar a pensarnos a nosotros mismos en nuestras contradicciones, en nuestros conflictos, es requisito imprescindible, si pretendemos que los estudiantes a quienes ayudamos a aprender, en esta época, se hagan cargo de pensar los propios conflictos, contradicciones, prejuicios, en la convivencia con los derechos y la diversidad en los escenarios educativos.

En el noveno capítulo, **Comunidades de práctica y aprendizaje en el Profesorado de Psicología. Aspectos éticos que atraviesan la práctica profesional**, nuestra colega Mariela Lloréns, ya presentada a Uds., relata y analiza una experiencia, también en el nivel superior, pero en un Profesorado de Psicología en una Universidad pública, vivida desde su rol de Docente–Tutora de Prácticas del Profesorado, o sea, en la Formación de Formadores.

La misma es re–visitada, analizada, dialogada, con las categorías conceptuales debatidas en nuestros intercambios en el Seminario de Contribuciones de Teorías del Desarrollo, especialmente en la Perspectiva Socio–cultural y la Perspectiva Cognitiva.

Analiza la propuesta del dispositivo de "comunidad de aprendizaje" y la "pareja pedagógica" en las prácticas, como propuesta de trabajo en equipo, propiciadora del aprendizaje colaborativo y la conciencia de la competencia colectiva, distribuida. ¿Pero qué ocurre cuando algo tan preciado, tal vez tan "idealizado", no funciona con algunas "parejas"?

Y nos damos cuenta de que no nos preguntamos: ¿por qué tendría que funcionar bien siempre?

El conflicto y el malestar crece, y nadie se anima con algo que parece tener el estatuto de lo "sacrílego", está en los cimientos de la propuesta. Y cuando el conflicto no se elude, se lo puede tramitar con un genuino aprendizaje de todos con todos, aun entre los que no se soporten mutuamente, y mucho menos conformando una pareja pedagógica en las prácticas.

Mariela profundiza la teoría del aprendizaje situado y de la comunidad de prácticas, fuertemente consolidada en su quehacer. Luego necesita cruzarla con la libertad de elegir con quién y cómo quiero aprender, sobre todo cosas que van a definirme en mi perfil profesional.

Resulta un lujo la formulación al estilo de Rivière *¿Por qué fracasan tan poco las parejas pedagógicas en el aprendizaje de la práctica profesional de los profesores de Psicología?*, para que esta experiencia haya resultado tan insólita. Diálogo en profundidad de las vicisitudes de la experiencia y de la intervención, con la perspectiva sociocultural de la heterogeneidad y la ética en educación, de Wertsch y Vygotsky, y con la perspectiva del constructivismo episódico de los modelos mentales situacionales de María José Rodrigo y Pozo.

En el décimo capítulo, **Tutorías. La diversidad puesta en diálogo**, Silvia Di Falco, una de las maestrandas ya presentadas, re–trabaja, a la luz de las categorías conceptuales de Interacción y Comunicación Educativa, una experiencia que la atravesara en su inserción como integrante de Equipo de Apoyo de Educación Especial, en una escuela secundaria pública de CABA.

Lo novedoso es cómo presenta conceptos como "entramado", "encuentro de las mentes", cuando casi todo parece ser más bien desencuentro y choque. Es justamente la apelación a la teoría, la que le posibilita recordar que el conflicto es deseable, aunque parezca sólo perturbador, porque indica que algo se pone en juego entre partes que si no se disocian, y lo que denota su presencia es que no se lo ignora, ni se niega, ni se escinde en compartimentos supuestamente independientes las diferentes perspectivas.

Esa posibilidad, de que aparezcan las fuerzas en oposición, las luchas por el poder, y gradualmente los fragmentos, como destellos, de aproximación de nuevas ideas, saberes, posibilidades, se da en el *espacio de tutoría*.

La tutora no está sola con sus ideas emancipatorias —sobre los derechos de todos, la educación inclusiva, la diversidad necesaria—, también está el equipo de "educación especial" para acompañarla, pero no ya para trabajar cómo se hace para incluir a Juan, el chico que es precedido de un diagnóstico de un trastorno, sino cómo nos incluimos en nuestra propia heterogeneidad, la de todos, sin hacernos daño unos a otros, respetándonos en el diálogo, aunque sea difícil, a partir de lo que Juan nos provoca y a lo que nos convoca.

En el undécimo capítulo, **Opción 1. Elaboración a partir de una propuesta de intervención en un trabajo final del Seminario Interacción y Comunicación Educativa**, otra colega argentina, Violeta Miguelez, prefirió construir, sobre una situación–problema imaginaria, pero posible, vinculada a las dificultades para la comprensión lectora en una escuela primaria, los fundamentos para el diseño de una intervención inter–agencial, en la cual se ponga de manifiesto la potencialidad del trabajo entre la agencia psico–socio–educativa y la/las docente/s y los alumnxs.

En este caso dialogaron categorías conceptuales del Seminario de Interacción y Comunicación Educativa, como las que han creado Cazden, Wertsch, desde la perspectiva sociocultural, o Benasayag, desde la filosofía política, o César Coll, desde una perspectiva constructivista de las interacciones áulicas, o incluso el trabajo sobre la ética en educación, desde el propio Vygotsky, en 1926. Re–significa asimismo el valor de la categoría de apropiación, y los debates en torno a su significación y su vinculación con la interiorización.

Se destaca en su capítulo su reflexión sobre las evaluaciones estandarizadas, y qué se piensa que es la calidad educativa y cuál el papel de la escuela en relación a ella. La pregunta de qué pasaría si dejamos entrar al aula las "mochilas" que los chicos traen de sus mundos, en lugar de requerirles que las cuelguen en el perchero de la puerta. Que los procesos de enseñanza–aprendizaje en situación no se llevan bien con las evaluaciones estandarizadas, que tienen pautas para todos por igual, y por lo tanto pueden ser insensibles a la emergencia de otros aprendizajes y saberes de los evaluados.

En el duodécimo capítulo, **La develación de lo latente como un acto de desarrollo próximo**, un autor chileno, Braulio Bruna González, docente, investigador y gestor académico, cursante del Seminario de Contribuciones de Teorías del Desarrollo, presenta en su narrativa una serie de reflexiones filosóficas despertadas por los conceptos trabajados y por su propio interés y necesidad de volver sobre lo vivido en su experiencia y participación en la formación de psicoterapeutas en una universidad privada de Chile.

Se destaca su trabajo de revisar lo no dicho, lo implícito e invisibilizado, desde una propuesta, al inicio de un nuevo curso, a los cursantes, para construir un acuerdo de co–responsabilidad docente–alumnos alumnos–docente, para reconocer–identificar contradicciones y acompañar el derecho a la diferencia y el derecho a la igualdad.

En el análisis se imbrican la perspectiva constructivista, sociocultural y cognitiva, al mismo tiempo que un pensar filosófico y ético sobre la adultez, y su rol en la preparación para la muerte, que hace lugar a lo creativo, que trasciende los estadios y las equilibraciones previstas entre esquemas previos e interacciones entre sujetos y objetos del conocimiento.

La profesora con la que hemos compartido el trabajo en el Seminario de Interacción y Comunicación Educativa, Prof., Mg. y Dra. en Psicología Livia García Labandal, contribuye al libro con el capítulo decimotercero **Interacción y Comunicación Educativa: un recorrido por el libro de bitácora del seminario**, como semblanza de su propia trayectoria entretejida con la mía y la de los maestrandos en el seminario Interacción y Comunicación Educativa.

Presenta su visión de las grandes líneas que definieron este trayecto y el de esa asignatura, en particular la potencia del Portfolio como dispositivo pedagógico, en el que cada maestrando desarrolla la reflexión sobre su propia práctica, y también los juegos, intercambios y reflexiones que surgieron al cierre de ese recorrido que tuvimos en común con los/las maestrandos/as.

Referencias

Terigi, F. (2009). Segmentación urbana y educación en América Latina. Aportes de seis estudios sobre políticas de inclusión educativa en seis grandes ciudades de la región. *REICE: Revista Iberoamericana sobre Calidad, Eficacia y Cambio en Educación, 7*(4), 28–47.

Villacañas de Castro, L. (2016). *Critical pedagogy and Marx, Vygotsky and Freire. Phenomenal forms and educational action research.* New York: Palgrave McMillan.

CAPÍTULO 3

Educación Inclusiva

Una experiencia de trabajo con y entre docentes en una escuela secundaria

Silvia Di Falco (Argentina)

Ficha técnica

Temporalidad y territorio: Esta experiencia se desarrolló en el año 2016 entre los meses de marzo y diciembre en la Ciudad de Buenos Aires, Argentina.

Escenario educativo: Colegio público de nivel secundario de la Ciudad de Buenos Aires.

Principales actores: vicerrector, asesor pedagógico, profesores, profesores tutores, profesores de clases de apoyo, preceptores y equipo de apoyo de educación especial.

Rol del relator: Docente de apoyo de educación especial.

Introducción

El presente trabajo propone un análisis de los aspectos involucrados en el *trabajo con y entre docentes* en los procesos de inclusión educativa, a partir de la reflexión sobre una situación de la práctica profesional en una escuela secundaria.

El mismo se aborda desde una perspectiva psicoeducativa que recupera aportes conceptuales de las principales teorías del desarrollo, apostando a la fecundidad de un trabajo de pensamiento y co–pensamiento sustentado en un diálogo posible entre teorías y entre distintos actores educativos y psicoeducativos. Se retoman así aportes conceptuales de los enfoques socio–histórico–cultural, cognitivo y psicogenético.

Tiene además por objetivo generar reflexiones, ampliar y recontextualizar conocimientos sobre una problemática compleja del campo educativo actual, y de particular importancia para el nivel secundario: la inclusión y el fortalecimiento de las trayectorias escolares de los estudiantes que encuentran obstáculos para avanzar en sus aprendizajes y, por lo tanto, para permanecer y egresar de la escuela secundaria.

La relevancia de la problemática puede dimensionarse a partir de los resultados de las investigaciones que demostraron que, desde la obligatoriedad de este nivel educativo, se ha democratizado el acceso a la escuela secundaria, pero al mismo tiempo que se ha masificado, se ha vuelto más excluyente. En efecto, al continuo crecimiento del nivel, en cuanto a número de establecimientos y de estudiantes, se ha sumado el correlato de problemas relativos a cómo se los incluye, dificultades de permanencia, problemas de convivencia, abandono, baja calidad y poca intensidad de las experiencias educativas (Dussel, Southwell, 2008). De allí la importancia de generar reflexiones y nuevos conocimientos sobre los procesos de inclusión en el nivel secundario.

Acerca de la experiencia

La experiencia sobre la cual se propone esta reflexión se desarrolló durante el ciclo lectivo 2016, en el marco de mi trabajo en un equipo de educación especial. La situación que recortaré aconteció en un colegio secundario público de la Ciudad de Buenos Aires. Se trata de una institución centenaria, que venía trabajando sobre el problema del abandono y la repitencia a partir de una nueva conformación del equipo de conducción. El colegio avanzó significativamente en la retención de su matrícula, aumentando la misma, fundamentalmente en los primeros años, si bien con resistencias de algunos preceptores y profesores. Sin embargo, los problemas en torno al ausentismo y la repitencia seguían representando una preocupación y un desafío a las estrategias e intervenciones.

Mi trabajo se centraba en el acompañamiento de las trayectorias escolares de estudiantes que encontraban dificultades para avanzar en su escolaridad, con una modalidad de abordaje predominantemente institucional, que combinaba intervenciones con los equipos docentes y el DOE (Departamento de Orientación Escolar), con intervenciones en los cursos y en menor medida, con estudiantes. En este marco de trabajo, a partir del segundo trimestre, comienzo a participar en el diseño y la implementación de apoyos para estudiantes, con el objeto de contribuir a la construcción de formatos que se ajustaran mejor a las necesidades y características de los mismos, y que superaran los límites que encontraban las tradicionales clases de apoyo.

De este modo, el problema de intervención que se fue co–construyendo entre los distintos actores escolares, se centró en las trayectorias escolares de los estudiantes que encontraban más dificultades para avanzar en sus aprendizajes. Y se trataba de "relaciones de baja intensidad con la escuela", ausentismo y bajo rendimiento académico.

Las "relaciones de baja intensidad con la escuela" son caracterizadas por Kessler como un "desenganche" de las actividades escolares. Entendiendo por "desenganche" las situaciones en las que los jóvenes están inscriptos en la escuela, asisten con más o menos frecuencia según los casos, pero sin realizar casi ninguna actividad escolar: sin jamás estudiar una lección, sin hacer los deberes, sin llevar carpetas ni útiles y sin importarles demasiado las consecuencias de ello (Kessler, 2003).

Se manejaron dos líneas de hipótesis causales, a su vez entrelazadas. Una ligada a los modos de relación de los jóvenes con lo escolar y a los modos de aprender. Otra relacionada con la organización escolar, las prácticas de enseñanza y los criterios y miradas de los docentes hacia los estudiantes, como la dificultad de convocarlos, las prácticas áulicas, los criterios de promoción y evaluación y el régimen académico.

Se desarrolló un trabajo conjunto con el equipo de conducción, asesor pedagógico, profesores tutores, y profesores de clases de apoyo, con un fuerte y decisivo empuje por parte del primero. Se partía del circuito de trabajo predeterminado entre profesores —profesores tutores— y DOE —equipo de apoyo—. En esta instancia, entre el DOE y el equipo de apoyo, se trabajaba en la identificación de las necesidades de los estudiantes en los cursos, y ello se hacía con estudiantes propuestos por los tutores.

Se continuaba con el trabajo entre Tutores —DOE y equipo de apoyo—. Una profesora referente y yo, como docentes de apoyo, trabajamos con los estudiantes aspectos generales de orientación, organización y técnicas de estudio, y se articuló la tarea con algunos profesores. Los Tutores hicieron el seguimiento de los itinerarios de los estudiantes y la articulación con los profesores. El DOE y el equipo de apoyo trabajarían también con los profesores de los cursos y los profesores de las clases de apoyo sobre los procesos y avances de los estudiantes.

De esta manera se logró enfocar ciertos puntos obstaculizadores. Por ejemplo que el estudiante no recibía la clase de apoyo si no contaba con una carpeta completa o con temas de referencia. Al mismo tiempo, se aspiraba a que existiera una conexión entre los apoyos extra clase y las clases regulares, desde la acreditación de lo trabajado en clases de apoyo, hasta la modificación o enriquecimiento de las prácticas áulicas.

En un momento se propuso la posibilidad de constituir figuras referentes, sosteniendo su quehacer con horas del Plan Mejoras, con el objetivo de orientar a los estudiantes en la efectiva aproximación a las clases de apoyo, y para la intensificación de los apoyos en el período de recuperación de diciembre. Pero finalmente no se logró el financiamiento para dicha iniciativa.

En cuanto al trabajo con y entre profesores, se mantuvo institucionalmente en el espacio de las reuniones de tutores, entre tutores y profesores y entre asesor pedagógico y profesores.

No se llegó a trabajar directamente desde el equipo de apoyo, por la dificultad de coincidir en horarios para realizar encuentros.

Existieron resistencias más o menos abiertas en el equipo docente —comentarios negativos y categóricos sobre las posibilidades de los estudiantes, desvalorización del proceso de los estudiantes—, e intranquilidad en el equipo de apoyo sobre si los logros de los estudiantes se traducirían en la acreditación y la promoción.

También hubo resistencias por parte los estudiantes, expresadas en inasistencias o evitaciones, y un esfuerzo extra para el equipo de apoyo, para re–situar una serie de cuestiones y decisiones pedagógicas importantes, que no estaban zanjadas de entrada: sobrevaloración de contenidos, contenidos prioritarios, niveles de complejidad.

Todos estos problemas debieron abordarse a medida que se iban presentando las situaciones más difíciles.

La experiencia realizada permitió avanzar sobre aspectos que se venían problematizando en torno a los modos de aprender y de enseñar y la necesidad de introducir cambios.

Los resultados fueron positivos con los estudiantes, que mantuvieron una asistencia más o menos regular a los espacios de apoyo y en general mejoraron su compromiso con la asistencia al colegio. Los que asistieron, lograron mejorar sus aprendizajes, lo cual no significa que no haya habido estudiantes que no tomaron los apoyos o lo hicieron parcialmente.

En cambio la posibilidad de incidir sobre las prácticas áulicas se volvió más difícil de sopesar. En este sentido, el alcance del trabajo con profesores fue más difuso y por ello fue y es motivo de análisis.

El balance general permite identificar avances significativos, ya que los estudiantes que participaron de la experiencia lograron mejorar su relación con las propuestas escolares. Y algunos docentes consiguieron valorar el proceso de los estudiantes y aceptar otros modos, espacios y tiempos en los que los estudiantes podían dar cuenta de sus aprendizajes.

Aportes de la teoría histórico-cultural

Los enfoques psicológicos socio–histórico–culturales presentan una potencia explicativa particular para abordar procesos relacionados con la diversidad, la inclusión, el análisis de los contextos y el cambio en educación. Su potencia explicativa radica en la consideración de unidades de análisis más amplias que el individuo, para la comprensión y la intervención en procesos complejos como los procesos de desarrollo y de aprendizaje, en el contexto actual de transición hacia una paradigma de educación inclusiva.

También su potencia reside en el desarrollo de categorías que dan cuenta de una perspectiva situacional de la subjetividad, a partir de postular relaciones de inherencia entre aprendizaje, desarrollo cognitivo y subjetivo y contexto, y entre los sujetos de la educación y los contextos educativos. De esta manera, si consideramos no sólo a los estudiantes, sino también a los docentes, como sujetos de la educación, es posible recurrir a conceptos de los mencionados enfoques a fin de repensar el lugar del trabajo con y entre docentes en los procesos de inclusión y de acompañamiento de trayectorias escolares.

Dentro de estos enfoques, se presenta como particularmente relevante la "teoría histórico–cultural de la actividad", que puede ser concebida como un *"artefacto mediador para construir intervenciones e indagaciones vinculadas al trabajo de los psicólogos y otros agentes en escenarios educativos".*(Erausquin, 2013)

Puede por ello, recontextualizar y ampliar nuestros conocimientos sobre los procesos de inclusión en la medida en que la teoría histórico–cultural es la base del análisis del aprendizaje expansivo innovador al estar:

> *a) Orientada hacia la comprensión de prácticas locales históricamente específicas, con sus objetos, artefactos mediadores y su organización social,*
> *b) basada en una teoría dialéctica del conocimiento y del pensamiento, centrada en el potencial creativo de la condición humana; y ser*
> *c) una teoría del desarrollo que intenta explicar cambios cualitativos que se dan en las prácticas humanas e influir en ellos.*
>
> *Daniels, 2003, p. 133.*

La actividad como unidad de análisis del desarrollo fue formulada por Leontiev a fines de los setenta y reformulada por Engeström (1987, 2001), proponiendo su evolución a través de tres generaciones de investigación.

La primera generación se basa en la idea de Vygostky de la mediación cultural, por la cual toda acción humana es concebida como mediada por instrumentos y orientada a objetos, superando el dualismo cartesiano individuo–sociedad, pero circunscripta aun a acciones individuales. Es la segunda generación la que supera esa limitación a través del planteo que realiza Leontiev sobre la actividad, sus objetos y motivos. Definiendo a un sistema de actividad como una formación colectiva y sistémica, con una compleja estructura mediadora, que produce acciones y se desarrolla por ellas, pero sin reducirse a ellas.

Los sistemas de actividad evolucionan durante períodos de tiempo sociohistóricos, adoptando la forma de instituciones y organizaciones. Engeström (1987) enfoca la segunda generación, representando en la expansión del triángulo vygostokiano los elementos colectivos del sistema de actividad, añadiendo a la relación sujeto–objeto, los instrumentos de mediación, la comunidad, las reglas y la división del trabajo, y destacando la importancia de analizar sus interacciones y conflictos.

La tercera generación, formulada por Engeström (2001), desarrolla herramientas para el diálogo, la multiplicidad de voces y las redes de sistemas de actividad interactuantes, al postular dos sistemas de actividad como unidad mínima de análisis para estudiar procesos de aprendizaje inter organizacional, capturando tensiones y contradicciones intra e inter–sistemas de actividad (Erausquin, 2013).

Ello reafirma la posibilidad de repensar y problematizar el trabajo con y entre docentes en la situación propuesta, con la diversidad de actores involucrados, sus distintas funciones, propósitos, sentidos, marcos conceptuales e ideológicos, y las tensiones y resistencias en juego, desde esta perspectiva teórica.

Para Engeström la división del trabajo en una actividad crea distintas posiciones para los participantes, e implica múltiples puntos de vista, intereses y tradiciones, siendo la pluralidad de voces multiplicada en redes de interacción y siendo, por lo tanto, fuente de problemas y prácticas de negociación. (Erausquin, 2013).

Si tomamos este marco conceptual, el equipo de conducción, el equipo docente, los tutores, los preceptores, el equipo de apoyo y el DOE, pueden ser concebidos como sujetos que forman parte de sistemas, en interacción con objetos e intenciones diferentes, que pueden a su vez entrar en contradicción al interior de cada sistema y entre sistemas, formando parte de *estructuras de inter–agencialidad.*

Es posible concebir las contradicciones y tensiones originadas en las diferentes posiciones y acciones de los docentes, frente a las propuestas de acompañamiento de trayectorias escolares. Estas concepciones, posiciones y prácticas variaban desde las más ligadas a la vieja escuela secundaria y su carácter excluyente, hasta las que consideraban el cambio de sentido de la escuela y la necesidad de modificar prácticas para incluir y sostener a los estudiantes, en línea con nuevos paradigmas y orientaciones normativas y de política educativa.

La interacción entre los equipos mencionados puede a su vez considerarse como relaciones inter–agenciales, en estructuras de inter–agencialidad, conformadas por múltiples sistemas de actividad interconectados, que comparten sus objetos de forma parcial y a menudo fragmentada.

En el marco del trabajo realizado, se configura el "proyecto de acompañamiento de trayectorias escolares" como un objeto compartido para el equipo de conducción, el DOE, el equipo de apoyo y parcialmente para el equipo de tutores y preceptores.

Llegan a ponerse en cuestión las reglas y normas que hacen al trabajo del docente y al régimen académico en el diseño original, formando parte esa puesta en cuestión de la reflexión de los equipos de conducción, del DOE y del equipo de apoyo, pero en menor medida de los equipos docentes. Es por ello que al finalizar el trabajo, la pregunta volvió a centrarse en el proceso relativo al trabajo con y entre docentes, sobre los modos, espacios y tiempos en los que se los suma a la reflexión y en las resistencias que surgieron en el proceso.

La teoría histórico–cultural ofrece un marco de análisis para este aspecto puntual, en tanto analiza los sistemas de actividad, las organizaciones y su historia, pero también los sujetos, las acciones y las situaciones, pudiendo por ello dar cuenta del papel de las resistencias, tensiones y contradicciones. Para esta teoría, las resistencias no son perturbaciones accidentales a ser eliminadas, porque no se espera que los sujetos reciban la intervención sin discusión. Y las dificultades no son interpretadas como debilidad del diseño a ser corregidas, dado que la actividad remite a una constante negociación, orquestación y lucha entre las distintas metas y perspectivas de los participantes (Erausquin, 2013).

Esto se manifestó claramente en el trabajo realizado, cuando se puso en cuestión el "régimen de promoción".

El diseño original del proyecto supuso que el acompañamiento de las trayectorias escolares debía sostenerse en criterios de promoción "acompañados", lo que en el trabajo concreto apuntaba por ejemplo a que los docentes valoraran el proceso y acreditaran las producciones que los estudiantes realizaban con el equipo de apoyo en espacios de apoyo fuera del aula. Este criterio fue rápidamente tomado por algunos docentes pero resistido por otros.

Este ejemplo pone foco en la importancia de considerar cómo se juega la relación con las reglas y el "guion" que organiza la actividad, y si existe o no posibilidad de re–conceptualizaciones.

En la situación analizada, podemos delimitar ese guion en relación con los determinantes duros de la organización escolar, y con los regímenes y formas de actuar de docentes y estudiantes, particularmente en la consideración del aula como el único espacio válido de aprendizaje —o no—, y a la prevalencia de "criterios de promoción des–regulados versus criterios de acompañamiento".

Los mecanismos desregulados aluden a la falta de explicitación de las reglas que hacen a los modos y criterios por los cuales opera la selección de los alumnos, dejándolos así librados a sus propios recursos (materiales y/o simbólicos) y posibilidades. En cambio las escuelas que manejan los criterios y mecanismos tutelados, asistidos o de acompañamiento, despliegan estrategias y dispositivos tendientes a acompañar a sus alumnos en las distintas dificultades que el aprendizaje y el tránsito por la escolaridad suscitan.

La teoría histórico–cultural explica las regularidades de las formas de interrelación que asumen las estructuras de inter–agencialidad. A tales efectos

Engeström et al. (1997) distinguen las siguientes formas en dichas estructuras: la coordinación, la cooperación y la comunicación reflexiva.

En la coordinación, los agentes desempeñan papeles establecidos, teniendo cada uno un objetivo diferente y siendo el guion preestablecido lo que unifica la actividad. En la cooperación, los agentes se centran en el análisis y la resolución de un problema compartido y su significado, e intentan conceptualizar y resolver problemas de manera negociada en el marco de lo prescripto por el guion. Por ello interactúan entre sí sin cuestionar el guion ni las reglas.

En la comunicación reflexiva, los agentes re–conceptualizan su propia organización, sus interacciones y el propio dispositivo en el que se ordena su actividad. Problematizan objetos, guiones e interacciones a través de la reflexión en la acción y sobre la acción, mientras que en las estructuras de coordinación y cooperación, la reflexión es desde la acción. (Erausquin, 2013)

Desde esta perspectiva, podemos considerar la situación analizada como el desarrollo de formas de trabajo compatibles con las "estructuras de cooperación y comunicación reflexiva", ya que existió un marco de trabajo sobre un problema común. Fue más fácil que llegaran a reconceptualizaciones de la organización, las interacciones y el guion, los actores que por su posición están directamente convocados a abordar la problemática de inclusión y acompañamiento de trayectorias (equipos de conducción, DOE, tutores y equipos de apoyo).

Estos actores educativos y psicoeducativos tienen tareas y espacios institucionales específicos, que giran en torno al seguimiento y acompañamiento de trayectorias escolares —tales como reuniones de tutoría con participación de asesor, vicerrector y equipo de apoyo, reuniones de seguimiento de la asistencia institucional, reuniones de consejo consultivo—, a diferencia de lo que ocurre con los equipos docentes. Sin embargo no se cuestionó el "guion" en cuanto al propio lugar y la división de tareas. Lo que deja pendiente la necesidad de seguir avanzando en la forma en que puede fortalecerse este trabajo con y entre docentes, y qué tiempos, interacciones y espacios institucionales será necesario construir.

El balance positivo que realizaron los equipos en su conjunto demuestra que las interacciones e "instrumentalidades" (Engeström, 2007, en Erausquin, 2013) que se generaron a partir del cuestionamiento del guion estándar, favorecieron valiosos aprendizajes individuales y colectivos.

La introducción de criterios de promoción de acompañamiento, que a raíz de los desacuerdos y tensiones, debieron revisarse y explicitarse institucionalmente entre varios actores y equipos, puede considerarse como una "nueva instrumentalidad", la que puede además formar parte del inicio de un ciclo expansivo de trasformación.

La reconceptualización de roles, y la construcción de sentidos compartidos, a partir de las resistencias y tensiones, posibilitó una experiencia genuina, en la medida en que las tensiones entre lógicas diversas obstruyen, y al mismo tiempo, energizan esfuerzos colaborativos para el cambio. Es por ello que la inter–agencialidad puede producir transformaciones expansivas del aprendizaje más allá del encapsulamiento de disciplinas y agencias profesionales, generando transformaciones cualitativas.

Finalmente es central considerar la historización de los sistemas de actividad, ya que —como señalan Engeström et al., 1992— la memoria colectiva de los sistemas de actividad tiende a fracturarse. De allí la necesidad de re–mediatizar la memoria secundaria, recuperando el pasado del sistema de actividad, para que el sistema aprenda de la experiencia colectiva y habilite ciclos de expansión más allá de su inercia reproductiva (Erausquin, 2013).

 ## Aportes de la Psicología Cognitiva

El análisis de las estructuras inter–agenciales, y los modos en que se generan reflexiones y aprendizajes individuales y colectivos, puede relacionarse a su vez con una concepción ligada a la Zona de Desarrollo Próximo

(ZDP), que postula una zona social de construcción de conocimientos. Desde la psicología cognitiva, puede ampliarse la comprensión de tales procesos recuperando sus aportes sobre el cambio cognitivo.

Considerando el contexto de transición a un paradigma de educación inclusiva, resulta crucial comprender los procesos de construcción de conocimientos y de cambio educativo. En ese sentido, podemos encontrar en las teorías cognitivas del desarrollo algunos aportes para la comprensión de las dimensiones ligadas a los saberes que se ponen en juego en proyectos de acompañamiento y fortalecimiento de trayectorias escolares, concebidos bajo un paradigma de educación inclusiva.

Dentro de las propuestas de esta perspectiva destacamos los desarrollos de María José Rodrigo (1993, 1997, 1999), quien desde un enfoque cognitivo contextualista, desarrolla un marco de análisis que aborda el modo en que se representa el conocimiento que se construye en comunidades de prácticas específicas. Hace referencia a modelos representacionales del conocimiento que se construyen mediante teorías implícitas y modelos mentales.

Las teorías implícitas constituyen un conocimiento semántico, esquemático y prototípico, relativo a un dominio de conocimiento, y se suponen construidas por procedimientos asociacionistas a partir de experiencias episódicas, dando cuenta de las regularidades recurrentes observadas en situaciones o tareas parecidas. Los esquemas se almacenan en la memoria a largo plazo, son bastante estables y abiertos a cambios parciales, a través de la modificación de los modelos mentales. No se manifiestan en su totalidad durante la realización o interpretación de una tarea. Lo que las personas construyen es un modelo mental de la tarea.

Así el modelo mental, en tanto representación episódica, dinámica, flexible de la tarea o situación, es elaborado a partir de la integración de una parte de la teoría implícita y de las demandas de la situación o tarea. Se genera en la memoria de corto plazo y se va modificando a medida que cambian las condiciones de la tarea, o se va produciendo un proceso de negociación entre los participantes en la resolución del tema. Se propone así la idea de cambios situados, posibilitados por la flexibilidad de los modelos mentales. (Rodrigo y Correa, 1999)

Si ponemos a trabajar estos conceptos sobre la situación motivo de reflexión, es posible abordar la dimensión del cambio en los procesos de construcción de conocimientos. Puede considerarse que los modelos mentales construidos por los actores en el proyecto de acompañamiento, fueron cambiando, en la medida que para el desempeño de cada tarea individual era necesario explicitar las propias metas e intenciones y ponerlas en diálogo con la de los otros actores. Ello se puede ubicar claramente en las discusiones sobre las características de los espacios de apoyo, los criterios de promoción y acreditación, etc.

De tales procesos de negociación, surgieron nuevos conocimientos, que pueden considerarse además como parte de la comunidad de prácticas, tales como la construcción de criterios de promoción de acompañamiento.

Esto significó un cambio, desde criterios de promoción y acreditación, controlados exclusivamente por el docente a cargo del curso, y basados sólo en las producciones de los estudiantes dentro del aula, hasta criterios definidos institucionalmente entre equipos, que se diferenciaron por considerar el proceso de cada estudiante, tanto dentro del aula como en los espacios de apoyo.

A su vez, la construcción de criterios de promoción acompañados institucionalmente, podría ser pensada en términos de un avance hacia "un modelo mental compartido" por esa comunidad, como "una construcción episódica del conocimiento que opera en el desarrollo del conocimiento específico" (Rodrigo y Correa, 1999).

Los autores de este marco conceptual señalan además que sólo los modelos mentales, y no las teorías implícitas en su conjunto, pueden ser susceptibles de cambios situados, debido precisamente a las variaciones en las demandas de tareas y los procesos de negociación.

Lo interesante para pensar procesos tan complejos, con supuestos tan fuertes sobre las prácticas, es que a partir de

> *... en los cambios situados se iría propiciando la posibilidad de que se dieran construcciones que afectaran gradualmente las teorías implícitas de base, aunque este proceso no tuviera que ser siempre lineal y acumulativo, sino fruto también de rodeos y descubrimientos súbitos.*
>
> *Rodrigo y Correa, 1999.*

se dirigirían así hacia reestructuraciones más radicales o de cambio más global en un dominio de conocimiento.

Aportes de la Teoría Psicogenética

Siguiendo con el análisis de la dimensión relativa a los procesos de construcción de conocimientos en contextos de prácticas, para finalizar, recuperaremos algunos aportes de la Teoría Psicogenética formulada por Jean Piaget.

La teoría psicogenética, contrariamente a las teorías cognitivas que explican el cambio cognitivo como específico de dominio, concibe el cambio como un proceso de reestructuración general y global de las estructuras del conocimiento.

Los usos de la teoría psicogenética en educación y los límites que ha encontrado en su formulación clásica, han sido motivo de extensos análisis.

Existe gran consenso en la bibliografía académica respecto de la fecundidad del punto de vista constructivista que esta teoría ha proporcionado, a partir del estudio de la génesis de las categorías generales del conocimiento (Inhelder, Caprona; 2007), así como también del reconocimiento de la necesidad de su incorporación como un aporte en relación a teorías más inclusivas (Benbenaste; Zalazar 1998) y de profundización de indagaciones realizadas sobre los mecanismos funcionales subyacentes a los procedimientos de resolución de problemas particulares (Inhelder y Caprona, 1996).

La teoría piagetiana desarrolla la "noción de equilibración" como noción cardinal para explicar el proceso de construcción de las estructuras cognitivas y del sujeto epistémico.

Es el sujeto epistémico quien dará cuenta de la capacidad de la especie de logicizar, a través de la lógica objetivada del niño y del adolescente, mientras que el sujeto psicológico se expresará como esa delimitación objetiva que es subjetivada por el individuo, dando cuenta de cómo opera el contexto intersubjetivo y de la cultura, y por ende las peculiaridades subjetivas y culturales.

Retomando a Inhelder y Caprona, podemos considerar que mientras el sujeto epistémico refiere al conocimiento normativo y lo que hay de universal en los conocimientos de distintos sujetos, el sujeto psicológico se define en relación al conocimiento pragmático y empírico. Ambos reflejan formas de elaboración del conocimiento que son complementarias y que comparten la caracterización de un sujeto activo y constructor, que participa activamente del conocimiento del mundo y de sí mismo (Inhelder y Caprona, 2007).

En función de las preguntas formuladas para interrogar la situación de análisis, será interesante retomar estas reformulaciones y ampliaciones, que permiten considerar que la equilibración no es el factor motivante y estructurante absoluto y excluyente en los procesos de construcción de conocimientos y que deben considerarse los factores sociales relativos a lo intersubjetivo internalizado y contextuales (Benbenaste, Zalazar,1998).

Esta perspectiva puede relacionarse con la situación analizada, si atendiendo a los procesos individuales sopesamos el papel de las distintas perspectivas ideológicas, conceptuales, afectivas, que se expresaban como posiciones individuales en los momentos de diálogo y en la construcción de acuerdos entre equipos.

En este sentido, Inhelder promoverá una abordaje funcional de los procesos de construcción a través de las investigaciones del "grupo de las estrategias", que resulta un aporte interesante para el análisis del saber–hacer en los procesos de construcción de conocimientos relativos a la resolución de problemas en contexto de prácticas ordinarias. Señala que los esquemas que se ponen en juego, sean adecuados o no a la situación, organizan el contenido nocional o práctico y atribuyen significaciones, pero el sujeto se representa también las metas y las intenciones.

Las representaciones, entendidas en sus dos aspectos complementarios, de semioticidad y de posibilidad que plantean de reflexionar los fines y medios, tienen una función instrumental, e implican un saber–hacer que supone una comprensión distinta de la conceptual. A su vez, se concibe a las representaciones con posibilidad de movilidad creciente, dando lugar a modificaciones de sus ideas iniciales, demostrando que las representaciones se modifican en la marcha.

La consideración del sujeto psicológico individual como sujeto del conocimiento en la resolución de problemas en contextos de prácticas, supone procesos de construcción de conocimientos por aproximaciones, que involucran intenciones y valores en las representaciones que los individuos desarrollan, modificándose en la marcha.

Aunque Inhelder se está refiriendo a individuos —las investigaciones se centraron en niños— en contextos de prácticas ordinarias podemos extenderlo al análisis de la situación propuesta, en la medida en que esta dimensión formaría parte de elementos que participan de las interacciones, en tanto representaciones sobre un saber–hacer del docente, del directivo, del agente psicoeducativo con los estudiantes que no avanzan en sus aprendizajes. Aportando a nuestra comprensión sobre cómo los saberes sobre las prácticas se construyen y modifican y cómo pueden así transformar las prácticas.

Conclusiones

El trabajo se propuso analizar una situación de la práctica profesional a partir de aportes conceptuales de las principales teorías psicológicas del desarrollo.

Las mismas abrieron la posibilidad de un trabajo de pensamiento y reflexión sobre algunas dimensiones involucradas en los procesos de acompañamiento de las trayectorias escolares y de inclusión educativa, en relación con:

1. El papel que juegan las interacciones e intercambios entre los distintos agentes educativos y psicoeducativos en los proyectos de acompañamiento de trayectorias escolares.

2. Los saberes y los procesos de construcción de conocimientos que se ponen en juego y que despliegan los distintos actores y equipos educativos y psicoeducativos.

Desde la teoría de la actividad hemos considerado a los actores educativos y psicoeducativos formando parte de distintos sistemas de actividad, en el marco de los cuales entablan relaciones de inter–agencialidad que pueden adoptar distintas formas.

Tales relaciones pueden ser analizadas en términos de estructuras de inter–agencialidad, con prioridad de las formas denominadas de colaboración y comunicación reflexiva en tanto parten de la resolución de problemas comunes y construyen objetos parcialmente compartidos, hasta llegar al cuestionamiento del "guion" escolar.

Las relaciones así establecidas, en el marco del dispositivo de trabajo analizado, que se da entre equipos de conducción, de docentes, de tutores, de preceptores, de apoyo y DOE, permitieron romper con el encapsulamiento de cada pertenencia disciplinar y los saberes construidos y consensuados al interior de cada sistema de actividad. Se recupera el papel de las tensiones y contradicciones que operaron, no sólo como obstáculo, sino también como impulso para el cambio, o sea, para el inicio de un ciclo expansivo de aprendizaje colectivo.

Podemos considerar la estructura de inter–agencialidad de comunicación reflexiva como una forma privilegiada para favorecer las transformaciones necesarias para el acompañamiento de trayectorias escolares, construir nuevas instrumentalidades y propiciar el cambio en educación, en la medida en que se fundamentan en un cuestionamiento del "guion" escolar tradicional. Será necesario sostener un trabajo de historización y re–mediatización, para la construcción de memoria y aprendizajes colectivos, que en este caso recuperen lo construido y avancen en espacios e instrumentalidades específicas para el trabajo con y entre docentes.

La perspectiva psicogenética aporta una interesante mirada sobre los procesos de construcción de conocimientos al brindar una lectura constructivista sobre conocimientos pragmáticos. Estos serán referidos por Inhelder y Caprona como un saber–hacer que se construye mediante aproximaciones, que permiten el desarrollo y la modificación de representaciones por parte del sujeto, en la resolución de tareas específicas, lo que se distinguiría de comprensiones conceptuales, e incluye intenciones y metas de los sujetos individuales. Este planteo podría relacionarse a su vez con el enfoque cognitivo sobre modelos mentales, que cifra la posibilidad del cambio educativo en los cambios situacionales de los modelos mentales de los sujetos, en función de las demandas de tareas en situaciones concretas.

Tomando los tres aportes en conjunto, permitirían pensar la posibilidad de construir estrategias comunes entre individuos, aun en el marco de oposiciones conceptuales, ideológicas, afectivas, que se mantienen relativamente inmodificables, e incluso tal vez, no dialectizables.

Esto puede resultar un ángulo de análisis sumamente interesante para la reflexión sobre las condiciones de posibilidad de proyectos que se desarrollan en la transición hacia un paradigma de educación inclusiva, y en consecuencia requieren modificaciones importantes, tanto en el modo de concebir como de desarrollar las prácticas en los sistemas educativos.

Referencias

Dussel, I. y Southwell, M. (2008). Escuela media: Los desafíos de la inclusión masiva. *El monitor de la Educación*, *19*, 26–27.

Engeström, Y., Brown, K., Engeström, R. y Koistinen, K. (1992). Olvido organizacional: perspectiva de la teoría de la actividad. En Middleton, D. y Edwards, D. (comps.) *Memoria compartida. La naturaleza social del recuerdo y del olvido*. Buenos Aires: Paidós.

Engeström, Y., Brown, K., Christopher, L.C. y Gregory, J. (1997). Co–ordination, cooperation and communication in the courts: expansive transitions in legal work. En Cole, Engeström y Vasquez (comps.) *Mind, culture and Activity*. Cambridge: Cambridge University Press.

Engeström, Y. (2007). Enriching the theory of expansive learning: Lessons from journeys toward co–configuration. *Mind, Culture and Activity*, *14*, 23–39.

Erausquin, C. (2013). La teoría histórico–cultural de la actividad como artefacto mediador para construir intervenciones e indagaciones sobre el trabajo de psicólogos en escenarios educativos. *Revista de Psicología*, *13*.

Fernandez Zalazar, D. (2012). La teoría de la equilibración. Un modelo explicativo del desarrollo cognitivo. *La epistemología genética en el desarrollo del conocimiento*. Recuperado de http://www.psicogenetica.com.ar/Equilibracion.pdf

Ferreiro, E. y García, R. (1978). Presentación de la edición castellana. *Piaget J. Introducción a la epistemología genética*, *1*, 9–23. Buenos Aires: Paidos.

Inhelder, B. y de Caprona, D. (2007). Hacia un constructivismo psicológico: estructuras? procedimientos? O los dos indisociables? *CPU-e, Revista de Investigación Educativa*, *4*, 1–66.

Kessler, G. (2003). Experiencia escolar de jóvenes en conflicto con la ley. *Seminario Desafíos de la Educación Secundaria en Francia y en los Países del Cono Sur*.

Rodrigo, M.J. y Correa, N. (1999). Teorías implícitas, modelos mentales y cambio educativo. En Pozo, I. y Monereo, C. (comps) *El aprendizaje estratégico*, (pp. 75–86). Santillana: Madrid.

CAPÍTULO 4

¿Una inclusión forzada o fallas en la inclusión?

María Laura Romero Lévera(Paraguay)

Ficha técnica

Temporalidad: Esta experiencia de desarrolló en el año 2013 entre los meses de febrero y julio.

Territorio: Ciudad Autónoma de Buenos Aires, Argentina.

Escenario educativo: Colegio privado católico, nivel primario, CABA.

Principales actores: Alumno integrado, Madre, Docente, Maestra Integradora, Coordinadora de integración, Psicopedagoga escolar, Directivos del Colegio y Equipo Terapéutico Externo.

Rol del relator: Maestra Integradora del alumno.

Presentación del caso

Emiliano[1] tenía 9 años de edad cuando se encontraba iniciando el 3° grado en un colegio privado católico, al cual concurría desde el jardín. Según los informes del equipo terapéutico, presentaría un Trastorno Generalizado del Desarrollo no especificado y un Trastorno Mixto del Lenguaje

Yo empecé a trabajar como Maestra Integradora a través de un Centro de Integración en el mes de marzo. Acompañaba medio día al alumno, ya que a la tarde tenía inglés y según los padres no era necesaria mi presencia.

Desde el comienzo hubo un excelente vínculo con Emiliano. Era un chico muy dulce, tranquilo, introvertido y cariñoso. Hablaba muy poco, y a pesar de tener un grupo de compañeros muy bueno, le costaba integrarse socialmente.

Con la madre hubo un trato cordial al principio pero luego fue cada vez más demandante. Llamaba varias veces al día o me esperaba en la puerta del colegio, y en varias ocasiones se la notaba muy nerviosa y agresiva.

En el transcurso de las primeras semanas, observé que Emiliano presentaba un desfasaje muy grande con respecto a sus compañeros y era muy poco lo que comprendía realmente, más bien copiaba todo, muy prolijamente. Tardaba en hacerlo porque copiaba letra por letra y era muy cuidadoso de no salirse del renglón. Se angustiaba mucho cuando eso pasaba y lo borraba varias veces, a veces hasta las lágrimas.

Cuando tenía que copiar actividades muy largas del pizarrón, con el consentimiento de profesor, le copiaba algunas consignas para que pueda pensarlas con más tiempo y tranquilidad. Aun así no podía resolverlo solo y requería ayuda verbal y/o gráfica. Hasta ese momento no se le realizaban adaptaciones curriculares ni de acceso, sólo en las evaluaciones. Al día siguiente volvía a la escuela con el cuaderno completo, ya que la madre pedía

---

[1]Para preservar la identidad del niño se ha cambiado el nombre del mismo.

a alguno de los compañeritos el cuaderno para "compararlo" y completar lo que faltaba. La madre en tono de reproche me pedía que no le escribiera nada, dado que él podía hacerlo solo, que en todo caso le dejara el espacio vacío.

En el colegio tenían la modalidad de entregar las pruebas a la maestra integradora, para que realice las adaptaciones de acceso y se las entregara impresas al profesor. A su vez, la integradora anterior le pasaba las evaluaciones al equipo terapéutico —externo a la escuela—, para que practicaran ejercicios similares con el chico, de lo cual el colegio no estaba informado.

Durante las primeras evaluaciones del trimestre, observo que escribe inmediatamente sin leer los enunciados. En algunas ocasiones me pedía ayuda con la mirada, pero a pesar de la explicación le costaba mucho comprender el ejercicio.

Interactuando, comunicando e interviniendo

El equipo terapéutico estaba conformado por una psicopedagoga, una fonoaudióloga y una musicoterapeuta. Emiliano concurría a estos tratamientos tres veces a la semana. Ellos se comunicaban conmigo a través de emails o por notas en la mochila del chico. Estas comunicaciones se referían a la planificación docente e indicaciones en cuanto a la manera en que yo debía intervenir.

El colegio contaba con una psicopedagoga y una representante legal, con quienes tuvimos una reunión de presentación al inicio del ciclo lectivo, junto con los directivos de la institución. A su vez, el Centro de Integración me exigía elaborar informes semanales y participar de las supervisiones mensuales con mi Coordinadora.

En un primer momento, intento establecer un vínculo de confianza con el docente, quien se mantiene distante al principio, como desentendido de la situación. Al comentarle sobre las observaciones que venía registrando, se distiende y reconoce que también nota un gran desfasaje en el alumno y que no comprende cómo llegó a 3° grado sin requerir adaptaciones. Elaboramos un informe sobre el desempeño de Emiliano, así como también de la modalidad de trabajo y acciones realizadas durante los primeros meses, los cuales fueron entregados a la psicopedagoga del colegio.

Acordamos una reunión con la familia y el equipo de integración, para hablar sobre estos primeros meses de Emiliano, se les entrega un informe y se plantea la necesidad de realizar adecuaciones curriculares. La madre se opone rotundamente, ya que considera que no las necesita. Desde ese momento, el equipo terapéutico empieza a exigirme que le adelante las actividades que se van a realizar en clase y que les pase lo antes posible las evaluaciones.

Ante esta demanda, junto con el docente y la psicopedagoga de la escuela, decidimos que las evaluaciones ya no se le enviarían por email, sino sólo los contenidos y algunos ejercicios parecidos para que él pudiera practicar previamente. Además, las evaluaciones las haría el profesor tomando en cuenta mis sugerencias.

En las pruebas Emiliano pudo responder muy pocas consignas, presentando mayor dificultad en las respuestas escritas. Las de unir con flechas o marcar la opción correcta las hacia muchas veces al azar.

A partir de la segunda reunión, la escuela planteó nuevamente la necesidad de realizar adaptaciones de contenido y la familia lo aceptó con mucha resistencia.

Con la implementación de las adecuaciones curriculares, Emiliano pudo continuar avanzando en sus aprendizajes, pero la familia y el equipo terapéutico comenzaron a presionarme cada vez más, pidiéndome que les enviara previamente las adecuaciones a ellos para que las evaluaran, o "sugiriéndome" las evaluaciones para que se las pasara al profesor. Además, me hacían responsable del "retroceso" que tuvo el chico a partir de estas modificaciones en los contenidos.

Se establecieron reuniones trimestrales y acuerdos entre la familia, la escuela y el equipo de integración, con respecto al modo de realizar las adaptaciones curriculares. El equipo terapéutico del alumno no pudo asistir a los dos encuentros organizados por la escuela. Sin embargo, telefónicamente se comunicaron con la psicopedagoga y la coordinadora de integración.

Durante los cinco meses que trabajé en la escuela, mantuve reuniones semanales con la psicopedagoga del colegio, con quien fuimos planificando estrategias para trabajar con la madre y el equipo terapéutico, estableciendo un encuadre y objetivos específicos. Y con el docente trabajamos los contenidos y aprendizajes del niño y luego lo supervisamos con la psicopedagoga de la escuela.

La interacción y la comunicación cumplían una función educativa, ya que tenían por objetivo mejorar y facilitar el aprendizaje del alumno, a través de las distintas intervenciones y acuerdos establecidos entre el colegio, la familia y los equipos externos.

El alumno se había *sobreadaptado*, y como no presentaba "problemas de conducta", había llegado a tercer grado sin ningún tipo de adecuación curricular. Muy sobreexigido, sin embargo, por la familia y el equipo terapéutico, y con dificultades para integrarse socialmente al grupo.

Sólo al empezar a realizar las actividades con adaptaciones de contenido y de acceso, se le brindó la posibilidad de aprender respetando sus tiempos y necesidades.

A continuación se presenta, a modo de síntesis, las distintas acciones que realicé como agente psicoeducativo en cuanto a la interacción y comunicación:

En una primera instancia, le presento al docente mis observaciones con respecto al modo de resolver las evaluaciones y sus dificultades para copiar y resolver las actividades en clase. Elaboramos junto con el docente un informe para la escuela sobre el desempeño escolar del alumno, modalidad de trabajo e intervenciones realizadas. Acordamos reuniones semanales con la psicopedagoga de la escuela para pensar estrategias y evaluar la situación. Por su parte, la psicopedagoga también se reúne con el docente y realiza observaciones en el aula en distintas oportunidades.

Seguidamente le comunico a mi equipo de integración la necesidad de reunirnos con la escuela y el equipo terapéutico para establecer acuerdos y pautas de trabajo. La psicopedagoga de la escuela convoca a una reunión al equipo de integración y al equipo terapéutico, pero este último no pudo asistir. La escuela y el equipo de integración acuerdan en la necesidad de realizar adaptaciones curriculares. En una segunda instancia, la escuela vuelve a convocar al equipo terapéutico, pero no asiste, por lo que decide citar a los padres y plantear la situación.

Se acuerda con la escuela no entregar las evaluaciones al equipo terapéutico, sino únicamente los contenidos o ejercicios similares a modo de ejemplo. En diálogo con el docente, evaluamos las adaptaciones a realizar en las distintas actividades escolares.

Por último, insisto a mi Coordinadora en tener una reunión con la madre para establecer acuerdos y delimitar mi rol como maestra integradora. Se reúne ella con la madre pero la situación no cambia, con lo cual le informo que en julio iba a dejar el caso, ya que me estaba generando un estrés muy grande.

Reflexión acerca de las intervenciones

A partir de esta experiencia, reconozco lo difícil que me resultó, con la madre y el equipo terapéutico, sostener un encuadre de trabajo, principalmente porque no se aclaró desde el principio mis funciones como Maestra Integradora. No encontré el respaldo y acompañamiento que esperaba por parte del Centro de Integración. Sin embargo, la escuela, específicamente la psicopedagoga y el docente, sí se comprometieron en pos de lograr una mejor inclusión para Emiliano y brindarle las herramientas necesarias que le permitieran seguir aprendiendo.

Un aspecto que no se trabajó fue el estado emocional y el estrés del chico, así como su integración social. Lo remarqué en varios encuentros de supervisión con la Coordinadora de Integración y con la psicopedagoga de la escuela, e incluso con el equipo terapéutico, pero en las reuniones formales sólo se discutió sobre su rendimiento académico.

Generar una alianza con la escuela para poder generar ciertos cambios fue fundamental pero no suficiente. Faltó principalmente lograr un acuerdo con el equipo terapéutico, que permitiera re–construir un contrato de trabajo desde un punto de vista inter–sistémico e inter–sectorial.

Dicho acuerdo fomentaría el desarrollo estratégico de la intervención psicoeducativa, promoviendo la desnaturalización y problematización de la trama escolar, re–creando alternativas e intervenciones que posibilitaran el aprendizaje expansivo, apoyado en la experiencia e historia escolar.

Habría sido muy enriquecedor poder reconstruir la memoria colectiva, no sólo la historia del chico desde su ingreso a la escuela, sino también la del sistema escolar, sus actividades, herramientas, estrategias, normas, es decir, su historia como comunidad de aprendizaje.

Reconstruyendo vivencias desde mi relación
con cada uno de los actores

Emiliano fue el mayor perjudicado y afectado. No lo expresaba en palabras pero se lo observaba muy nervioso, inseguro y por momentos triste. En el recreo se distendía totalmente, al igual que en algunas clases especiales como Educación Física o Música, pero "jugaba" solo en los recreos y no se comunicaba con los demás.

Tanto la madre como el equipo terapéutico negaban dificultades a nivel social y minimizaban su angustia y estrés. Tampoco aceptaban que se les redujeran o modificaran las actividades porque "él podía hacer lo mismo" que sus compañeros.

Estaba muy presionado y exigido tanto desde la casa como de la escuela y por otro lado muy solo.

Por otra parte, la madre también se estresaba muchísimo, principalmente en los periodos de evaluación escolar. Esperaba que la integradora simplemente siguiera las indicaciones que le daba su equipo terapéutico y se molestaba mucho cuando no lo hacía. A veces se la notaba muy nerviosa, violenta y agresiva verbalmente, tanto con la integradora como con su hijo.

El maestro, que al principio no quería involucrarse, mantenía una actitud distante tanto conmigo como con el chico, pero luego empezó a preocuparse y ocuparse de la situación.

La psicopedagoga también se encontraba presionada por varias partes. Debía ser muy cuidadosa y analizar detenidamente sus acciones y decisiones, ya que me había comentado que tuvieron una denuncia por un caso de integración el año anterior. Como consecuencia, todas las decisiones con respecto a los chicos integrados se debían consultar previamente con la directora de la primaria y con la asesora legal del colegio.

El equipo terapéutico trabajaba tres veces por semana con el chico y los otros días "lo entrenaba" la madre (según sus propias palabras). La situación debió ser muy estresante también para el equipo, ya que al no apoyar las adecuaciones curriculares, debían forzar el aprendizaje del chico, entrenándolo para ser un "copista" e intentar parecer que está al mismo "nivel" que sus pares.

En cuanto a mi vivencia, fue de mucha angustia y estrés, ya que tanto la familia como el equipo terapéutico me presionaban y no pudimos lograr un acuerdo de trabajo. El apoyo por parte de la escuela fue un gran alivio.

Por último, la Coordinadora del Centro de Integración también renunció al caso, cansada de la excesiva demanda por parte de la madre y lo derivó a la directora del Centro.

Análisis de la experiencia desde una perspectiva socio-histórica

> *Dialécticas dialógicas de implicación, co–construidas, y desarrolladas a través del enriquecimiento, por apropiación recíproca (Rogoff, 1997; Smolka, 2010) de las diversas y heterogéneas potencias y realidades —culturales, interpersonales y personales— que habitan un escenario educativo.*
>
> *Erausquin, 2014b, p. 7*

En la descripción del caso, se puede observar las distintas posiciones y la dificultad para generar acuerdos dialógicamente construidos entre los distintos actores involucrados. Sin embargo, algo se pudo tejer, acordando en algunos puntos y reclamando otros.

Generar un espacio de encuentro que convoque a todos los agentes psicoeducativos puede resultar un gran desafío, en especial considerando la variedad y cantidad de profesionales involucrados, cada uno con su historia, trayectoria académica y profesional, afectos involucrados, creencias, perspectivas teóricas, intereses y valores. A su vez, el tiempo escolar apremia y debemos pensar, crear y resolver situaciones o intentar hacerlo, evitando caer en el trabajo individualista y sesgado, sino como un equipo o equipos que trabajan de forma coordinada, respetando y valorando al otro y fundamentalmente comprometidos con el grupo y con la tarea.

Erausquin (2014b) reconoce dos grandes desafíos que se presentan al "trabajar juntos" o "trabajar con". En primera instancia, la necesidad de lograr una comprensión conjunta, entendida como un proceso dinámico, con avances, retrocesos e incertidumbres. Y en segundo lugar, la incertidumbre potencial que genera toda negociación del significado. Es decir, brindar las condiciones necesarias para alcanzar un clima de aceptación, reconocimiento, valoración y comprensión del otro.

> *Trabajar con otros significa comprometerse en diversas prácticas sociales co–configuradas en respuesta a complejas y diversas necesidades de usuarios, o sea, co–construir una práctica híbrida.*

Wertsch, 2007.

En cuanto a la psicopedagoga escolar, desde su rol de asesora, pudo convertir las preocupaciones del docente y la maestra integradora en problemas compartidos, pudiendo de esta manera plantearse objetivos concretos. Por otra parte, facilitó el trabajo en equipo, permitiendo avanzar hacia una *intervención transformadora* (Erausquin, 2014b).

Se trabajó "en consulta" (Erausquin, Sulle, García Labandal, 2016), entre la escuela y el equipo de integración, ya que actuaron desde una posición de compromiso con el proceso de aprendizaje e integración "real" del alumno. Ambas partes se consultaban y respaldaban, intercambiando sugerencias y opiniones.

Sin embargo, el equipo terapéutico se mantuvo aislado realizando un trabajo encapsulado, en el cual los profesionales actuaban solos, sin construir la intervención ni elaborar el problema con otros agentes. Sus decisiones fueron unilaterales, sus objetivos no consultados y sus intervenciones se caracterizaban por la sobre–implicación. Durante todo el proceso, ni la escuela ni el equipo de integración lograron pactar un trabajo intersistémico o intersectorial con el equipo terapéutico, favoreciendo su segregación y aislamiento.

La "tercera generación de la teoría de la actividad" (Engeström, 2001) nos ayuda a re–descubrir el valor de la diferencia del "otro" sistema, para visibilizar lo invisibilizado a nuestro alrededor, mientras hacemos lo propio, desde cierta externalidad provisoria y fecunda, con lo invisibilizado y naturalizado en el otro sistema para los otros. También ayuda a jerarquizar la historia de los sistemas y la variable tiempo, ya que la construcción de alternativas sólo es fecunda si la "evidencia científica" alcanza validez ecológica, si es "apropiada" con la participación de los actores (Erausquin, 2014a).

Edwards y Mercer (1994) resaltan la importancia de ver las aulas como lugares característicos, donde el conocimiento se construye conjuntamente y donde unas personas ayudan a otras a desarrollar su comprensión. Lo mismo se podría aplicar a los espacios de trabajo entre los docentes, equipo de profesionales intervinientes y la familia, en el que cada uno colabora con la construcción del conocimiento y con la comprensión del mismo. La mejora en la comprensión del conocimiento es una realización conjunta, social y comunicativa.

Engeström ve la inestabilidad que producen las tensiones internas y la contradicción como "fuerza motriz del cambio y el desarrollo" (Engeström, 2001, p. 9), y las transiciones y reorganizaciones dentro y entre los sistemas de actividad como parte de la evolución. Considera a la "apropiación reflexiva de los modelos y herramientas avanzados" como "modos de atravesar las contradicciones internas", que desembocan en nuevas prácticas y en nuevos sistemas de actividad (Wertsch, 2007).

Considerando esta concepción de la inestabilidad producida por las tensiones y contradicciones, en las transiciones entre los sistemas, como promotora de la evolución, se podría afirmar que el trabajo inter–agencial analizado se dirigió en ese sentido, a pesar de las discrepancias, crisis y/o desencuentros que pudieran presentarse en estos espacios de comunicación, intercambio y aprendizaje.

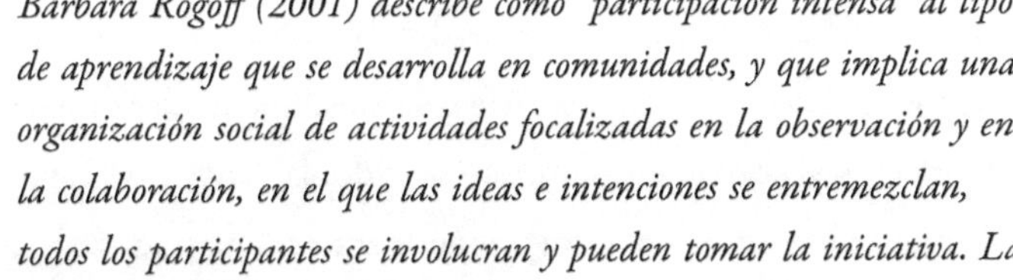

Bárbara Rogoff (2001) describe como "participación intensa" al tipo de aprendizaje que se desarrolla en comunidades, y que implica una organización social de actividades focalizadas en la observación y en la colaboración, en el que las ideas e intenciones se entremezclan, todos los participantes se involucran y pueden tomar la iniciativa. La meta es transformar la participación de los "participantes" mediante

> *la colaboración, mientras se desarrollan habilidades que permitan contribuir a la comunidad.*
>
> Erausquin, Dome, López y Confeggi, 2013, p. 100.

Durante mi trayectoria por distintas escuelas, cumpliendo o intentado cumplir el rol de "maestra integradora", pude experimentar y vivenciar diversas maneras de concebir y de poner en práctica la educación inclusiva.

En la mayoría de los casos pude observar la dificultad o "problema" que genera a la escuela y a los docentes tener un chico integrado. Porque implica realizar cambios de perspectivas, modificar pautas, conceptos, modelos de intervención y evaluación, así como también interactuar con otros profesionales y generar redes por fuera del ámbito escolar.

Mirar al individuo aislado, analizándolo desde sus capacidades individuales, sin tener en cuenta el contexto y sus interacciones, no contribuye a resolver "el fracaso escolar" ni favorece a la "inclusión" de la diversidad.

Desde mi función de Maestra Integradora, también tuve que replantearme varias veces mi rol y modos de intervención, escuchando y dialogando con el otro, aprendiendo a trabajar en equipo o intentando hacerlo, tolerando las incertidumbres y cuestionando las certezas, aceptando las críticas y los rechazos.

Emiliano se "adaptó" como pudo a tantas exigencias, sometiéndose a "entrenamientos" y presiones para tratar de alcanzar ese ideal inalcanzable, reprimiendo o negando sus propios sentimientos, intereses y deseos. Nadie hasta ese momento pudo advertir el estrés, la inseguridad, y el miedo que expresaba a través de su rostro y de sus gestos ante ciertas situaciones escolares.

Su vivencia del aprendizaje cambió radicalmente a partir de las intervenciones realizadas, porque finalmente tuvo la posibilidad de aprender respetando sus tiempos y necesidades. En este sentido, la "vivencia" como unidad de análisis que reúne emoción y cognición, para articular sujeto y contexto, se continúa y profundiza en la noción de "entramado" (Cazden, 2010), que denota la articulación entre un sujeto en desarrollo y un ambiente facilitador —o no— de dicho desarrollo, y apuntala la comprensión de ese proceso de tensión irreductible, de movimiento en espiral, de contradicciones que es necesario sostener, no apaciguar, ni diluir, ni disolver (Erausquin, 2014b).

Como afirma Cazden:

> *El entramado como actividad potencial de generación de conocimiento y crítica es doble...*
>
> *En primer lugar, el entramado como discurso colaborativo en el aula debiera contribuir a la validación, realizada en clase por maestros y pares, de las ideas e identidades más locales y de sentido común de los estudiantes, de sus culturas familiares y comunitarias... y así facilitar el acceso al conocimiento para posteriores transformaciones", es decir "construyendo sobre lo familiar".*
>
> *Y en segundo lugar el entramado permite "desbloquear lo extraño", ya que brinda un sostén a los alumnos para comprender las relaciones intelectuales, comparando y contrastando lo "conocido" y lo "nuevo", y generando de esta manera un conocimiento más profundo.*
>
> *Cazden, 2010, p. 73.*

A su vez, la apropiación —en el sentido que le otorga Smolka (2010), como participación en las prácticas sociales—, en las que el sujeto interpreta y es interpretado en el seno de las relaciones (Erausquin, Dome, López, Confeggi, 2013), le permite reconstruir otro tipo de trayectoria escolar, en la que él es artífice de su propia historia.

Referencias

Cazden, C.B. (2010). Las aulas como espacios híbridos para el encuentro de las mentes. En Elichiry, N.(comp.) *Aprendizaje y contexto: contribuciones para un debate* (pp. 61–80). Buenos Aires: Manantial.

Edwards, D., Mercer, N., Alonso, R. y others. (1994). *El conocimiento compartido: El desarrollo de la comprensión en el aula.* Buenos Aires: Paidós.

Erausquin, C., Dome, C., López, A. y Confeggi, X. (2013). Violencias en la escuela: Interrogando los problemas y las prácticas desde la perspectiva de los actores. En *Psicólogos en contextos educativos: Diez años de investigación* (84–92). Buenos Aires: Proyecto Editorial.

Erausquin, C. (2014a). Prácticas de inclusión y calidad educativas basadas en la evidencia científica y contextualizadas en trayectorias reales, como aprendizaje expansivo de Psicólogos en escenarios escolares. *XIV Jornadas Internacionales de Psicología Educacional Desafíos de la Psicología Educacional de cara al siglo XXI: teoría, investigación e intervención.* Universidad Nacional de Tucumán.

Erausquin, C. (2014b). Ayudando a los que ayudan a aprender: co–construyendo acciones y conocimiento. Ética Profesional Dialógica en el campo psicoeducativo. *Libro de Cátedra.* Facultad de Psicología Universidad Nacional de La Plata. Edición Digital.

Erausquin, C., Sulle, A. y García Labandal, L. (2016). La vivencia como unidad de análisis de la conciencia: Sentidos y significados en trayectorias de profesionalización de psicólogos y profesores en comunidades de práctica. *Anuario de Investigaciones, 23,* 97–104.

Smolka, A.L.B. (2010). Lo (im)propio y lo (im)pertinente en la apropiación de las prácticas sociales. En Elichiry, N. (comp.) *Aprendizaje y contexto: contribuciones para un debate* (pp. 41–60). Buenos Aires: Manantial.

Wertsch, J.V. (2007). Mediation. En M.C. Daniels y J.V. Wertsch (Eds.), *The Cambridge Companion to Vygotsky*, (pp. 178–192). Cambridge: Cambridge University Press.

CAPÍTULO 5

Construir espacios de interacción y comunicación en la escuela primaria

La comunicación como estrategia de intervención psicoeducativa. Interacciones colaborativas y situadas, desde la complejidad.

Leticia Mara Bardoneschi (Argentina)

Ficha técnica

Temporalidad: Durante los meses de agosto, septiembre y octubre del año 2014.

Territorio: Provincia de Buenos Aires, Argentina.

Escenario Educativo: Escuela primaria pública de gestión estatal, ubicada en una localidad periférica, a la cual concurren niños y niñas en situación de vulnerabilidad social y económica.

Principales actores: Laura —docente de 4°A—, niños y niñas del grado, otras docentes de la escuela, miembros del Equipo de Orientación Escolar (EOE).

Rol del relator: Orientadora Educacional del Equipo de Orientación Escolar de la escuela.

Aquella situación que se hizo problema

Hacía poco tiempo que formaba parte, como orientadora educacional, del Equipo de Orientación Escolar (EOE) de aquella escuela primaria ubicada a unos 70 kilómetros de la Capital Federal, en la Provincia de Buenos Aires, cuando comenzaron a hacerse frecuentes los llamados de Laura, docente de 4°A. En aquellas ocasiones, la maestra solicitaba nuestra intervención por la conducta de los "varones del grado", especialmente, eran los nombres de Dylan y Pablo[1] los que resonaban con mayor frecuencia.

Laura solía llegar escoltada por ambos niños, pidiendo que se hablara un poco con ellos para calmarlos, explicaba que era necesario que salieran un rato del aula, manifestaba que "no podía trabajar en esas condiciones", que se peleaban en clase, insultaban y agredían físicamente. Explicaba que las primeras dos horas de la mañana en general eran tranquilas, pero luego del recreo no había forma de calmarlos. Tanto dentro como fuera del aula

---

[1] Los nombres fueron modificados para preservar la identidad de los niños y la docente.

—en contexto de recreo—, cualquier conflicto era resuelto mediante golpes y agresiones. Expresaba enojada que eran "chicos muy violentos", y que sin la colaboración de las familias sería imposible revertir la situación.

Por otra parte, la docente señalaba que desde el inicio del ciclo lectivo se encontraba trabajando el tema de la violencia, que habían elaborado junto a los niños y niñas las "normas del aula", que todos las conocían muy bien, y sabían lo que **no** debían hacer en la escuela, pero aun así aquel grupo de niños, no las cumplían.

Comentaba que ya había "intentado todo": los enviaba a la dirección, los dejaba sin recreo, les mandaba notificaciones a las familias y hasta se comunicaba con ellas de forma telefónica, pero las cosas no cambiaban, especialmente porque alguna de estas familias no colaboraba. Expresaba que ya "no le daba la garganta", que prefería que esos niños faltaran a la escuela para poder sostener su clase como la había planificado.

Al parecer, para Laura los modos de comunicarse e interactuar de los niños en la escuela se constituían en un obstáculo a la hora de sostener la clase planificada. Aquellos niños que no respetaban las normas escolares, —desubicados que se comunicaban de forma violenta—, parecían, a la lectura de la docente, *no poder estar allí*.

Porque la escuela espera alumnos que respeten las reglas establecidas, que sin reclamos se *apropien* de las normas implícitas y de las explicitadas el primer día de clases.

Tener éxito en la escuela implica que los niños se conviertan en buenos alumnos, y ello significa apropiarse no sólo de ciertos modos de aprender, sino también de ciertos modos de interactuar con otros: pares, docentes, directores, secretarios, equipos de orientación, bibliotecarios. Deben comprender que en la escuela primaria los niños aprenden sentados en sus bancos, en silencio e individualmente, que para pedir la palabra deben levantar la mano, portarse bien y estar callados, respetando a los docentes y otros miembros de la institución, y que sólo pueden jugar cuando les autorizan a hacerlo, sabiendo que el juego en la escuela tiene sus propias normas y limitaciones.

Para hablar es necesario pedir la palabra a la docente levantando la mano, y en caso de tener dudas sobre la actividad planteada, las mismas sólo pueden ser respondidas por la maestra, porque "no vale" preguntarle al compañero, pues eso es penalizado y sancionado. Para ser exitosos, los alumnos y alumnas deben atender, entender y realizar las actividades correctamente, no pueden gritar, ni pegar, ni desplazarse sin permiso por el aula. Ser exitoso en la escuela, implica poder apropiarse de esos modos de ser y estar en ella.

¿Qué sucede entonces con aquellos alumnos que aparentemente no logran responder a esas demandas institucionales? ¿Qué sucede con esos niños "violentos", "que no entienden", "que no respetan", esos "in-adaptados" "impertinentes" con "familias desinteresadas"?

El propósito de este trabajo es re–visitar una experiencia convivencial, poniendo el foco en las interacciones y comunicaciones que dan sentido a las prácticas sociales en la escuela y, en cómo éstas construyen mentes y modos de transitar, definen destinos y determinan posibilidades. Para ello, resulta importante destacar, siguiendo los aportes de Erausquin (2013), que entendemos la violencia como una *cualidad relacional,* un modo de comunicación *entre* sujetos, una situación en un contexto.

No negaremos, como explica Kaplan (2016), que existen situaciones violentas en las escuelas, pero trataremos de entenderlas en el marco de la complejidad, evitando caer en lecturas reduccionistas y patologizantes, las cuales ubican a los sujetos o a sus familias como portadoras de determinadas características, las cuales legitimarían que los aprendizajes no sucedan. Haremos hincapié en las condiciones institucionales de escolarización, que lejos de romper con las prácticas excluyentes que históricamente han gobernado el escenario escolar, reproducen los modelos normalizadores y expulsan a quienes consideran no son aptos o dignos de formar parte y aprender: la docente prefería *"que algunos niños faltaran para poder sostener su clase como la había planificado"*.

La violencia entendida como un sistema de relaciones en su complejidad requiere ser pensada no sólo como consecuencia de las profundas desigualdades, la injusticia y la fragmentación social, sino derivada esencialmente de las condiciones excluyentes de escolarización, que desde su fundación, la escuela moderna crea, sostiene y reproduce.

> *Es preciso problematizar sus anudamientos en el proyecto moderno de escolaridad obligatoria y sus contradicciones, incluyendo los modos en que el lenguaje y el fracaso del lenguaje disponen y habilitan formas de violencia simbólica.*
>
> *Erausquin, 2013.*

Haremos hincapié en las condiciones institucionales de escolarización, que lejos de proponer prácticas inclusivas y democratizantes, parecieran reproducir los modelos normalizadores, expulsando y estigmatizando a quienes consideran no aptos para aprender.

En los relatos de la docente parecían obvias las respuestas a todas las preguntas: esos niños **no** podían. Y esos modos de sentir, esas formas colectivas difundidas de pensarlos se fueron haciendo propios para Dylan, Pablo y el resto de sus compañeros y compañeras de 4°A.

Marchas y contramarchas

Desde el Equipo de Orientación Escolar, en un primer momento, se propuso ofertar un lugar de diálogo, escucha atenta, reflexión y construcción colectiva, para los *varones del aula*. El objetivo era ofrecer a los niños un espacio de participación, que se constituyera en una oportunidad pedagógica de enseñanza y desarrollo, donde poder reconocer los conflictos, las diferentes miradas sobre un problema, escucharse, poder opinar, argumentar y justificar su posición cada uno. Invitarlos a transitar experiencias de encuentro, en las cuales construir otros modos posibles de comunicar y comunicar–se, expresando sus necesidades y resolviendo los problemas sin violencia. Lave sostiene que es necesario que:

> *... los aprendices aprendan a pensar discutiendo,*
> *actuando e interactuando, de forma cada vez más*
> *"sabia", con personas que hacen algo bien, y*
> *haciéndolo conjuntamente en cuanto participantes*
> *legítimos y "periféricos".*
>
> *Lave, 1988, en Rogoff, 1993, p. 68.*

Dar la palabra a los niños proponiéndola como instrumento de mediación semiótica y herramienta prioritaria de expresión y resolución de conflictos, representaba un gran desafío, dado que el escenario escolar ha sido gobernado históricamente por prácticas adulto–céntricas, sancionatorias, verticalistas y jerárquicas de distribución del poder.

Los encuentros se fueron constituyendo, por consiguiente, en una oportunidad privilegiada de apropiación de nuevos modos de estar juntos y de construir sentidos compartidos. Se trataba de invitar a los niños a transitar actividades *culturalmente significativas de interacción*, promoviendo el desarrollo a partir de ser participantes conscientes y activos (Rogoff; 1997).

Tal como explica Smolka (2010), la apropiación no es una cuestión de pose o propiedad individual, sino una cuestión de pertenecer y participar en prácticas sociales, las cuales se construyen en la relación con otros, en el *estar entre*. La normas y reglas sólo son posibles de ser apropiadas, en la relación con otros, en el estar entre, en el formar parte de experiencias democratizantes de circulación de la palabra, construyendo conjuntamente nuevas posibilidades y transitarlas. El sujeto, él mismo como signo, no existe antes o independientemente del otro, sino que se hace, se constituye en relaciones significativas (Smolka. 2010).

Aun así, parecía que esas experiencias no eran suficientes. Pablo y Dylan, aquellos niños que Laura miraba, pensaba y significaba desde la imposibilidad de adaptación y la violencia, se habían constituido subjetivamente como sujetos problemáticos. Recuperando nuevamente los aportes de la autora antes mencionada,

> *... los individuos son afectados, de diferentes modos, por las muchas formas de producción en las que participan. O sea, los sujetos son profundamente afectados por signos y sentidos producidos en las (y en la historia de las) relaciones con los otros.*
>
> *Smolka, 2010, p. 47.*

Luego de unas semanas, a pesar de que los encuentros con el Equipo de Orientación eran valorados por los niños y demandados frente a los conflictos, parecía que esas experiencias no eran suficientes. Junto al EOE se problematizaban los conflictos reconociendo los problemas y sus motivaciones, pudiendo reconstruir escenas y buscar otras soluciones. Fuera de allí, la situación parecía ser la misma que antes y Laura volvía enojada a solicitar ayuda, decretando una vez más que "con esos chicos no podía trabajar" y que nada de lo realizado parecía estar funcionando.

Frente a estas demandas, nuevas preguntas comenzaban a resonar al interior del EOE:

¿Qué sucedía que este grupo de niños no lograba resolver en el cotidiano del aula los conflictos de otro modo?

¿Cuáles eran las estrategias puestas en juego por Laura dentro del aula?

¿Cómo circulaba la palabra dentro del aula?

¿Y en el recreo? ¿Qué situaciones provocaban los conflictos?

¿En qué momentos sucedían? ¿En cuáles no?

¿Cómo había sido la trayectoria de este grupo de niños y niñas en la escuela? ¿Esto sucedía desde los primeros años?

En el caso de que así fuera, ¿cuáles habían sido las estrategias de intervención previas? Había que volver a visitar la escena, mirar las actividades y sumar nuevas voces para comprender...

Las prácticas educativas históricamente situadas: Sistemas Complejos de Actividad

Las interacciones en la escuela y el aprendizaje son fenómenos complejos, que requieren de un análisis meticuloso y situacional, de una mirada del contexto como *sistema de actividad* y *en* actividad, donde se entrelazan relaciones e interacciones mediadas por diversos instrumentos culturales (Chaiklin y Lave, 2001; Cole, 1998; Cazden, 1991).

Trabajar con/en las instituciones escolares desde una perspectiva situada implica entender que las mismas son actividades sociales, colectivas e históricas, que reúnen múltiples puntos de vista, tradiciones e intereses, y que por estas mismas características, las contradicciones y las zonas de conflicto les son inherentes. Sin embargo, los problemas y contradicciones constituyen en sí fuentes de desarrollo y transformación de la actividad ya que exigen, luego de tomar conciencia de su existencia, negociaciones y movimientos innovadores en pos de transformarse.

Examinar los caminos recorridos y cómo las condiciones históricas se entrelazaron, era fundamental para comprender lo que sucedía en el 4°A, es decir, conocer la trayectoria escolar por la que ese grupo había transitado, dar sentido histórico a lo situacional. Es decir, conocer la trayectoria escolar por la que ese grupo había transitado, dar sentido histórico al problema, introducir la perspectiva de la memoria, accionar los recuerdos e identificar los antecedentes significativos para construir/ reconstruir la situación (Erausquin, 2013)

La perspectiva situacional, desde la teoría de la psicología cultural, posibilitó ampliar nuestra unidad de análisis y recuperar la tensión entre el sujeto y la situación, incluyendo las condiciones específicas de los escenarios culturales donde el aprendizaje acontecía. Nos propusimos hacer foco en aquellos mediadores semióticos —lenguajes y signos lingüísticos— que, puestos en juego en el ámbito escolar, se entrelazan constituyendo subjetividades desde la posibilidad o la imposibilidad (Baquero, 2012).

Los sujetos, en sus interacciones, realizan acciones situadas, es decir, siempre en relación a otros sujetos (en comunidades), que tienen por definición una distribución de tareas y roles en esa actividad, tareas que, a su vez, se encuentran reguladas por normas —o sea, por modos de estar y ser correctos o incorrectos—. Estas acciones realizadas por los sujetos se constituyen en *acciones mediadas* por artefactos (materiales o simbólicos), culturales e históricamente desarrollados (Cole, 1998).

Pensar la situación de este grupo en tanto comunidad, implicaba reconocer los usos de los instrumentos de mediación simbólica —los lenguajes, los signos lingüísticos, los discursos—, el modo en que se distribuía el poder y las reglas que regulaban el estar en el aula y resolver los problemas. Parecería ser que si la maestra, frente a las peleas, expulsaba y sancionaba, los niños, a su manera, también lo hacían.

Apareció entonces la necesidad de re–pensar a los sujetos de la intervención y el modo de llevarla a cabo. Era necesario revisar con Laura las *mediaciones implícitas* aquellas prácticas comunicativas invisibles que, naturalizadas, regulaban las prácticas pedagógicas áulicas y los vínculos, —para hacerlas explícitas—, desnaturalizándolas (Wertsch, 2007). Para iniciar el camino hacia la problematización de los modos de interacción y los lazos construidos entre quienes habitaban el 4° grado A. Y avanzar en la construcción de nuevos acuerdos, modos de estar y aprender en el aula, en los recreos, en la escuela.

Nos proponíamos acercarnos para entender la situación desde la complejidad, descubrir las tensiones que las prácticas educativas representan, romper con las prácticas tradicionales que han excluido y estigmatizado a los niños y niñas que no respondieron a los estereotipos esperados por la escuela moderna, condenándolos al fracaso y la exclusión.

Avanzar desde una mirada relacional, situada y contextual, desarrollando herramientas promotoras de intervenciones, puede potenciar trayectorias educativas continuas, completas y con aprendizajes significativos.

Historizar trayectorias, habilitar otras voces, detenernos a pensar nuevas interacciones y modos de comunicación: comprender los problemas, construir intervenciones.

Comenzamos así a sumar nuevas voces. Otras maestras y maestros que conocían la historia del grupo y las condiciones de escolarización nos relataban que el 4°A era un grupo con muchos problemas de conducta, asistencia y dificultades en el desarrollo de sus aprendizajes.

Lo atribuían especialmente a que los niños y las niñas de ese grupo habían transitado y sufrido, desde el inicio de su escolaridad primaria, una trayectoria con interrupciones y cambios repentinos de docentes. Explicaban que muchas de ellas tomaban largas licencias o renunciaban por mejores ofertas laborales sin previo aviso y esto dejaba al grupo en una profunda situación de vulnerabilidad, perdiéndose de forma permanente la continuidad pedagógica. Relataban que, a consecuencia de dicha situación y frente a la falta de recursos o maestras que pudieran cubrir los días, era frecuente que "repartieran a los niños y niñas en distintos grados" y agregaban que, frente a la incertidumbre, las familias en general decidían no enviar a sus hijos o hijas a la escuela.

Esos relatos sumaban datos valiosos sobre la situación del grupo, permitiéndonos avanzar hacia nuevas hipótesis, que inevitablemente nos interpelaban a promover intervenciones con otros agentes, en otros tiempos, fuera de la urgencia cotidiana.

En general, aquellas situaciones que preocupaban a Laura, parecían, en la mirada de otras docentes, ser atribuidas a una oferta educativa que habría empujado a ese grupo de niños y niñas a transitar una escolaridad casi desde los márgenes.

¿Cómo ayudar al 4°A para que pudieran transitar otro tipo de experiencia escolar?

¿Cómo hacer para colaborar en la construcción de un vínculo de confianza entre los niños y su maestra, cuando su recorrido escolar estuvo caracterizado por la ausencia?

¿Cómo ayudar a Laura a re–construir su mirada en torno a ese grupo de niños, desde la posibilidad?

¿Cómo ayudar a construir nuevas estrategias pedagógico–didácticas que les permitieran a todos seguir aprendiendo?

¿Cómo hacer para que la asistencia se sostenga, para cargar de sentido el estar en la escuela?

Desde el Equipo de Orientación nos propusimos promover intervenciones que sostuvieran motivacional, volitiva y cognitivamente tanto a Laura como al grupo de niños y niñas. Proponer espacios en los cuales corrernos del lugar de técnicos expertos, transmisores de estrategias o profesionales consultivos, para construir trabajo colectivo, en pos de una comprensión conjunta de los problemas, en una primera instancia, y luego, en la elaboración colectiva de los medios para resolverlos (Erausquin, 2014).

Para el Equipo de Orientación Escolar (EOE) fue indispensable re–significar la demanda, "barajar y dar de nuevo", pensar modos de encuentro, que permitieran un trabajo situacional, compartido y colaborativo. Los procesos cognitivos están distribuidos socialmente, y no sólo localizados en los sujetos individuales. Por tanto, generar espacios de reflexión compartida para el desarrollo, era un objetivo central. El encuentro debía constituirse en una *herramienta de mediación explícita,* que permitiera una lectura compleja de la situación, transformando el problema en una oportunidad de aprendizaje para todos los actores intervinientes.

Invitar a Laura y a los niños y niñas de 4°A a volver a mirar la situación problema, generar espacios dialógicos basados en el respeto a la diversidad de pensamientos y la confianza de entender que junto al otro pienso, construyo, planifico y transformo, se proponía como un desafío.

Laura recurría por alguna razón al Equipo de Orientación, algo allí la alojaba y ofrecía oportunidad, alguien allí la recibía, le brindaba presencia, escucha y ayuda, ésa era entonces una ocasión potente para construir nuevos saberes. Revisar nuestras concepciones, analizar nuestras acciones y decisiones, historizar nuestras vivencias. El EOE debía habilitar palabra, ayudar, acompañar, cuidar y sostener a quienes estaban aprendiendo.

Nuevas marchas

A partir de lo nuevo que acontecía en los relatos, nos dispusimos a trabajar en varios sentidos, por un lado con Laura a fin construir estrategias que le permitieran crear nuevos vínculos y modos de relacionarse con los niños del grado, entendiéndolos ya no como sujetos portadores de problemas, sino como niños en situaciones problemáticas, y por otro, con el grupo total de 4°A y sus familias.

Nuestro objetivo ya no sólo tenía como fin lograr una mejor con-vivencia escolar, sino también favorecer el desarrollo colectivo de nuevas estrategias didáctico–pedagógicas que les permitieran a los niños y niñas profundizar en aprendizajes logrados y alcanzar otros nuevos. Ofertando nuevos sentidos al estar en la escuela.

Esta nueva intervención, se organizó en dos espacios y tiempos consecutivos.

Primero, junto a Laura, se planificaron reuniones semanales para construir de modo colaborativo estrategias para el aula, finalmente éstas lograron sostenerse de modo quincenal durante dos meses. En dichos encuentros, se pensaron los modos de construir vínculos, se buscó identificar las potencialidades del grupo, de las niñas, de los niños, de Dylan y Pablo. Se ubicaron aquellas cosas que disfrutaban y los momentos en los que el conflicto estallaba. Se intentaba así, anticiparnos a los insultos y los golpes. A partir de allí, se pensaron colaborativamente propuestas didácticas que rompieran con las prácticas tradicionales: por ejemplo, la reproducción de cortometrajes, la lectura de cuentos, construcción de juegos para el recreo con material reciclado, hora de juego semanal. Se trataba de construir lazo entre los estudiantes del 4°A y su docente, a la vez que, favorecer los aprendizajes.

En línea con lo mencionado, el juego como actividad creadora se proponía re-crear y transformar, permitir la construcción de ficciones estratégicas, que mediante la imaginación y fantasía recreen la realidad sin riesgo, ni peligro, dando seguridad, con la oferta de nuevos escenarios de significación y libertad (Erausquin, 2014)

En otro plano, si bien con los niños del grupo se continuaron sosteniendo los encuentros y diálogos, la propuesta se amplió llegando a todos y todas, llegando al aula, formando parte de la cotidianeidad del grupo. El EOE ingresó en las actividades diarias en el aula, en los recreos, en las clases especiales, en los juegos. Acompañaba, jugaba, pensaba generando diálogos, debates, reflexiones compartidas a la vez que sostenía la vida de ese grupo en la escuela. Se problematizaba y buscaban modos diversos para resolver cada situación que se constituía en problema. Se ponía en palabras lo que antes era sancionado mediante el reto y la derivación.

Ese encuentro cotidiano tuvo por objetivo que pudieran reconocerse como sujetos de derecho, participantes activos y reflexivos, comenzar a darse cuenta y hacerse cargo, ser conscientes y responsables de las consecuencias de sus actos. Permitirles nuevos modos de comunicación sin violencia. El equipo se proponía disponible, acompañándolos en las diferentes actividades y propuestas. Se propuso hacer de esa escuela, la mejor escuela para todos.

Con las familias, también se convocó al encuentro, con mateadas donde poder re-construir el lazo, que parecía "roto" con la escuela. Pensarse juntos trabajando para favorecer los diversos aprendizajes de los niños y niñas. Las reuniones no eran ya sancionatorias, sino auténticos espacios de reflexión compartida.

Las intervenciones del EOE se re–significaban también en el trabajo compartido. De prácticas gabinetistas, de evaluación y trabajo con los niños problemáticos, se pasó a una intervención psico-educativa desde un plano relacional y dinámico.

Desde hace algunos años, han comenzado a transformarse —ampliarse, complejizarse— las funciones de los orientadores psico–educativos en la escuela. Lo cierto es que los paradigmas actuales, los cuales proponen al aprendizaje en sentido amplio y complejo, nos han demostrado que no alcanza sólo con mirar las estratégicas pedagógicas y los modos de aprender–enseñar las disciplinas escolares, sino que hoy las cuestiones que aparecen como problemas en la escuela son otras. Hoy los orientadores se encuentran con la necesidad de intervenir frente a nuevas problemáticas:

> *... los problemas que enfrentan en la práctica las profesiones en el mundo contemporáneo son complejos, de límites borrosos, inestables, inmersos en multitud de relaciones, de carácter único y singular y atravesados por conflictos y dilemas éticos. Tal es el caso de las Situaciones–Problemas de violencia, cuyo abordaje no es una aplicación mecánica a la práctica de algo que ya se conoce de antemano desde la teoría, sino un desafío a la imaginación a través de construcciones tentativas y de esfuerzo reflexivo.*
>
> *Erausquin, 2013, pp. 2–3.*

Desde esta perspectiva la intervención es comprendida como un *estar entre*, una llegada abierta al encuentro inter–agencial. Un encuentro que se propone como proceso de resolución conjunta de problemas, en el cual las orientadoras —junto con otros actores—, elaboren, evalúen y re-creen estrategias o herramientas que ayuden a aprender. Requiere análisis, resonancia emocional y motivacional sobre la identificación del problema, así como, voluntad de organización para construir un plan de acción. Trabajar con otros significa comprometerse en diversas prácticas sociales co-configuradas en respuesta a complejas y diversas necesidades de usuarios (Erausquin, 2013)

Incluir al 4°A y no sólo a los "niños difíciles". Elaborar colectivamente estrategias para modificar los modos de comunicar, los modos de decir, los modos de reclamar en la escuela, pero esto sólo era posible, poniendo en acción estrategias de interacción que enseñen haciendo. Propuestas que democraticen la palabra y permitan nuevos modos de tramitar la convivencia, los acuerdos y desacuerdos, los conflictos y contradicciones.

El aprendizaje inter-agencial supone un proceso de transformación social que incluye el análisis de la estructura del mundo social, con la naturaleza conflictiva de la práctica como matriz central, las tensiones y contracciones que la atraviesan, y este trabajo por tanto se constituye en "fuerza motriz del cambio y el desarrollo" (Engeström, 1999). Para ello, se requiere de una *estructura de coordinación*: es decir, un proceso en el que dos o más organizaciones usen reglas de decisión, prescripciones, guiones, establecidos para manejarse colectivamente en su entorno de tarea.

Si bien en la propuesta con Laura no se elaboraron guiones, sí en cambio se establecieron acuerdos y acciones pensadas cooperativamente, que serían revisadas y evaluadas, ya que en ese tipo de estructura inter-agencial, la reflexión es continua y se da en la acción misma, en el suceder de los hechos.

El aprendizaje inter-agencial requiere también de las condiciones de una *estructura de cooperación*, o sea, relaciones deliberadas para el cumplimiento conjunto de las metas individuales. Se producen relaciones informales, en el marco de la autonomía y las metas individuales. En esta instancia, los actores se enfocan y construyen un problema común. Dentro de los límites de la propuesta elaborada, conceptualizan y resuelven problemas negociados y consensuados.

Con Laura y los niños y niñas se propuso un trabajo basado fundamentalmente en la *co–responsabilidad*, todos pensando juntos, todos elaborando propuestas, todos eran encargados de sostener y re–elaborar lo que consideraban no funcionaba como se había planificado. Los diferentes espacios de trabajo se constituían en instancias de reflexión colaborativa y cooperativa, en los cuales la palabra debía necesariamente circular democráticamente.

Por último, la inter–agencialidad del aprendizaje requiere condiciones de una *estructura de comunicación reflexiva*. Ello supone que los actores se centren en la problematización, re–contextualización y re–conceptualización de su propia organización e interacción, en relación a objetos y metas compartidas, incluyendo los guiones, las normas y los dispositivos a la luz de las vivencias y los pensares de y entre todos.

Desde el EOE se propuso que la docente pudiera encontrar en los espacios compartidos, un lugar donde tramitar las situaciones–problemas sintiéndose acompañada. Ya no era el EOE proponiendo, sino un colectivo construyendo, pensando los intercambios dialógicos como herramientas simbólicas, que, siendo mediadores explícitos, permitieran cada vez mayores niveles de consciencia, de reflexión y de organización. Buscando como meta que este proceso de instrucción permitiera producir experiencias donde la palabra se constituyera en la herramienta prioritaria en la resolución de conflicto.

Se buscaba ayudar a los agentes educativos —docentes y alumnos en este caso— a que puedan comprender la naturaleza de los problemas, a que puedan elaborar metas factibles, a encontrar, re–crear herramientas para alcanzar esas metas, a valorar los logros obtenidos (Erausquin. 2014), a ligar las vivencias y entenderlas desde un plano no sólo cognitivo–intelectual, sino también afectivo y emocional.

Este modo de hacer práctica en la escuela, sosteniendo una estructura inter–agencial basada en la comunicación reflexiva y cooperativa, se volvía un desafío para el Equipo de Orientación Escolar, no sólo por la diversidad de situaciones que transcurrían cotidianamente en la escena escolar, sino porque requería de una re–conceptualización del propio espacio institucional. El EOE se transformaba en un instrumento co–diseñador de ayudas, dejando de funcionar como aquel que orientaba al docente con estrategias, recetas, elaboradas previamente.

En palabras de Erausquin:

> *Colaborar requiere reconocer que el trabajo de uno no puede llevarse a cabo sin la participación del otro: reconocer la competencia profesional de todos y entender que las situaciones complejas requieren justamente del enriquecimiento que aporta la diversidad de perspectivas.*
>
> *Erausquin, 2014.*

Aprender con otros nuevos modos de aprender: la función educativa de la interacción y comunicación

Estar juntos en la escuela parece volverse un problema cuando aquellos que llegan no responden a los estándares esperados, pertinentes y apropiados, pero también parece un problema, porque la enseñanza continúa siendo entendida como la acción de trasmitir conocimiento, y pone a los docentes en el lugar del saber y del poderlo todo individualmente.

La complejidad de las situaciones que atraviesa la escena escolar nos obliga —afortunadamente— a re-pensar los modos de hacer escuela, de construir lazos, de desarrollar conocimiento. Nos desafía a corrernos de una mirada meritocrática, la cual entiende al aprendizaje en tanto característica individual del sujeto, para proponer modos de pensar y aprender con otros.

Del "sálvese quien pueda" a busquemos juntos salvavidas, que nos permitan seguir nadando.

La vida en las escuelas se encuentra sujeta hoy a la inmediatez y emergencia de las situaciones que irrumpen, desorganizando lo planeado. La complejidad de la práctica educativa requiere encontrar espacios donde trabajar con otros en verdaderos encuentros inter–agenciales, pensar con otros y elaborar mejores estrategias de intervención que les permitan a todos y todas seguir aprendiendo. La falta de tiempo y espacio dentro del trabajo escolar, es obstáculo para un verdadero trabajo participativo, constructivo y cooperativo.

> *Ello impide realizar acciones indagatorias para un análisis ponderado en situación, una historización del problema que profundice antecedentes y causas, formular hipótesis que orienten cursos de acción, fundamentando el análisis en sus nudos significativos.*
>
> *Erausquin, 2013.*

Para fortalecer las intervenciones de los agentes psico–educativos desde los equipos de orientación en el sentido de la cita, se requiere poder construir espacios —aun a pesar de los avatares antes mencionados— así como estrategias de resistencia y transformación, que favorezcan la participación genuina de todos los actores institucionales. Implica también habilitar interacciones que permitan un proceso de resolución conjunta de los problemas, conflictos y contradicciones. Este aprendizaje sólo puede ser posible en instancias en las cuales el involucramiento represente un trabajo cognitivo y relacional.

Pensar la interacción y comunicación en su función pedagógica implica comprender que sólo habilitando estos espacios de *encuentro de mentes* (Mercer, 1997) será posible el análisis de situaciones, la elaboración de intervenciones y la evaluación constante y atenta de los resultados. Construir espacios dialógicos, gobernados por la posibilidad de poner en discusión ideas, deseos, necesidades, miedos e inseguridades, abrirse a recibir al otro desde una mirada respetuosa, es central en la escena escolar. El aprendizaje se construye con otros; haciendo significativa la experiencia, la persona se desarrolla en función del contexto en el que participa.

En tal sentido, como instrumento de mediación simbólica central, el lenguaje le permitirá al niño dominar los instrumentos culturales y regular sus conductas. Mediante la actividad/trabajo —con otros sujetos y la cultura— el niño internalizará las operaciones psicológicas que transformarán su estructura interna de pensamiento, reorganizando la actividad psicológica. Estas transformaciones según Vygotsky (1988) constituirán el espacio interno, construyendo la conciencia.

En palabras de Mercer:

> *El lenguaje es ... no sólo un medio por el cual los individuos pueden formular ideas y comunicarlas, sino que también es un medio para que la gente piense y aprenda conjuntamente.*
>
> *Mercer, 1997.*

La psicología cultural plantea una lectura contextual y situada de las problemáticas educativas, entendiendo las interacciones como condiciones centrales para el desarrollo. Esta perspectiva permite superar los análisis reduccionistas y patologizantes que depositan en el individuo la responsabilidad del "buen aprender", para pensar a la escuela como un "proyecto político" y social (Baquero y Terigi, 1996) con fines, objetivos e intereses.

Como explica Terigi (2009), el fracaso escolar, como fenómeno consecuente de la escolarización masiva, posiblemente sea funcional a ciertos objetivos de la escolarización. Por tanto, el contexto en el que se encuentran insertas las prácticas escolares, regula y legitima el aprendizaje, entrelazándose en las prácticas culturales y siendo ellas condiciones mismas para su logro. Entenderlo de esta manera implica comprender la interrelación entre los individuos, la cultura y el desarrollo social, como una interdependencia inherente, imposible de ser comprendida por separado (Rogoff, 1993).

Mirar a Laura y a los niños y niñas de 4°A, como sujetos portadores de palabra, de inteligencia y emocionalidad, es considerarlos sujetos capaces de buscar nuevos modos de construir encuentros. Tensionar las prácticas que aparecían naturalizadas en el escenario escolar, analizar situaciones y elaborar intervenciones a partir de encuentros inter–agenciales se constituyó en un objetivo central y estratégico para la promoción de una escuela más democrática, más justa, más inclusiva.

Referencias

Baquero, R. y Terigi, F. (1996). En busca de una unidad de análisis del aprendizaje escolar. Dossier "Apuntes pedagógicos". *Revista Apuntes*.

Baquero, R. (2012). Alcances y límites de la mirada psicoeducativa sobre el aprendizaje escolar: algunos giros y perspectivas. *Revista Polifonías*, *1*(1), 9–21.

Cazden, C.B. (1991). *El discurso en el aula: el lenguaje de la enseñanza y del aprendizaje*. Barcelona: Paidós Ibérica.

Chaiklin, S. y Lave, J. [Jean] (2001). *Estudiar las prácticas: perspectivas sobre la actividad y contexto*. Buenos Aires: Amorrortu.

Cole, M. (1998). *Cultural psychology: A once and future discipline*. Cambridge: Harvard University Press.

Engeström, Y. [Yrjö] y col. (1999). Activity theory and individual and social transformation. *Perspectives on activity theory*, *19*(38).

Erausquin, C., Dome, C., López, A. y Confeggi, X. (2013). Violencias en la escuela: interrogando los problemas y las prácticas desde la perspectiva de los actores. En *Psicólogos en contextos educativos: diez años de investigación*, 84–92. Buenos Aires: Proyecto Editorial.

Erausquin, C. (2014). Ayudando a los que ayudan a aprender: co–construyendo acciones y conocimiento. Ética Profesional Dialógica en el campo psicoeducativo: los "verdaderos conceptos", la "vivencia" y el "juego" en Vygotsky, ayudándonos a pensar la inclusión educativa. *Libro de Cátedra. Facultad de Psicología UNLP*.

Kaplan, C. (2016). Cuidado y otredad en la convivencia escolar: una alternativa a la ley del talión. *Pensamiento psicológico*, *14*(1), 74–86.

Mercer, N. (1997). *La construcción guiada del conocimiento. El habla de profesores y alumnos (trad. de I. Gispert)*. [VO: The guided construction of knowledge. Talk amongst ...]. Barcelona: Paidós.

Rogoff, B. (1993). *Aprendices del pensamiento [Aprenticeship in thinking]*. Barcelona: Paidós.

Rogoff, B. (1997). Los tres planos de la actividad sociocultural: apropiación participativa, participación guiada y aprendizaje. En Wertsch, J., del Río, P. y Alvarez, A. (Eds.), *La mente sociocultural. Aproximaciones teóricas y aplicadas* (pp. 120–128). Madrid: Fundación Infancia y Aprendizaje.

Smolka, A.L. (2010). Lo (im)propio y lo (im)pertinente en la apropiación de las prácticas sociales. En *Aprendizaje y contexto: contribuciones para un debate*. Buenos Aires: Ediciones Manantial.

Terigi, F. (2009). El fracaso escolar desde la perspectiva psicoeducativa: hacia una reconceptualización situacional. *Revista iberoamericana de educación*, 50, 23–39.

Wertsch, J. (2007). Mediation. En Daniels, H Cole, M y Wertsch, J. *The Cambridge Companion to Vygotsky*. New York: Cambridge University Press.

Vygotsky, L.S.(1988). *El desarrollo de los procesos psicológicos superiores*, cap. 1. México: Crítica Grijalbo.

CAPÍTULO 6

Aceptar y enriquecer las diferencias

La colaboración, el diálogo y la reflexión como herramientas de cambio en el tratamiento de conflictos

Claudia Ruiz Diaz Meza (Paraguay)

Ficha técnica

Temporalidad: Esta experiencia de desarrolló en el año 2015 entre los meses de agosto a noviembre.

Territorio: Asunción, Paraguay.

Escenario educativo: Colegio privado católico de la ciudad de San Lorenzo.

Principales actores: Estudiante, madre, psicóloga y directivos del Colegio.

Rol del relator: Psicóloga Clínica.

 ## La situación-problema

Juan es un adolescente de 14 años de contextura muy grande, alto (1,85 m. aproximadamente), con una cadera ancha y unas piernas muy largas. De un año a otro, creció muchísimo. Es el más grande de la clase. Además, en comparación con sus compañeros, Juan parece ser un niño muy maduro cognitivamente. Asiste a un colegio católico, de nivel socioeconómico medio–bajo, en la ciudad de San Lorenzo, Paraguay.

Juan presenta ciertas características que difieren del resto de sus compañeros: es ateo, no le gustan los deportes, y es sumamente crítico con los pensamientos "absurdos" de sus compañeros y de los docentes. "Absurdo", para él, es todo aquello que no resulta comprobable empíricamente, como los mitos culturales, las creencias o los tabúes.

Cuando lo conocí, Juan tenía bajas notas en algunas materias porque no lograban interesarle y se le dificultaba estudiar en su casa por problemas familiares que no le permitían estar tranquilo para poder concentrarse. No toleraba a las personas "hipócritas" y "caraduras" de su colegio. Sufría *bullying* por parte de sus compañeros. Se burlaban de su tamaño y por ser "raro". Él mismo decía que se sentía como una rareza por su madurez, su capacidad de razonar y su disciplina. En el colegio, Juan no toleraba a los demás, sobre todo cuando se tocaban temas de religión o de creencias populares.

Desde mi rol de Psicóloga Clínica, trabajamos con él la aceptación de las diferencias individuales, la tolerancia hacia los que pensaban diferente y a sus compañeros, que eran inmaduros en comparación con él. En un momento del trabajo, se le ocurrió realizar un comité de debate sobre religión, en el colegio, iniciativa que apoyé. Pensamos juntos cuál sería la mejor manera de presentar. la propuesta a la directora, para que no se disgustase ni se negara a hacerlo. La directora, como vio un cambio en él, aceptó la propuesta de realizar el debate. Gracias a ello, Juan pudo trabajar la tolerancia y la aceptación de las diferencias individuales. Por otra parte, no era para él una opción mudarse de colegio, porque era el único accesible económicamente y cerca de su casa.

La experiencia resultó significativa. Me llamaba la atención su forma de pensar, lo adelantado que parecía respecto de sus compañeros en algunos aspectos. Y no me dejaba de sorprender el hecho de que la directora del colegio y los docentes lo hubieran "marcado" por ser ateo, es decir, por ir en contra de las creencias religiosas del colegio. Me parecía valioso cómo él lograba argumentar su posición,

Fue importante considerar ciertos antecedentes de la situación–problema:

1. Dificultad en la convivencia con sus pares y con las autoridades del colegio.

2. Bajas notas en algunas materias.

3. Maduración física e intelectual superior en comparación con los compañeros.

4. Dificultad para tolerar la religión del colegio.

5. Bullying por parte de algunos compañeros.

A partir de esta problemática, decidimos —entre Juan, sus padres y yo— el tipo de intervención que realizaríamos. En lo cotidiano, Juan defendía su posición en torno a la religión, y atacaba la de sus compañeros y sus docentes. Tras haber reflexionado en que no podía haber un verdadero intercambio de ideas en un ambiente hostil, en el cual reinara la agresión mutua, Juan había propuesto realizar un debate respetuoso de la pluralidad de las ideas. Lo alentamos con sus padres en ese propósito.

Con la intervención buscábamos, en primer lugar, la reflexión grupal. En segundo lugar, que emergiera un mejor modo de relación de Juan con sus compañeros y docentes. Por último, que el colegio en su totalidad reflexionara también sobre sus prácticas en cuanto a valores, como por ejemplo, en la importancia de la crítica constructiva y la tolerancia hacia las personas ateas.

Finalmente, pretendíamos que Juan estuviera más motivado para ir al colegio y estudiar.

De este modo, se decidió intervenir reflexionando acerca de las ideas y valores de Juan, de sus compañeros y del colegio —docentes y directores—, porque consideramos que era la mejor manera de iniciar un cambio que podría repercutir luego en otros aspectos educativos.

Las acciones de intervención sobre la situación–problema fueron las siguientes:

- Reflexión en torno al comportamiento y pensamientos de Juan, teniendo en cuenta la aceptación, la tolerancia, las diferencias y los valores.

- Generación de un espacio de libertad para el surgimiento de una posible solución por parte de Juan.

- Trabajo de aliento y acompañamiento en el desarrollo de la propuesta formulada por Juan, identificando la mejor alternativa de actuación para lograr efectividad.

- Autoevaluación y auto–reflexión por parte de Juan con respecto a todo el proceso.

La herramienta utilizada por mí, en tanto agente psicoeducativo, fue el encuentro colaborativo y dialógico, ya que es la base para lograr un cambio significativo, sin imponer soluciones.

A partir de la intervención realizada entre todos, Juan logró establecer otro tipo de relación con sus compañeros y docentes, más abierto y comprensivo. Esto generó que los otros se sintieran mejor ante su presencia y lograran diálogo respetuoso. Esto llevó a Juan a sentirse muy bien consigo mismo y a estar más motivado para estudiar. Gracias a ello, mejoró sus notas. El proceso duró aproximadamente cuatro meses. Los objetivos perseguidos fueron alcanzados a partir del espacio de libertad y reflexión creado colaborativamente, y al hecho de que la solución surgió de él mismo.

Personalmente, sentí mucha satisfacción y tranquilidad con esta experiencia, porque notamos todos el cambio en Juan, e incluso él estaba sorprendido por su proceso.

Lo que me cuestioné fue el no haber dialogado personalmente con la directora. Más bien, lo conversaba con los padres y ellos con la directora. En su momento, lo había decidido hacer así, porque en el colegio no estaban de acuerdo con el involucramiento directo de psicólogas en el trabajo pedagógico ni la gestión educativa.

A partir de esta experiencia, aprendí la importancia de la libertad, el diálogo, la colaboración y de que, para que haya un cambio significativo, éste debe surgir de la propia persona. Me interesa seguir aprendiendo acerca de las diferentes perspectivas de las teorías del desarrollo para tener una comprensión más amplia acerca de los procesos educativos y cómo eso repercute en el bienestar psicológico del niño y de los padres, teniendo en cuenta que soy psicóloga clínica.

Heterogeneidad, a pesar de la jerarquía

genética

La experiencia presentada me conduce al análisis de la *heterogeneidad a pesar de la jerarquía genética*.

Tal como la explica James Wertsch:

> *Las formas de representación y acción pueden genéticamente responder a una escala, en la cual la existencia de las primeras se requiere para la posibilidad de las que siguen, en un determinado contexto socio–histórico.*
>
> *Wertsch, 1993.*

Pero eso no quiere decir que las últimas formas o modalidades de acción y representación sean las más poderosas universalmente, y por lo tanto las que deben imponerse a todos. Sí pueden ser las que fueron originadas por un proceso en determinado contexto cultural, y en ese contexto seleccionadas como más eficaces para una meta, entretanto otras pueden seguir siendo ventajosas en otros contextos, con distintos objetivos (Erausquin et al., 2017a).

En la situación–problema planteada, puede haber dos posibilidades de trabajar con la heterogeneidad: 1) con Juan, por su postura de intolerancia hacia la religión, las creencias populares y los mitos, que surgían constantemente en el ámbito escolar, tanto con relación a la institución, como con relación a sus compañeros; y 2) con el colegio, por su intransigencia hacia el ateísmo.

Uno de los inconvenientes en el ámbito educativo moderno es que se ha intentado tratar a los estudiantes, diversos y heterogéneos, como si fueran homogéneos, con un mismo ritmo y desarrollo, con puntos idénticos de partida y llegada. Es necesario desnaturalizar estas concepciones deterministas, según las cuales existe una única forma de progreso general y universal (Erausquin et al., 2017a). Además, por mucho tiempo se intentó (¿o se sigue intentando?) homogeneizar —en todos los aspectos— a los individuos, incluyendo sus propias formas de ser, de estar, de sentir y de pensar, como si tuvieran que comportarse en diferentes situaciones y escenarios sociales, siguiendo un mismo patrón.

En este colegio católico, se intentaba que todos los alumnos fueran iguales en el sentido de la creencia espiritual, y por ende, que llevaran una vida guiada por las ideas, costumbres y principios del catolicismo, lo que iba a contramano de los deseos e intereses del adolescente Juan. Además de generarse un inconveniente en el colegio por pensar distinto, también lo hacía con sus compañeros, que se encontraban inmersos en este estilo de educación, con los valores bien definidos por la religión.

Es importante considerar aquí el concepto de "inclusión educativa", que por lo general parece referirse al territorio más específico de las necesidades educativas especiales. En relación a ello, Narodowski (2017) se pregunta si acaso no tenemos todos necesidades especiales, si somos únicos y diferentes. Justamente, la palabra inclusión se refiere a reconocer la pluralidad y heterogeneidad de y en las culturas (Erausquin et al., 2017b).

Un colegio católico es en primer lugar colegio y luego católico, es decir, que ante todo es una institución educativa que debe trabajar justamente con la diversidad, la inclusión y la heterogeneidad de la sociedad. Y por cierto, también de parte de Juan, había cierta rigidez e intolerancia hacia sus compañeros y directores del colegio, por la misma razón, la de tener ellos ideas tan diferentes a las suyas.

La perspectiva de la diversidad considera las diferencias entre las personas en los ámbitos educativos como una contribución a la apropiación recíproca de perspectivas y al enriquecimiento mutuo. Favorece el reconocimiento de las diferencias, las acepta y las valora positivamente (Erausquin et al., 2017b).

Las "aulas heterogéneas" buscan generar un espacio en el que todos los chicos puedan progresar en base a sus posibilidades reales, considerando su nivel cognitivo, personal y social. A través de las aulas heterogéneas, se busca proponer diferentes maneras de organizar los espacios, los tiempos, los grupos, las vías de comunicación y la utilización de recursos, teniendo en cuenta cada situación, sus objetivos y el contenido a desarrollar.

Inclusión educativa

La inclusión educativa y social necesita vincularse con la *implicación* en la transformación de los sistemas sociales de actividad, para que los *ambientes* se transformen en *contextos* favorables para el desarrollo humano, en los que valga la pena para todos vivir y ser incluidos (Erausquin et al., 2017b).

La inclusión social busca impedir que continúe la desigualdad y las injusticias en el acceso a los recursos simbólicos y materiales, y a la posibilidad de participación de todos en la/s cultura/s de una sociedad. A partir de acciones colectivas que generen participación, confianza, gestión de decisión, empoderamiento, desarrollo emocional y conceptual, y toma de conciencia de sí mismo/a y del mundo. Por eso, es necesaria una educación emancipadora que fortalezca el encuentro de voces y miradas distintas para un cambio real en esa dirección.

Cuando analizamos las posibles soluciones al inconveniente presentado por Juan con respecto a la intolerancia mutua con algunos compañeros y con la institución, pensamos que podía ser útil plantearles ese encuentro de voces y miradas distintas acerca de la religión. De esta manera se trabajaría con la inclusión de las diferentes ideas, religiones, pensamientos, costumbres y valores.

Interiorización y apropiación participativa

Según Rogoff (1997),

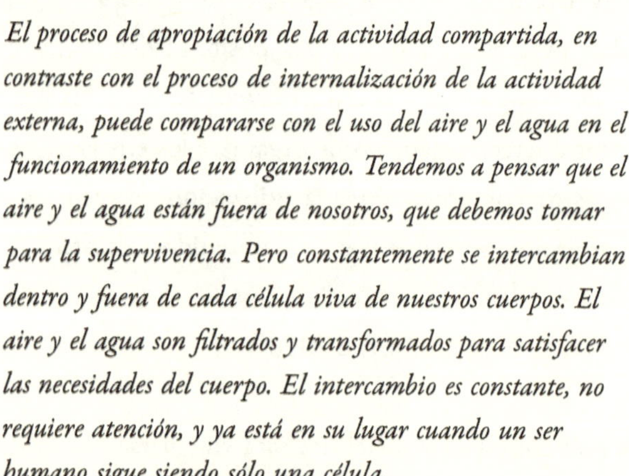

> *El proceso de apropiación de la actividad compartida, en contraste con el proceso de internalización de la actividad externa, puede compararse con el uso del aire y el agua en el funcionamiento de un organismo. Tendemos a pensar que el aire y el agua están fuera de nosotros, que debemos tomar para la supervivencia. Pero constantemente se intercambian dentro y fuera de cada célula viva de nuestros cuerpos. El aire y el agua son filtrados y transformados para satisfacer las necesidades del cuerpo. El intercambio es constante, no requiere atención, y ya está en su lugar cuando un ser humano sigue siendo sólo una célula.*

> *Rogoff, 1993, p. 195. (La traducción es mía).*

¿De qué manera podemos identificar el proceso mediante el cual las personas se enriquecen con el compromiso social: como la internalización de modelos o actividades externas o, como lo sugiere Rogoff, como la apropiación inherente al proceso de participación en la actividad compartida?

¿De qué manera se vincula la creatividad individual con la participación compartida en el uso de herramientas sociales para pensar?

En los procesos de "participación guiada", ¿cuál es el papel de la sensibilidad, de la emocionalidad?

¿Cuál es la importancia de las asimetrías en las funciones que ejercen los niños en la gestión de la participación?

Concluye Rogoff (1997) que los niños y sus interlocutores sociales son interdependientes en lugar de independientes en la construcción del conocimiento en actividades o eventos socioculturales.

Según Rogoff la apropiación participativa es la manera en que los sujetos se transforman a través del compromiso con otros en una actividad en un momento dado, aprendiendo cómo organizarse —en el proceso— para próximas participaciones en actividades relacionadas. Es un proceso de conversión, más que de adquisición.

El término "apropiación" se refiere también al proceso en el que los sujetos transforman su responsabilidad y compromiso con y en el grupo, a partir de su propia participación. Esta dimensión o plano se encuentra profundamente unida a las de aprendizaje y participación guiada, en la teoría de Rogoff de la actividad sociocultural. Cuando las personas se comprometen con cada actividad, contribuyen de por sí en acciones específicas o ampliando las ideas y acciones de los demás. Por esta razón, la participación es, de por sí, el proceso de apropiación (ibid.).

El concepto de apropiación participativa fue central para reflexionar acerca de la intervención pensada con Juan, para que todos los agentes involucrados pudieran participar activamente en algo que valiera la pena para todos, y lograr así una transformación conjunta.

Se utiliza el término apropiación participativa para resaltar la diferencia con el término internalización, al explicar el desarrollo y el aprendizaje de los sujetos a partir de su implicación en la actividad sociocultural (ibid.). En vez de considerar el desarrollo y el aprendizaje como si algo fijo externo cruzara una frontera al interior, se lo piensa como un proceso de participación activa, en el cual adquieren todos experiencia a través de la actividad. Es una perspectiva teórica, para la cual los niños y sus compañeros sociales son interdependientes, sus roles son activos y cambiantes.

La apropiación participativa se centra en hechos activamente cambiantes, con sujetos que participan en sucesos colectivos, y el desarrollo se entiende como transformación. Así, se van construyendo procesos personales, interpersonales y culturales. En este enfoque se da una interacción dialéctica en la que se conforma un sujeto a partir de un diálogo de voces, desde lo inter–subjetivo. La forma en que el sujeto se acerca a diferentes situaciones está ligada con la manera en que construye las relaciones. Así, el proceso es sustancialmente creativo, con individuos que buscan el sentido activamente y que relacionan entre sí las situaciones.

Violencia escolar

Otro punto a considerar, en el análisis del caso presentado, es la violencia intra–escolar.

Existe un uso ambiguo del término violencia escolar, según Kaplan (2012), desde el punto de vista del discurso y, también desde el punto de vista de las intervenciones. El eje está puesto, en dicho uso, en los alumnos violentos, y se tiende así a patologizar al alumno, con un enfoque punitivo y de criminalización. De esta manera se termina estigmatizando a chicos que ya son estigmatizados por cuestiones sociales (Kaplan, 2012).

Precisamente era lo que Juan sentía que ocurría en su ámbito escolar, porque cuando sucedía algo, ya sea alguna pelea o discusión en el curso, directamente lo miraban a él y, en general, asumían que era el adolescente problemático, ya que no se quedaba callado ante las injusticias, mentiras o hipocresías institucionales.

Kaplan (2012) identifica la distancia entre la percepción de los hechos y los hechos en sí. La exclusión y la desigualdad son una forma de violencia que atraviesa la propia vida. Considera que "no son las personas violentas, sino que son sociedades las que fabrican alumnos violentos". En este sentido, todas las instituciones son responsables de la violencia social, que se despliega en uno de los contextos en el que el niño o adolescente pasa gran parte del tiempo diario.

Con relación a la violencia escolar, considero importante los aportes de Meirieu (2008), realizados en la Cátedra Abierta del Observatorio sobre Violencias en Escuelas. Según Meirieu, es violencia cualquier acto que afecte la integridad física o psicológica de una persona. Y hay violencias que son específicamente psicológicas, como la humillación. En algunas ocasiones, este tipo de violencia proviene de la propia institución educativa, aunque ésta se encuentre al mismo tiempo combatiendo otras violencias, en especial, las físicas, entre alumnos.

Menciona Meirieu que "la violencia no es un fenómeno inicialmente escolar, es un fenómeno social" (ibid. p. 94). Lo ideal sería explicar al niño que hay un lugar, un momento y una manera de expresar esa violencia, y no, simplemente reprimiéndola. No se le puede pedir al niño que no sea violento, si no se le enseña la posibilidad de decir de una manera no violenta, lo que él desea expresar y logrando que perciba las ventajas de hacerlo de ese modo (ibid.).

Meirieu comenta la experiencia de un pedagogo polaco que había implementado en un orfanato en Varsovia una "caja de pelea", donde los niños tenían derecho a explicar sus razones de por qué querían pegarle a una persona y la persona también aportar sus razones para haber hecho lo que hizo. La idea era transmitirles a los niños que tenían derecho a la expresión, pero de manera no violenta. Ello posibilitaba limitar el acto violento, por la propia reflexión y la metacognición que emerge a través de ella, sin experimentar en la supresión del acto violento una prohibición a expresarse.

En el caso elegido como reflexión, la intervención se enfocó en la construcción de nuevos sentidos para la inclusión de Juan en el colegio, sin negar ni ocultar sus contradicciones con los demás en relación a las creencias y valores. Se lo hizo a partir de la transformación educativa del tratamiento de los conflictos, orientando la discusión de pensamientos distintos, la argumentación por escrito de razones, la comunicación acerca de lo que le molestaba a cada uno, y la posibilidad de dar tiempo al otro para que también lo explicara, similar a la caja o buzón de pelea, mencionado en el párrafo anterior.

También en el pensamiento de Meirieu (2008) sobre la violencia escolar, hay una idea directamente vinculada con lo que proponía el adolescente en el caso comentado. Y es que es más eficaz apostar a la no violencia, por la enseñanza de la no imposición de la certeza por la autoridad de quien la enuncia, sino buscando más bien la justicia, verdad y precisión, como algo a descubrir por todos, al alcance de todos. Componentes que podrían fundar una actitud pedagógica diferente y que se correlacionaron con escuelas en las que disminuían los índices de violencia escolar.

Disminuye la tensión y la violencia cuando el docente tiene una relación no dogmática con el saber, es decir, cuando también se encuentra en una actitud de búsqueda constante y de aprendizaje (ibid.). También destaca el autor la importancia de proponer a los jóvenes una actitud experimental frente a las situaciones, para descubrir por sí mismos la verdad y objetividad de la ciencia, lo mismo que una actitud investigativa de documentación histórica, proponiendo a los jóvenes ir a las fuentes, contrastarlas y verificar su veracidad.

La verdad no es de quien la enuncia sino, en definitiva, de quienes la descubren y constatan de una u otra manera, por sí mismos.

El razonamiento científico

Desde la perspectiva de la Psicología Cognitiva, Angel Rivière (1983, en Castorina y Carretero, 2012) señala la importancia de que los chicos de distintas edades sean capaces de aplicar habilidades de competencia lógica y de descontextualización de los contenidos asimilados. Si se ha entendido a la lógica como el arte del buen pensar, ello significa realizarlo en distintos contextos y sobre diferentes contenidos. En este sentido, suponemos al adolescente y adulto capacitados para realizar operaciones formales (Castorina y Carretero, 2012).

Durante los últimos años, se han realizado una gran cantidad de estudios acerca del razonamiento científico, enfocándose en la relación entre la hipótesis y la evidencia. Así también explorando cómo las evidencias provocan un cambio conceptual, comprendido como una alternativa general al desarrollo cognitivo. En este sentido, Nisbett y Ross (1980, en ibid.), autores de la psicología social cognitiva, se preguntaron hasta dónde es posible y accesible el razonamiento científico o lógico, en personas que no desarrollen conocimiento específico en una materia concreta, teniendo en cuenta el control de variables, la comprobación de hipótesis y las inferencias estadísticas.

Existe una interacción compleja entre la capacidad de razonamiento, el cambio conceptual y el conflicto cognitivo. Para la enseñanza de la ciencias, el conflicto cognitivo es considerado un requisito necesario pero no suficiente para generar el cambio conceptual. De esta forma, Piaget describe los procesos de equilibración distinguiendo entre reacciones adaptadas e inadaptadas. Estas últimas se generan cuando los individuos no perciben el conflicto entre la información nueva y la antigua (ibid.).

En relación a la influencia de la comprobación de hipótesis y del conflicto cognitivo en el cambio conceptual, al parecer, los adultos y adolescentes son más sensibles a ellas que los niños. No obstante, varias investigaciones concluyen que el cambio conceptual es un proceso costoso y lento, y que, tanto niños como adolescentes y adultos, pueden negar el conflicto cognitivo en la medida en que no consideren como conflicto el que existe entre sus ideas previas y el nuevo conocimiento adquirido. Es decir que cuando el individuo logra diferenciar su teoría de los hechos que la contradicen y logra reconocer la discrepancia entre ambos, el conflicto cognitivo puede resolverse (ibid.).

Los estudios acerca de la adquisición de conceptos políticos, históricos y sociales, han indicado que éstos van progresando con la edad de los alumnos, y pasan de ser simples y concretos, a ser complejos y abstractos. En este sentido, Juan se encontraba a sí mismo, constantemente, elaborando teorías y conceptos tanto científicos como históricos, políticos y sociales, y siendo crítico ante las ideas que no podían ser comprobadas empíricamente, considerándolas absurdas —como las religiones y las creencias populares—.

Ética

Conecto los planteamientos sobre la certeza y la autoridad de la verdad, de Meirieu (2008) con los de Vygotsky (1926-2012), acerca de la conducta ética en la escuela y la naturaleza de la ética, desde el punto de vista psicológico. Vygotsky menciona que la pedagogía contradice la religión, especialmente en la enseñanza de la moral, que ha utilizado la intimidación y la amenaza como herramientas de poder en la represión de lo que no debe hacerse, desde la escuela.

El problema con este tipo de pedagogía es que crea miedo en los débiles, que se someten a las reglas por ello, y resistencia en los más fuertes, a los que provee de audacia y fuerza para romper las reglas, pero resultan marginados por ello. Eso es posible, gracias al sistema de educación moral que se sustenta sobre principios autoritarios, y al autoritarismo de docentes y padres, que pretendían inculcar moral con castigos y recompensas, con miedos y humillaciones (Vygotsky, 1926-2012).

Desde la mirada psicológica, de esta forma, la obediencia por miedo pierde su valor moral, ya que encarna desde el inicio una actitud no libre hacia las acciones. Este mecanismo de educación moral fue, en palabras de Vygotsky, "el engaño pedagógico más profundo" (Vygotsky, 1926-2012)

Vygotsky cambia el foco de análisis: a su juicio, lo que explica la conducta ética del individuo frente al otro, no es lo que la persona es a priori, sino las relaciones sociales en las que está involucrada, que pueden explicar su manera de ser, pensar, actuar y relacionarse. Las personas son afectadas por signos y sentidos de diferentes maneras, por las muchas y variadas formas de producción de las cuales participan en las relaciones con los otros. Las acciones adquieren sentidos y significados múltiples, que se transforman en prácticas significativas o no, dependiendo de las formas de participación de los individuos en las relaciones con los otros (Smolka, 2010).

La mirada psico–educativa contemporánea puede articular la contemporaneidad del pensamiento de Vygotsky sobre la ética y su naturaleza psicológica, con el crecimiento de una lógica de implicación y transformación de situaciones, a partir de su problematización, análisis y toma de conciencia, desde el escenario de la acción y de la experiencia compartida (Erausquin et al., 2017b).

Situación y contexto

Desde mi práctica como Psicóloga Clínica, intento siempre tener presente las situaciones y los contextos, para entender la experiencia del sujeto y buscar alternativas o posibles soluciones. Cole (1999) explica que en 1938 John Dewey utilizó el término "situación", cuando propuso una teoría relacional de los procesos cognitivos, lo cual lleva naturalmente a un análisis del contexto.

En la experiencia concreta no se forman juicios sobre hechos aislados, sino en relación con un todo contextual, que se llama "situación". Si uno bloquea lo que se conoce de las realidades de la vida, se puede llegar a obstruir la comprensión verdadera de los procesos cognitivos. No se puede aislar el objeto de la situación en la que se encuentra (Cole, 1999). Esta idea me lleva, inevitablemente, a tener una mirada más socio–construccionista acerca de la situación–problema que atravesaba Juan, siendo ése mi marco de referencia para el trabajo conjunto con los adolescentes, de manera colaborativa y dia-lógica, teniendo en cuenta los factores bio–socio-psico–histórico–culturales, que se hallan entrelazados.

El contexto se refiere, así como su raíz latina lo indica (*contexere*), a "entrelazar", o como bien lo expone el *Oxford English Dictionary,* es "el todo conectado que da coherencia a sus partes". Un hecho en su contexto, pensado desde la metáfora del entrelazamiento, necesita una interpretación relacional de la mente. Los contextos y los objetos se entrelazan como parte de un proceso de desarrollo bio–socio-cultural (Cole, 1999).

Conclusión

Evidentemente, existen muchos aspectos a tener en cuenta a la hora de reflexionar e intervenir ante situaciones de violencia escolar. Se debe trabajar con las diferencias, físicas, sociales y culturales, así como las maneras de pensar y de ver la vida. Es necesario aprender a valorizar esas diferencias y no a menospreciarlas. Apostar por la educación a favor de la diversidad, para que exista una verdadera inclusión escolar y social, sin discriminaciones, e incentivando el pensamiento crítico y reflexivo, a través del diálogo y el respeto.

Toda la sociedad, lo que incluye a la familia, necesita formar parte del sistema educativo, y no dejar toda la responsabilidad en manos de docentes o directores. Necesita ser un trabajo comunitario, de lucha por la aceptación y valorización de la diversidad y el respeto hacia el otro, trabajando con la empatía. Es mi anhelo que busquemos e iniciemos entre todos los miembros de la sociedad, desde los sistemas más generales y amplios hasta los más pequeños, un cambio de mirada y un trabajo en conjunto, para lograr la riqueza y apertura del desarrollo de niños y adolescentes.

Referencias

Castorina, J.A., Carretero, M. y col. (2012). *Desarrollo cognitivo y educación [I]: los inicios del conocimiento*. Buenos Aires: Paidós.

Cole, M. (1999). *Psicología cultural: una disciplina del pasado y del futuro*. Ediciones Morata.

Erausquin, C. (2010). Adolescencias y escuelas: interpelando a Vygotsky en el siglo XXI. Unidades de análisis que entrelazan tramas y recorridos, encuentros y desencuentros. *Revista de Psicología. Segunda época, 11*.

Erausquin, C., Dome, C., López, A. y Confeggi, X. (2013). Violencias en la escuela: interrogando los problemas y las prácticas desde la perspectiva de los actores. En *Psicólogos en contextos educativos: diez años de investigación* (pp. 84–92). Bueno Aires: Proyecto Editorial.

Erausquin, C. y Zabaleta, V. (2017). Relaciones entre aprendizaje y desarrollo: modelos teóricos e implicancias educativas: agenda de problemas epistémicos, políticos, éticos en el cruce de fronteras entre psicología y educación. *Anuario Temas en Psicología, 3*. Facultad de Psicología de la Universidad Nacional de La Plata.

Erausquin, C., Denegri, A., Iglesias, D´Arcangelo (2017). Inclusión social y educativa: rol de la escuela en la construcción del sujeto ético. Ficha de Cátedra Psicología Educacional, Facultad de Psicología UNLP.

Kaplan, C., Castorina, J.A. [y otros]. (2006). Violencias en plural. *Sociología de las violencias en la escuela*. Madrid: Miño y Dávila.

Meirieu, P. (2008). Una pedagogía para prevenir la violencia en la enseñanza. *Cátedra Abierta: aportes para pensar la violencia en las escuelas*. Buenos Aires: Ministerio de Educación.

Rogoff, B. (1997). Los tres planos de la actividad socio-cultural: apropiación participativa, participación guiada y aprendizaje. En Wertsch, J., del Río, P. y Alvarez, A. (Eds.), *La mente sociocultural. Aproximaciones teóricas y aplicadas.* Madrid: Fundación Infancia y Aprendizaje.

Smolka, A.L.B. (2010). Lo (im)propio y lo (im)pertinente en la apropiación de las prácticas sociales. En Elichiry, N. (comp.) *Aprendizaje y contexto: contribuciones para un debate* (pp. 41–60). Buenos Aires: Manantial.

Vygotsky, L.S. (1926-2012) (2017). Conducta ética. Naturaleza de la ética desde el punto de vista psicológico. *Traducción de Efraín Aguilar.* Recuperado de http://vygotski-traducido.blogspot.com.ar/search/label/Conducta%20%C3%A9tica

CAPÍTULO 7

Conflictos y violencias en torno a un aula virtual

Interacción y comunicación: ejes promotores de la inclusión educativa

Mariela Lloréns (Argentina)

Ficha técnica

Temporalidad: La experiencia tuvo lugar entre agosto y octubre del año 2017.

Territorio: Ciudad de Buenos Aires, Argentina.

Escenario Educativo: La experiencia se desarrolló en un instituto universitario privado orientado a las Ciencias de la Administración.

Principales actores: Estudiantes, docentes, directora de carrera, agentes psicoeducativos.

Rol del relator: Agente psicoeducativo.

Una situación problema en el contexto universitario

En este capítulo presento una experiencia de interacción y comunicación en un escenario de educación formal, de nivel universitario. Relataré la situación problema que motivó las intervenciones psicoeducativas, no sólo para que el lector pueda acompañar el análisis propuesto, sino también para que la experiencia pueda dar lugar a nuevas reflexiones.

La situación problema tuvo lugar en un instituto universitario privado de la Ciudad de Buenos Aires. orientado a las Ciencias de la Administración. La población que asiste es muy heterogénea. Más de la mitad de los estudiantes constituyen la primera generación de universitarios en sus familias, la mayoría se encuentra inserto en el mercado laboral y dedica varias horas semanales al trabajo. En cuanto a la edad, si bien el mayor porcentaje se distribuye entre los 18 y 28 años, también hay estudiantes que superan esa edad.

A comienzos del segundo cuatrimestre, siendo yo integrante del Departamento Pedagógico, recibo el email de un alumno, a quien llamaré Luis, de aproximadamente 19 años, solicitando una entrevista para conversar sobre una situación que lo preocupa. El alumno manifiesta cierta urgencia para coordinar el encuentro, motivo por el cual lo contacto con otra colega, también del Departamento Pedagógico, que se encontraba en ese momento en la institución, para que puedan reunirse ese mismo día.

Durante la reunión con la asesora pedagógica, el estudiante relata una situación que se inició a fines del cuatrimestre anterior, en relación a una tutoría virtual que un profesor habría sostenido con algunos estudiantes del curso de Matemática I. Según el joven, el profesor se habría enojado porque sus explicaciones fueron socializadas de manera descontextualizada en otros espacios virtuales, razón por la cual decidió cerrar el espacio de tutoría. Esta situación generó que Luis culpara a una compañera, de aproximadamente

48 años (a quien llamaremos Lucía) de haber provocado esto, por su falta de conocimiento en el uso de las herramientas TIC. Según el joven, por culpa de Lucía no pudieron seguir contando con el acompañamiento que el profesor estaba ofertándoles, con tanta buena voluntad.

Este malestar se había actualizado recientemente, desembocando en que Lucía insultara a Luis frente a sus compañeros, en el aula y en la puerta de la institución.

De acuerdo a lo relatado por el joven, a partir de ese momento empezó a recibir incesantes mensajes de su compañera, con insultos por *whatsapp*, situación que le generó muchísima angustia, considerando la posibilidad de dejar los estudios.

Durante la entrevista, la asesora habilita una instancia de reflexión sobre la situación problema, de manera de poder repensarla junto con el alumno. Dialogan acerca de la complejidad de la situación relatada, intentando ella introducir otras variables que le permitan al alumno repensar la situación, promoviendo su implicación. Se conversa acerca de sus vínculos con los pares, pensando también, dada la tensión actual con la compañera, en la posibilidad de un cambio de turno para continuar la cursada y no abandonar los estudios. Al finalizar la entrevista se programa otra reunión para la semana siguiente, con la intención de sostener el acompañamiento.

En el transcurso de la otra semana, previa conversación con mi colega, me reúno con el joven para seguir dialogando. Consideraba importante continuar habilitando un espacio de reflexión sobre lo acontecido y, junto con el alumno, ampliar el análisis de la situación, explicitar distintas tensiones y promover el desarrollo de una actitud activa en la resolución de los conflictos, tal que le permitiera en un futuro transitar situaciones de tensión de maneras diferentes, antes de considerar la posibilidad de dejar los estudios.

Al mismo tiempo, durante esa misma semana, coordino una entrevista con Lucía, quien en el transcurso de la semana anterior no había concurrido a clase. El objetivo era escuchar su perspectiva de la situación y ofrecerle también una instancia de reflexión sobre lo sucedido.

Durante la reunión que mantuvimos, la alumna refiere haber pensado en dejar la universidad. Hace referencia a la diferencia de edad con Luis y se responsabiliza por no haber sabido manejar la situación. No obstante, aclara que Luis tiene problemas vinculares con varios compañeros. Lucía dice sentirse avergonzada de estar hablando sobre este tema, pero agradece la oportunidad de la entrevista. Conversamos acerca de los modos de relacionarse y de la importancia de los vínculos, como alumna y como futura profesional.

En esta etapa, me conmueve la importancia que ambos estudiantes le dan a las entrevistas mantenidas. Advierto la necesidad que tienen de conversar con algún profesional de la institución y me alegra que hayamos podido habilitar ese espacio. Paralelamente, desde el Departamento Pedagógico juzgamos oportuno tener una reunión con la Directora de Carrera para sugerirle que revise, junto con el profesor de Matemática I, las formas adecuadas de realizar tutorías virtuales, señalando la necesidad de utilizar el marco del aula virtual institucional y explicitar previamente con los estudiantes un contrato pedagógico, para regular las condiciones del intercambio. Consideramos que de esa manera sería posible evitar futuros conflictos.

Con respecto a este último punto, advierto ahora, a la luz de la reflexión realizada y teniendo en cuenta el tiempo transcurrido desde esta intervención, que el trabajo con el docente no tuvo la atención adecuada.

En ese momento se delegó en la Directora de Carrera la responsabilidad de dialogar con el profesor, pero luego no se retomó este tema con ella, quedando pendiente una instancia de evaluación y análisis de lo sucedido, que nos permitiera reflexionar como institución acerca de las intervenciones realizadas.

Sistemas de actividad como unidad de análisis

Engeström (1987), inspirado en los desarrollos teóricos de Vygotsky, toma como punto de partida el triángulo mediacional planteado por el psicólogo ruso, para complejizarlo y dar lugar al triángulo mediacional expandido. Esta unidad de análisis más abarcativa para el estudio del comportamiento humano amplía el concepto de sujeto individual, proponiendo también de esta forma otras lecturas acerca de la cognición, el aprendizaje y del contexto.

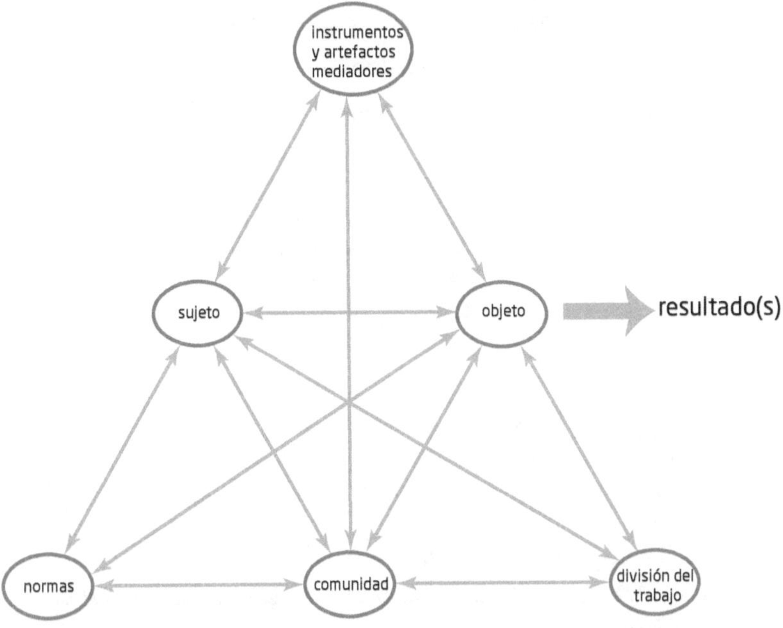

FIGURA 7.1 *Triángulo mediacional expandido. Segunda Generación de la Teoría de la Actividad, (Engeström, 1987).*

Cole y Engeström (2001), al hacer referencia al triángulo mediacional expandido, afirman que se han incorporado algunos elementos decisivos respecto del triángulo fundamental de la mediación, que sólo incluye al sujeto, al objeto y al medio en sus vértices. Así, en la *segunda generación de la teoría de la actividad*, se representan los elementos colectivos del sistema contemplando a la comunidad, las reglas y la división del trabajo y destacando la importancia de analizar las interacciones y conflictos. De este modo, se hace posible examinar los sistemas de actividad en los que toman parte y son parte los sujetos, en el macro–nivel de lo colectivo y de la comunidad, sin centrarse exclusivamente en el recorte del micro–nivel de los agentes individuales o de las relaciones diádicas (Erausquin, 2013).

Asimismo, en este marco de comprensión, atento a la necesidad de trascender el enfoque en un único sistema de actividad aislado, encapsulado, Engeström (2001, en Erausquin 2013) plantea la *tercera generación de la teoría de la actividad*, para afirmar que se precisan al menos dos sistemas de actividad en interacción como unidad mínima de análisis. Esta formulación permite situar, no sólo las tensiones y contradicciones internas de un sistema de actividad, sino también aquellas que se generan inter–sistemas.

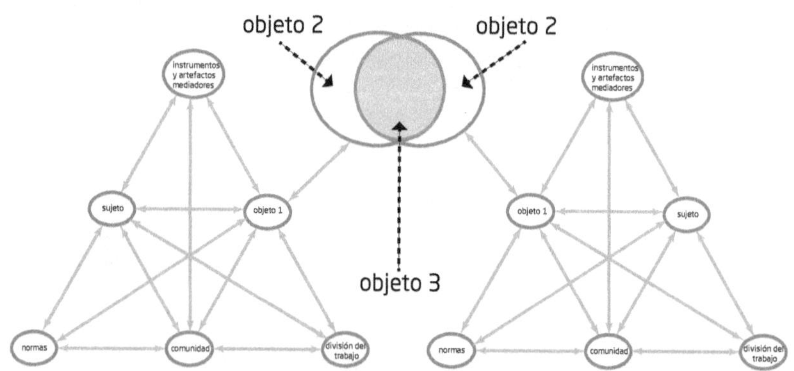

FIGURA 7.2 *Tercera Generación de la Teoría de la Actividad, (Engeström, 2001).*

A partir de lo anteriormente expuesto retomo la situación problema para reflexionar acerca de la intervención de los agentes psicoeducativos.

Analizando el sistema de actividad desde la perspectiva del docente, ubicamos del lado del *objeto/objetivo* el aprendizaje de los estudiantes. En el lugar de los *instrumentos* de mediación ubicamos la bibliografía, la tecnología utilizada en el aula presencial y también podríamos ubicar aquí al aula virtual y la tutoría, como herramientas gestionadas para andamiar el aprendizaje. La *comunidad* involucra a todos los actores institucionales, y en relación a la *división de trabajo* observamos la distribución de responsabilidades entre quienes participan del sistema de actividad. Las *normas/reglas*, tanto explícitas como implícitas, regulan el sistema de actividad. En tal sentido, la normativa institucional general, es decir el reglamento interno, afecta tanto al personal como a los estudiantes. Y también podríamos pensar en algunas reglas que permiten organizar las tutorías virtuales para los estudiantes, ya que sabemos que la institución contempla este tipo de acompañamiento y ofrece un campus virtual para ello.

Interacciones, tensiones y conflictos

En la situación que analizamos, el actuar del docente entra en tensión, justamente, con las *normas/reglas* establecidas, al no proponer el aula virtual dentro del marco institucional. Su propuesta de acompañamiento no se enmarca en el aula virtual de la universidad, motivo por el cual las interacciones entre docente y estudiantes y la circulación de la información no están claramente reguladas, gestando un escenario fértil para malentendidos y enojos. Así, al no explicitarse bajo qué legalidad funciona el espacio, su cierre abrupto se presenta como arbitrario y violento. Observamos que la tutoría, como instrumento mediador, permanece como instancia poco articulada con los restantes elementos del sistema.

Por otro lado, el reglamento docente regula las funciones de profesores y tutores y prescribe habilidades requeridas para asumir estos roles: habilidades relacionadas con la flexibilidad y la capacidad de vinculación intersubjetiva. No obstante, en esta situación hay un conflicto en la división de tareas, dado que, si bien el docente asume su rol, también asume el rol de tutor. La misma persona ejerce dos tareas bajo distintas legalidades. El rol docente se enmarca en el reglamento institucional y el rol de tutor aparece por fuera de esta legalidad.

Paralelamente, entre el Departamento Pedagógico y el docente también aparece una tensión, dado que en el relato habla de la poca atención dada al docente al derivar en la Directora de Carrera la responsabilidad del diálogo con el profesor. En este sentido, la división de tareas también entra en conflicto al interior del sistema, porque hay responsabilidades que no terminan de asumirse. Así, la interacción con el docente fue descuidada. Si bien se derivó la misma a un agente educativo, no se retomó luego en un espacio de reflexión conjunta.

Lo anteriormente expuesto permite destacar que los sistemas de actividad no son homogéneos ni estables sino dinámicos y cambiantes, y que las contradicciones y perturbaciones son inherentes a los mismos.

Según Engeström (2001, en Erausquin, 2013), las contradicciones adquieren valor en la medida en que se constituyen en fuente de cambio y desarrollo, para dar lugar a las eventuales transformaciones expansivas (Erausquin, 2013, p. 18). El desafío, como agentes psicoeducativos implicados con la institución, es visibilizar estas contradicciones, para gestionar a partir de su visibilización, las nuevas posibilidades de cambio y desarrollo.

Inter-agencialidad

En la situación problema analizada, observamos que a pesar de que los integrantes del Departamento Pedagógico trabajan mancomunadamente entre ellos, no se logra una articulación fuerte con profesionales de otras áreas. Si bien hay una intención de trabajo con la Dirección de Carrera, pareciera no haber llegado a convertirse en una acción concreta. La intervención está dirigida a los estudiantes, orientada a que cada uno pueda reflexionar sobre los hechos ocurridos. Si bien considero que esta actuación es necesaria, pienso que no es suficiente. No se evidencia interacción ni trabajo conjunto entre el Departamento Pedagógico, la Dirección de Carrera y los docentes.

En este punto es preciso hacer referencia a la *estructura de inter–agencialidad* que estaría conformada entre los actores involucrados. Para ello, presento brevemente las tres estructuras de inter–agencialidad que distingue Engeström (1997): la coordinación, la cooperación y la comunicación reflexiva.

En la *coordinación*, los actores tienen roles prescriptos, con objetivos diferentes, siendo este guion preestablecido lo que determina las formas de actuar de los agentes.

En la *cooperación*, los actores se centran en un problema compartido, intentan resolver problemas de maneras negociadas, en el marco de un guion que no se discute, como así tampoco las tradiciones y/o las reglas.

En la *comunicación reflexiva,* los agentes re–conceptualizan su propia organización, sus interacciones y el propio dispositivo en el que se ordena su actividad. Problematizan objetos, guiones e interacciones a través de la *reflexión sobre la acción* (Schön, 1992), mientras que, en las estructuras de coordinación y cooperación, *la reflexión* es *en o desde la acción*. (Erausquin, 2014).

En la situación que relaté, la actuación inter–agencial se orienta hacia una *estructura de cooperación,* ya que los diferentes actores se centran en un problema compartido, pero no se logra una *comunicación reflexiva,* en tanto los profesionales involucrados no logran una reflexión sobre la acción, ni conceptualizan su organización ni las reglas que enmarcan su actividad.

Aulas heterogéneas y trabajo en equipo

En la actualidad, en todos los contextos educativos, la heterogeneidad de sujetos, culturas y grupos sociales, conforman el punto de partida de las prácticas pedagógicas. En la universidad, al igual que en cualquier otra institución educativa, la diversidad es la plataforma desde la cual pensar las prácticas de enseñanza.

La masificación de la educación superior es uno de los más significativos fenómenos sociales de la segunda mitad del siglo XX. En este proceso de masificación, la Universidad, inaugurada históricamente para *alojar* a una "élite", abre sus puertas a una población heterogénea de estudiantes. Este fenómeno presenta un gran desafío a nivel nacional en la gestión de políticas educativas, pero también interpela a todos los agentes educativos que trabajan día a día en las universidades. Atendiendo a la situación problema presentada, la institución universitaria donde se desarrolló la misma, aun siendo privada, no escapa a las características recién mencionadas.

Anijovich (2014) plantea que el trabajo en aulas heterogéneas es una manera de pensar la enseñanza y el aprendizaje, que refleja una preocupación por incluir a todos y a cada uno de los estudiantes. Implica reconocer que las personas tienen diferentes intereses, experiencias previas y estilos de aprendizaje. Este enfoque pedagógico requiere que los docentes provean un sólido soporte y estén a la búsqueda de lo que funciona, para que sus estudiantes alcancen su máximo potencial (p. 25; p. 28).

Siguiendo a la autora mencionada, para sostener el trabajo en aulas heterogéneas, es necesario reflexionar continuamente acerca de la manera en que se define y organiza la enseñanza, para tratar de que todos los estudiantes construyan *aprendizajes significativos*. Para esto, la relación de confianza y los modos de vinculación entre los docentes y los alumnos son determinantes. No obstante, no es en soledad que el docente actúa; es necesario que todos los agentes educativos puedan generar espacios de intercambio y reflexión, donde cada uno pueda repensar su práctica en diálogo con otros. En este sentido, tal como afirma Erausquin (2014), el *asesor u orientador* debe ayudar a crear una relación de trabajo en conjunto, para que las preocupaciones del docente puedan transformarse en problemas compartidos, capaces de generar metas factibles.

En la situación problema que presenté, se evidenció fragilidad en el trabajo inter–agencial, obstaculizándose el diálogo interdisciplinario y dando por resultado *intervenciones encapsuladas*, tanto desde el Departamento Pedagógico como desde el actuar docente.

Por un lado, me llama la atención que el profesor no haya solicitado ayuda para repensar la problemática antes de decidir finalizar la tutoría virtual. Esta situación debe interpelar a todos los agentes psicoeducativos que participaron, en cuanto a la habilitación de canales de comunicación genuinos con los docentes, y el establecimiento de vínculos de confianza para pensar con otros. Al decir de Erausquin (2014), asesorar u orientar es trabajar juntos, o trabajar "con, no sobre" otro profesional, e implica el desafío de crear un clima de aceptación y reconocimiento entre los participantes del encuentro, para que el tejer y destejer no sea vivido como una amenaza personal. Lo que sólo puede lograrse si la persona —o personas—, tiene la sensación de ser escuchada, comprendida y valorada. (p. 4)

La labor del asesor es doble: por un lado, tratar de ayudar a convertir las preocupaciones del profesor en problemas compartidos, capaces de generar ayudas factibles. Por el otro, y como medio para alcanzar este primer objetivo, tratar de ayudar a crear una relación de trabajo conjunto y por tanto canalizar ese torrente de quejas, aspiraciones, sentimientos comunes y valores, hacia una estructura más ordenada y contenida, que permita avanzar juntos en alguna intervención transformadora.

Me pregunto qué habrá sentido el profesor para decidir dar por terminada la tutoría. Qué lo habrá movilizado tanto como para no poder continuar con una actividad tan valorada por los alumnos y, sobre todo, cuán solitaria habrá sido su decisión, con el costo emocional que ello implicaba.

Ética y etiqueta. Construcción de legalidades

La profesionalidad no es tal si no conlleva un actuar desde la ética. Al decir de Bleichmar (2008), la ética siempre está basada en el principio del semejante, es decir, en la forma en la que yo enfrento mis responsabilidades hacia el otro. La autora hace hincapié en la necesaria construcción de legalidades que pauten, organicen y —puedo agregar— que también posibiliten y habiliten derechos.

Retomando la situación problema analizada, selecciono un párrafo que me llama poderosamente la atención. Es el recorte en el que se expresa la perspectiva del estudiante:

> *Según el joven, el profesor se habría enojado porque sus explicaciones fueron socializadas de manera descontextualizada en otros espacios, razón por la cual decidió cerrar el espacio de tutoría. ... Según el joven, por su culpa no pudieron seguir contando con el acompañamiento que el profesor estaba ofertándoles, con tanta buena voluntad.*

No tenemos los dichos del docente, no sabemos qué lectura hizo de la situación. La lectura del joven enfatiza que el docente "se enojó" y si bien la atribución de ese sentimiento es una inferencia del alumno, sí estamos al tanto de que el profesor cerró el espacio de tutoría.

Observo que desde la lectura que hace el estudiante, el acompañamiento es interpretado como una actividad gestionada desde la "buena voluntad" del docente. Si la posibilidad de aprendizaje depende de "buenas voluntades" que pueden finalizar de un momento a otro, pienso que lo que se está poniendo en juego es la educación como derecho, al ubicarla más bien como un "regalo", es decir, algo que se ofrece bajo una normativa un tanto arbitraria.

Tal como sostiene Bleichmar (2008): "si la norma es arbitraria, está definida por la autoridad. En cambio, si la norma es necesaria, está definida por una legislación que pone el centro en el derecho, o en la obligación, colectivos, "te obliga a ti tanto como a mí". Y agrega: "La violencia es producto de dos cosas: por un lado, del resentimiento por las promesas incumplidas y por el otro, de la falta de perspectiva de futuro". Ambas aristas se estarían vislumbrando en esta situación. (p. 30)

En otro fragmento del relato:

Esta situación generó que Luis culpara a una compañera, de aproximadamente 48 años (a quien llamaremos Lucía) de haber provocado esto, por su falta de conocimiento en el uso de las herramientas TIC.

El hecho de hacer referencia a la edad de la alumna no es menor. Un joven estudiante se queja de que la falta de conocimiento en el uso de TIC de una compañera mayor ha perjudicado su aprendizaje. Las representaciones acerca del estudiante universitario que subyacen a este enunciado, hablan de cierta idea asociada a la juventud, y pareciera que ser joven es la norma, o lo normal.

La norma está ligada a una suerte de circulación de la mirada (Benasayag (2010): es normal aquello que no llama la atención, aquello que se consigna bajo la fórmula *nada llamativo* (p. 79). En este sentido, podemos pensar que Lucía ha llamado la atención por su edad y que la mirada se dirige a ella. Pero eso no es todo, en consonancia con esta representación, pareciera que estar fuera del promedio de edad también conlleva estar por fuera del uso apropiado de la tecnología de la información y la comunicación.

Según el autor antes citado, la *etiqueta* adjudicada al que sale de la norma hace creer que se ha hecho visible algo que en una persona sería del orden de la esencia, y que se transforma en esencia visible. Uno cree que a través de esa etiqueta va a estar en condiciones de saberlo todo sobre lo que el otro es, sobre aquello que desea y que organiza su vida. (p. 80)

En la esfera social y en el ámbito universitario, existe cierta tendencia a considerar que los/las jóvenes estudiantes están mejor preparados para el uso de las TIC que sus profesores, o sus compañeros de edades más avanzadas. "inmigrantes digitales" o "nativos digitales" (Prensky, 2001), son algunas de las etiquetas que dan nombre a la relación de las distintas generaciones con las nuevas tecnologías. Ambas etiquetas podrían presionar a quienes las portan a actuar de determinada manera, ya sea para estar a la altura de las expectativas sociales, en un caso, o para superarlas, en el otro.

En la situación que estamos analizando, es probable que ambos estudiantes se hayan sentido aprisionados en estas etiquetas, al interactuar en el aula virtual. Se supone que quienes son jóvenes poseen sofisticadas habilidades tecnológicas, motivo por el cual cualquier inconveniente en el plano digital es atribuido a aquellos sobre quienes no se tienen grandes expectativas en este dominio, y en este caso las miradas apuntan a Lucía.

Si los jóvenes como Luis pudiesen abandonar esa terrible y dolorosa etiqueta que los ubica en el lugar de "normales" y "exitosos" respecto a la alfabetización digital, sentirían un gran alivio al asumir y habitar las múltiples dimensiones de la fragilidad humana (Benasayag, 2010, p. 91).

Algunas investigaciones (Helsper y Eynon, 2010) han demostrado que el concepto "nativos digitales" no se puede identificar únicamente en función de la generación en que el individuo ha nacido. Los autores sostienen que el contacto o la inmersión en un entorno tecnologizado es la variable más importante para predecir si alguien es nativo digital y la manera en que se va a relacionar con la tecnología. Este aporte es interesante para seguir interpelando ciertos mitos fuertemente arraigados, que funcionan como prejuicios que condicionan la interacción con los otros.

Expresiones violentas

Las situaciones de violencias en el nivel educativo superior no han tenido tanta visibilidad en los medios, ni en el ámbito científico, como los problemas de violencias en las escuelas. Claramente hay diferencias sustanciales, en tanto quienes asisten a la universidad son, mayormente, sujetos adultos. No obstante, esto no indica que en este nivel no sucedan situaciones de violencias, más solapadas, más naturalizadas. La expresión que adquiere la violencia en este ámbito en general no tiene que ver con la violencia física, sino que es una violencia sutil pero hiriente, *violencia simbólica*, psicológica. Esta puede tomar la forma, por ejemplo, de discriminación por edad o por género. También puede manifestarse como abuso de poder, si el docente toma decisiones arbitrarias o no fundamenta su accionar en el diálogo abierto con los estudiantes.

En este caso hay ejemplos de estos tipos de violencia. A continuación identifico algunas escenas que atentan contra la integridad psicológica de los sujetos. En primer lugar:

> *Según el joven, el profesor se habría enojado porque sus explicaciones fueron socializadas de manera descontextualizada en otros espacios, razón por la cual decidió cerrar el espacio de tutoría.*

En segundo lugar:

> *Esta situación generó que Luis culpara a una compañera, de aproximadamente 48 años (a quien llamaremos Lucía) de haber provocado esto, por su falta de conocimiento en el uso de las herramientas TIC.*

En tercer lugar:

> *Este malestar se había actualizado recientemente, desembocando en que Lucía insultara a Luis frente a sus compañeros en el aula, y en la puerta de la institución. De acuerdo a lo relatado por el joven, a partir de ese momento empezó a recibir incesantes mensajes de su compañera con insultos por whatsapp, situación que le generó muchísima angustia, considerando la posibilidad de dejar los estudios.*

En estas escenas se puede observar como la violencia se manifiesta de diferentes modos.

Por un lado, inferimos cierto abuso de autoridad por parte del docente. Su decisión no deja espacio al diálogo; al cerrar el espacio de tutoría virtual, el profesor obtura el canal de comunicación que había establecido y les arrebata la ayuda inicialmente ofertada. Este accionar cercena la posibilidad de que los alumnos se expresen, ya que obtura la interacción sostenida hasta el momento y atenta también contra el reconocimiento del otro como sujeto portador de una palabra que vale la pena escuchar. Tal como lo analicé antes, el actuar del docente no se inscribe en ningún marco legal institucional, aparece como arbitrario y por eso mismo imposible de ser puesto en diálogo. Así los alumnos sufren el poder del docente sin poder procesar su frustración en ese marco.

Por otro lado, si pensamos que la universidad es parte de una sociedad patriarcal, seguramente en su seno se reproducirán relaciones de género asimétricas. Así, en este caso, Luis culpa a una compañera que porta el estigma de la edad y del género y la hace responsable de haber provocado la situación que molestó al docente.

Por último, los insultos que Lucía arrojó a Luis en la institución también atentan contra la integridad psicológica, al humillarlo frente a sus compañeros. Como vemos, son claras las manifestaciones violentas que se expresan en esta situación. Este aspecto nos remite a la urgencia expresada por el alumno al contactarse con el Departamento Pedagógico.

Según la asesora pedagógica:

> *El alumno manifiesta cierta urgencia para coordinar el encuentro, motivo por el cual lo contacto con otra colega del Departamento Pedagógico que se encontraba en ese momento en la universidad para que puedan reunirse ese mismo día.*

Con respecto a las intervenciones de los agentes psicoeducativos, sabemos que desde el Departamento Pedagógico se habilitó un espacio para que los estudiantes se expresen. En este sentido, podemos pensarlo como un dispositivo para metabolizar la violencia (Meirieu, 2007), es decir para transformarla en algo no destructivo. Dar lugar al diálogo implica disponer un lugar de escucha y por eso mismo, implica el reconocimiento del otro y el valor dado a su palabra. Sabemos, por el relato, que los estudiantes necesitaban hablar, poner en palabras lo sucedido. Al respecto la narradora (yo misma) afirma:

> *(...) me conmovió la importancia que ambos estudiantes le dieron a las entrevistas mantenidas. Advertí la necesidad que tenían de conversar con algún profesional de la institución y me alegró que hayamos podido habilitar ese espacio.*

De esta forma se trabajó el conflicto, en el marco de algunas entrevistas atravesadas por ciertas reglas institucionales ligadas al espacio y al tiempo. Durante estas reuniones, se intentó lograr la reelaboración y metabolización de las expresiones de violencia a través de la palabra.

Para seguir reflexionando

A lo largo de este trabajo analicé una situación problema en el marco de la educación superior, resaltando algunas dimensiones para su análisis.

Hice un recorte de la unidad de análisis e identifiqué algunas tensiones y conflictos entre sus elementos. Subrayé el enfoque de aulas heterogéneas como perspectiva que promueve la gestión de prácticas educativas inclusivas.

Abordé también los problemas que emergen, asociados a la fragilidad en la construcción de legalidades que organicen y posibiliten el diálogo e identifiqué conflictos ligados a la construcción de etiquetas, basadas en prejuicios que condicionan las acciones de los agentes, perjudicando las relaciones interpersonales.

Por último, me propuse visibilizar algunas claras escenas de violencia simbólica y la forma en la cual, desde la institución, se han logrado abordar.

Con respecto a esto último, y tal como mencioné a lo largo de este capítulo, pienso que los profesionales de la institución tienen que seguir trabajando en pos de fortalecer el trabajo inter–agencial entre diferentes áreas. Para ello, es prioritario reforzar la comunicación y el diálogo entre profesionales y habilitar espacios de trabajo interdisciplinario que propicien la reflexión sobre la práctica, y también favorezcan intervenciones preventivas para trabajar los procesos de convivencia en la universidad, como procesos solidarios de la inclusión educativa.

Referencias

Anijovich, R. (2014). Gestionar una escuela con aulas heterogéneas. *Enseñar y aprender en la diversidad.* Buenos Aires: Paidós.

Benasayag, M. y Schmit, G. (2010). Ética y etiqueta. En *Las pasiones tristes. Sufrimiento psíquico y crisis social.* Buenos Aires: Siglo XXI.

Bleichmar, S. (2008). La construcción de las legalidades como principio educativo. *Cátedra Abierta. Aportes para pensar la violencia en las escuelas.* Recuperado de: http://d20uo2axdbh83k.cloudfront.net/20140621/e0b96de7ec2814f36aaa89be2d267c82.pdf

Cole, M. y Engeström, Y. [Yrjö] (2001). Enfoque histórico–cultural de la cognición distribuida. En *Salomon, G.(comp.) Cogniciones distribuidas. Consideraciones psicológicas y educativas.* Buenos Aires: Amorrortu.

Engeström, Y. (1987). *Learning by expanding. An activity theoretical approach to developmental research.* Helsinki: Orienta–Konsultit.

Engeström, Y., Brown, K., Christopher, L. y Gregory, J. (1997). Coordination, cooperation, and communication in the courts: Expansive transitions in legal work. *Mind, culture, and activity: Seminal papers from the Laboratory of Comparative Human Cognition, 369.*

Erausquin, C. (2013). La teoría histórico–cultural de la actividad como artefacto mediador para construir intervenciones e indagaciones sobre el trabajo de psicólogos en escenarios educativos. *Revista Segunda Época, 13.* Editorial de la Universidad Nacional de La Plata.

Erausquin, C., Dome, C., López, A. y Confeggi, X. (2013). Violencias en la escuela: interrogando los problemas y las prácticas desde la perspectiva de los actores. En *Psicólogos en contextos educativos: diez años de investigación, 84–92.* Buenos Aires: Proyecto Editorial.

Erausquin, C. (2014). Ayudando a los que ayudan a aprender: co-construyendo acciones y conocimiento. Ética Profesional Dialógica en el campo psicoeducativo: los "verdaderos conceptos", la "vivencia" y el "juego" en Vygotsky, ayudándonos a pensar la inclusión educativa. *Ficha de cátedra. Publicaciones de UBA y UNLP.*

Erausquin, C. (2018). Ayudando a los que ayudan a aprender: co-construyendo acciones y conocimiento. En *Interpelando entramados de experiencias. Cruce de fronteras e implicación psico–educativa entre universidad y escuelas.* La Plata: Editorial de la Universidad de La Plata.

Helsper, E. y Eynon, R. (2010). Digital Natives: where is the evidence? *British Educational Research Journal, 36*(3), 503–520. Recuperado de `https://cyber.harvard.edu/communia2010/sites/communia2010/images/Helsper_Enyon_Digital_Natives.pdf`

Meirieu, P. (2007). Una pedagogía para prevenir la violencia en la enseñanza. En *Cátedra abierta: Aportes para pensar la violencia en las escuelas.* Buenos Aires: Ministerio de Educación.

Prensky, M. (2001). Digital Natives, Digital Inmigrants. *On the Horizon, 9* (5), 1–6.

CAPÍTULO 8

Pensar la ética con Vygotsky

Reflexiones sobre interacciones psicoeducativas en educación superior

Natalia Cánepa (Argentina)

Ficha técnica

Temporalidad y territorio: Esta experiencia se desarrolló en el año 2016, en un Instituto de Formación Docente de carácter privado (no confesional) de la Ciudad de Mendoza.

Escenario educativo: Instituto de Formación docente, particularmente en sus aulas.

Principales actores: Grupo de estudiantes, particularmente G., S. y la Profesora de Sujetos de la Educación I y II.

Rol del relator: Profesora de Sujetos de la Educación.

> *En contextos educativos atravesados por la diversidad —heterogeneidad de culturas, de lenguajes, de situaciones, de personas—, ¿podemos contribuir a construir lazos y sentidos, y habilitar trayectorias educativas, entramándolas con desarrollos saludables/salugénicos/felices de quienes tienen derecho a ello? Se requiere para ello intervenciones frente a lo naturalizado históricamente: la reproducción, la pretensión de fabricar al otro como nuestra réplica ...*
>
> *Erausquin, Denegri, Iglesias y D´Arcangelo, 2017b.*

La escena

La escena se desarrolla en un Instituto de Formación Docente de carácter privado de la Provincia de Mendoza; en el cual dicté clases durante algunos años.

El grupo de estudiantes que componen la clase es heterogéneo: sus edades oscilan entre los 20 y los 30 años. El espacio curricular es "Sujetos de la Educación I", asignatura que se continúa en "Sujetos de la Educación II", que se dictará en el segundo cuatrimestre.

Es el primer cuatrimestre, y como parte de la clase de presentación, doy la consigna de trabajo que liga los dos espacios curriculares, consigna que los/las estudiantes deben cumplimentar como requisito para obtener la regularidad. La misma consiste en la realización de una monografía en la que, partiendo de la narración de distintas experiencias de sus propios recorridos por el sistema educativo, deben articularlas con los diferentes elementos teóricos proporcionados por la materia.

El objetivo es que, a partir del ejercicio de escritura de la propia autobiografía escolar, puedan revisar críticamente sus trayectorias, repensarlas a la luz de la teoría y de esta forma facilitar la construcción del futuro rol profesional.

Una vez explicitada la consigna y saldadas las dudas al respecto, se realiza una instancia de diálogo grupal en la que, reunidos/as en círculo, comentamos algunas experiencias significativas de nuestras trayectorias por los distintos niveles educativos. Me incluyo en el círculo con el objetivo de narrar, también, alguna experiencia de mi propia historia, dando cuenta de la necesidad de implicarnos en el tema para construir el rol profesional. Se espera que esta conversación grupal sirva como un primer insumo para comenzar, luego, con el trabajo de escritura para la monografía.

Los y las estudiantes comienzan a narrar algunas historias ….

Varias alumnas van tomando la palabra. Luego llega el turno de S., el único varón del curso, quien narra algunas escenas de su pasaje por el nivel educativo secundario. Cuenta, por ejemplo, que es violentado en la puerta del baño. Palabras más, palabras menos, los muchachotes no soportan que S. sea puto, y se lo hacen saber. La violencia de las escenas me conmueve particularmente, encontrándome al borde de las lágrimas en varios momentos del relato. Algunas alumnas, conmovidas también por la situación, hacen comentarios al respecto. En ese momento, G. interviene diciendo que ella está absolutamente en contra de la discriminación y de la violencia, pero que la homosexualidad es un problema. Los argumentos son en su mayoría de orden religioso. Intervengo de forma algo disciplinadora en defensa de S. y contraargumentando la posición desarrollada por G.

En el transcurso del año, el vínculo entre S. y mi persona se hace cada vez más estrecho. Nos reunimos a conversar y reflexionar sobre las escenas que va relatando, las pensamos y elaboramos juntos. El ejercicio de escritura que realiza este estudiante es brillante, no sólo por la calidad de sus producciones, sino porque al parecer la escritura le está posibilitando ligar aspectos de su historia, pensar nuevamente sobre ellos. Esto se expresa en su producción escrita, también en los diálogos que surgen con todo el grupo en las instancias plenarias.

En cambio, en relación con G., durante todo el año me cuesta mucho empatizar con ella. Si bien esto nunca implica ninguna desatención de mi parte, ni corrimiento respecto a mis tareas como docente, es evidente la tensión o el "no agrado" entre ambas. En algunas clases, en las que conversamos (alrededor de contenidos conceptuales) sobre la cuestión de la diversidad sexual y de género, siguen apareciendo "tensiones".

Transcurrido ya un tiempo, comienzo a interrogarme, a preguntarme qué me pasa a mí con las diferencias. Pienso en cada uno/a de los estudiantes, en ese vínculo que se va tejiendo en el transcurso del año, en esa heterogeneidad que nos inunda y que nos hace crecer. Pero, en esa heterogeneidad y diversidad que celebro, aparece G. como radicalmente diferente.

Diferente a mí, a mis convicciones y forma de vida.

Me pregunto entonces qué pasa en esa interacción, en ese vínculo, entre mi persona —y mi función como educadora— y G. Interrogo, también, qué será de G. cuando comience a dar clases: cuando la diferencia estalle en sus narices, cuando tenga como estudiantes de sus aulas a niños, niñas, adolescentes que no encajen con la heteronorma.

¿Qué hará con ellos y ellas?

¿Intentará convencerlos y convencerlas de lo patológico de su opción sexual?

Y mientras me pregunto esto, otra pregunta vuelve y estalla en mi cabeza: ¿qué me pasa a mí con las diferencias en el contexto educativo?

Sobre todo esto esbozo aquí algunas reflexiones, articulando las mismas con ideas provenientes de la perspectiva sociocultural.

Vygotsky: la génesis social del individuo

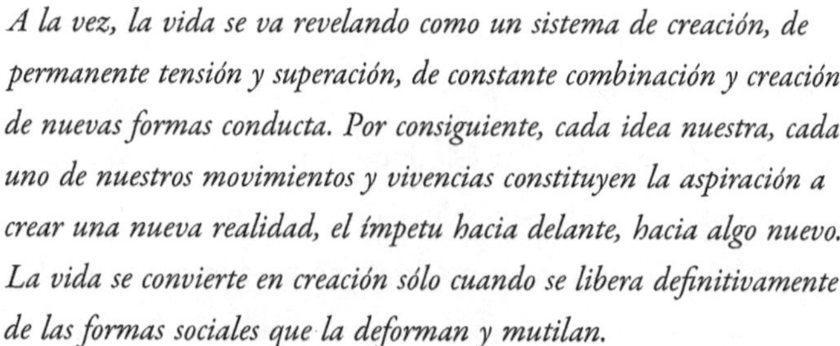

A la vez, la vida se va revelando como un sistema de creación, de permanente tensión y superación, de constante combinación y creación de nuevas formas conducta. Por consiguiente, cada idea nuestra, cada uno de nuestros movimientos y vivencias constituyen la aspiración a crear una nueva realidad, el ímpetu hacia delante, hacia algo nuevo. La vida se convierte en creación sólo cuando se libera definitivamente de las formas sociales que la deforman y mutilan.

> *Los problemas de la educación se resolverán cuando se resuelvan los*
> *problemas de la vida. Entonces, la vida del hombre se convertirá en*
> *una ininterrumpida creación, en un rito estético, que no surgirá de*
> *la aspiración de satisfacer algunas pequeñas necesidades, sino de un*
> *ímpetu creador consciente y luminoso.*
>
> *La alimentación y el sueño, el amor y el juego, el trabajo y la*
> *política, cada uno de los sentimientos y cada una de las ideas se*
> *transformarán en objeto de la creatividad. Aquello que hoy se realiza*
> *en los limitados ámbitos del arte, posteriormente impregnará la vida*
> *entera y la vida se tornará un trabajo creador.*
>
> *Vygotsky, 2001.*

González Rey (2011) señala que (como) la introducción de Vygotsky (en "occidente") se hizo fuera del contexto de la psicología soviética, se perdió la historicidad de su obra, así como su contextualización, dificultando esto la compresión del sentido de muchas de sus construcciones teóricas. Por esta razón la obra de Vygotsky está llena de complejidades. Es una obra desarrollada con el afán de construir una psicología de base marxista, en un contexto muy particular: el triunfo de la revolución obrera en Rusia.

Vygotsky (1896–1934) nació en Bielorrusia, la que luego fue parte del primer estado obrero de la historia. En palabras de Wertsch: "no vivió rodeado de circunstancias normales: su entrada en la edad adulta coincidió con la experiencia de una de las mayores revoluciones sociales del siglo xx, la Revolución Rusa" (1988, p. 20). Los cambios revolucionarios en Rusia permitieron que se desarrollaran genialidades como Vygotsky en las distintas ramas del conocimiento y del trabajo científico.

Fue un pensador marxista, que consideraba la dialéctica como la estructura del modo de pensar, no como dogma. Fue principalmente filósofo y semiólogo, desarrollando trabajos sobre literatura, arte y psicología, entre otros. Fue, también, diputado del soviet del distrito Fruenze de Moscú, donde participó en la elaboración de políticas para la educación pública.

Como maestro se planteó una de las cuestiones centrales de la política del nuevo gobierno revolucionario: cómo acabar con el analfabetismo.

Estuvo también encargado de desarrollar un sistema estatal para la educación de "niños pedagógicamente desatendidos" (Daniels, 2009). Fue desde allí que recurrió a la psicología, ya que creía que esa disciplina le brindaría las herramientas para la elaboración de programas de instrucción masivos e insumos para pensar la problemática de, lo que en ese entonces, se llamaba "defectología", que sería lo que hoy se entiende por el estudio de la discapacidad y las necesidades educativas especiales.

Toda la teoría vygotskyana es fruto de una fuerte crítica a toda la ciencia existente, crítica que respondía a la búsqueda de una psicología que hundiera sus raíces en el marxismo.

> *La psicología anterior, que consideraba la psiquis aislándola de la conducta, no podía encontrar realmente el verdadero terreno para una ciencia aplicada. Por el contrario, por dedicarse a ficciones y abstracciones, siempre se divorciaba de la vida real y por eso resultaba impotente para devenir la fuerza que pudiera crear una psicología pedagógica. Toda ciencia surge de las demandas prácticas, y en última instancia se orienta también a la práctica. Marx decía que los filósofos no habían hecho más que interpretar el mundo y que ya era tiempo de transformarlo. Ese tiempo llega también para cada ciencia.*
>
> *Vygotsky, 1926.*

Como señalé, otro de los objetivos de Vygotsky se vinculaba con la necesidad de desarrollar formas concretas para hacer frente a algunos de los problemas de la política del nuevo gobierno revolucionario: cómo acabar con el analfabetismo y cómo desarrollar servicios para las personas que, en ese momento, se consideraban "retrasados mentales". Vygotsky se interesó por niños con déficit auditivo, retraso mental o problemas de aprendizaje, y si bien su pensamiento sobre estos temas fue incompleto, planteó algunos elementos sumamente progresivos para la época.

La llegada del stalinismo a la URSS fue modificando todo. El enorme control ideológico llevado adelante por la burocracia stalinista, con la eliminación física e intelectual de la izquierda del régimen, provocó que el trabajo de Vygotsky fuera prohibido por más de 20 años. Luego, en los años 60's, su obra llegó a otras latitudes del mundo, lamentablemente recortada y tergiversada en un proceso de "occidentalización de su pensamiento", que se llevó adelante con el objetivo de separar al autor de su contexto y a su obra del "espíritu de la época" que le dio origen.

La clave de la propuesta teórica de Vygotsky es el uso de la noción de acción mediada y de la persona que actúa con instrumentos mediadores.

Los instrumentos mediadores están inherentemente relacionados con la acción. La relación que el animal establece con la naturaleza no está mediada, pero las personas, desde niños/as, se forman en un medio socio cultural, en el cual se hallan los logros del género humano —como la técnica, el lenguaje y el arte—. Al respecto señalaban Marx y Engels:

> *La conciencia es el conocimiento compartido, en el sentido de que la conciencia individual sólo puede darse si existe una conciencia social, una lengua, que sea sustrato real. (...) el lenguaje es la conciencia práctica, la conciencia real, que existe también para los otros hombres.*
>
> *Marx y Engels, 1846, p. 28.*

Desde esta teoría, la interacción social y los instrumentos lingüísticos son fundamentales para comprender el desarrollo. Para Vygotsky (1926a) el descubrimiento por parte del niño/a de la importancia que tiene una palabra como signo, es similar al descubrimiento de la importancia –en la historia de la humanidad— de la funcionalidad de un palo como herramienta. La conciencia se transforma en una forma superior de adaptación del hombre para dominar la naturaleza. Es con el desarrollo sociocultural que se superan las leyes biológicas.

> *Una araña ejecuta operaciones semejantes a las de un tejedor y una abeja empequeñece la habilidad de más de un arquitecto con la estructura de sus celdillas de cera.*
>
> *Pero lo que desde el comienzo distingue al peor arquitecto de la abeja más experta es que el arquitecto construye la celdilla en su cabeza antes de construir el panal. El resultado del trabajo preexiste idealmente en la imaginación del trabajador.*
>
> *No logra solo un cambio en la forma de materiales naturales; alcanza al mismo tiempo la meta de la que tiene plena conciencia, objetivo que determina su modo de acción como si fuera una norma, y al que debe subordinar su voluntad.*

Marx, El Capital, 1867.

Entonces, para la teoría de Vygotsky, el individuo es indisociable de la sociedad en la que vive, la cual le trasmite formas de conducta y de organización del conocimiento que el sujeto tiene que interiorizar. El desarrollo del individuo se produce, entonces, ligado a la sociedad en la que vive: *"El sujeto es, en esencia, un sujeto de la cultura."* (Erausquin, 2017c, p. 21).

Como señala Castorina (2001), para Vygotsky la educación es constitutiva de la formación de la subjetividad en el contexto sociohistórico. En líneas generales, interpreta el aprendizaje en los términos de la adquisición de sistemas de mediación preexistentes a los niños y a los docentes. Por este camino, el aprendizaje organizado se convierte en desarrollo mental y pone en marcha una serie de procesos evolutivos que no podrían darse sin él. Aquí se pone en evidencia cuál es la relación entre aprendizaje y desarrollo desde esta perspectiva.

Es, por lo tanto, la internalización de la cultura la que resulta ser formadora de los procesos psíquicos superiores. Es decir, la conciencia y las funciones psicológicas superiores se enraízan en las condiciones objetivas de la vida social. Esto, sin dejar de tener en cuenta —como señala Noemí Aizencang (en Elichiry, 2004)—, que el proceso de apropiación de herramientas culturales supone una actividad reconstructiva por parte del sujeto. Lejos de tratarse de un mero traspaso de habilidades de un mundo exterior a un mundo interior, implica la construcción misma de este último.

Esto último aparece de diferentes maneras en la teoría de Vygotsky, ya que, como señala González Rey (2011), el autor soviético no está exento de los reduccionismos en los que fue cayendo gran parte de la intelectualidad soviética vinculada a la psicología. Para ese autor, en determinado momento de la obra de Vygotsky, entre 1928 y 1931, aparece un reduccionismo de lo psíquico a lo material externo, donde lo social es reducido a operaciones con objetos en un contexto inmediato, representando esto una concepción mecanicista y causalista de lo psíquico. En la bibliografía contemporánea se discute si esto es del Vygotsky original o de las traducciones y recepciones occidentales del hemisferio norte.

Independientemente de la observación anterior, uno de los aportes fundamentales de Vygotsky fue la introducción de la categoría "unidad de análisis".

En 1934, ya en su lecho de enfermo, finaliza su segunda y más famosa obra, "Pensamiento y Lenguaje". Allí, para dar cuenta de las interacciones entre las actividades del pensamiento y el lenguaje, introduce las "unidades de análisis" como un concepto fértil (Erausquin, 2017c). Como aclaración epistemológica, sostiene que para abordar el estudio de dichos fenómenos es necesario replantear los recortes que desde la psicología se han realizado, recortes que implican la escisión y la reducción de las unidades dinámicas de la vida. Lo que en realidad es indivisible aun en sus tensiones, el pensamiento moderno (y allí la psicología) ha tendido a fragmentarlo. Esta idea es solidaria con la dialéctica marxista.

En palabras de Lukács:

Lo que diferencia decisivamente al marxismo de la ciencia burguesa no es la tesis de un predominio de los motivos económicos en la explicación de la historia, sino el punto de vista de la totalidad.

La categoría de totalidad, el dominio omnilateral y determinante del todo sobre las partes es la esencia del método que Marx tomó de Hegel y

transformó de manera original para hacer de él el fundamento de una nueva
ciencia. La separación capitalista del productor respecto del proceso total de la
producción, la fragmentación del proceso de trabajo en partes que no tienen
en cuenta la peculiaridad humana del trabajador, la atomización de la
sociedad en individuos que producen insensatamente, sin plan ni conexión,
todo eso tenía que influir profundamente también en el pensamiento, la
ciencia y la filosofía del capitalismo. (...).
El dominio de la categoría de totalidad es el portador del principio
revolucionario de la ciencia.

Lukács, 1978, p. 79.

Es esta idea de totalidad, propia del método marxista, la que le da fundamento a la categoría de unidad de análisis vygotskyana. Vygotsky plantea entonces el problema en términos de la necesidad de hallar una unidad de análisis que exprese las propiedades del fenómeno, sin vulnerar lo esencial del mismo.

Serán diversas las unidades de análisis propuestas por Vygotsky a lo largo de su breve, pero fructífera vida. En función del estudio de los procesos que fueron siendo objeto de su indagación, fue tomando como unidades de análisis a la "acción mediada", al "significado de la palabra" y finalmente a la "vivencia" (Erausquin et al, 2017c). Como ya expliqué, una de las claves de la obra de Vygotsky es la utilización de una particular unidad de análisis, que supera los dualismos sujeto–objeto: la *acción intersubjetiva*, doblemente mediada, constitutiva de los procesos psicológicos superiores.

La unidad de análisis no es homogénea, sus componentes son diversos y heterogéneos, siendo la unidad irreductible a cada uno de los mismos por separado: sus propiedades derivan de la relación que se establece entre ellos (Erausquin et al., 2017c).

Entonces, las unidades de análisis dan cuenta del recorte que el observador/a realiza para comprender y abordar una problemática. La problemática claramente está allí, en el campo de indagación o intervención, pero lo que se haga con ella depende de la construcción que los agentes hagan a partir de sus modelos mentales de la situación (Rodrigo, 1997, 1999, citado en Erausquin et al., 2017c). En palabras de esta última autora:

> *Para pensar la intervención del psicólogo en la escuela, es necesario cuestionarnos previamente qué unidad de análisis pone en juego en su mirada sobre el problema, de qué manera recorta la problemática, y cómo está pensando su propia práctica, cómo la reelabora desde su implicación de lo que ocurre allí.*
>
> *Erausquin et al., 2017c, p. 17.*

A pesar de las unidades amplias (no individualizadoras) propuestas por Vygotsky, las reflexiones que se realizarán en este trabajo implican un recorte que, en algún punto, sí individualiza. Individualiza porque las apreciaciones que haré de aquí en adelante se dirigen a problematizar la ética presente en mi implicación como docente en la situación antes narrada.

Su moral y la nuestra

Con este título hago referencia al folleto de León Trotsky de 1938, en el que contrapone la moral revolucionaria a la moral que emana de la pequeña burguesía, y sus distintas expresiones políticas.

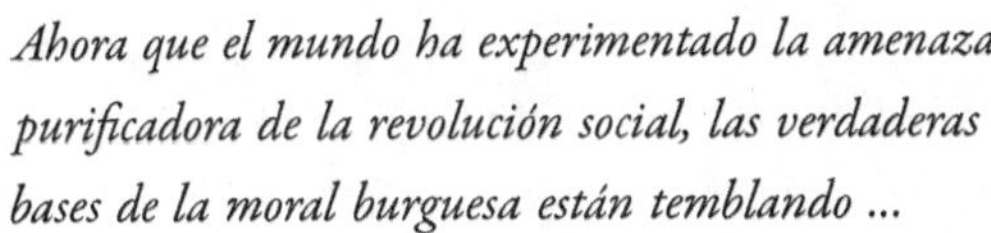

> *Ahora que el mundo ha experimentado la amenaza purificadora de la revolución social, las verdaderas bases de la moral burguesa están temblando ...*
>
> *Vigotsky, 1926.*

En 1926 Vygotsky escribe un trabajo titulado "Conducta ética" que, en la edición de nuestro país, se incluye en el libro "Psicología Pedagógica". Allí desarrolla toda una serie de discusiones en las que da cuenta de la dependencia de la moral de las condiciones históricas y sociales, y de su carácter de clase.

Cuestionando la moral burguesa —que la revolución en Rusia se proponía suplantar por otra forma de moralidad—, la genial mano de Vygotsky nos va introduciendo en la cuestión de la infancia, en los preceptos que orientan la educación tradicional y en algunas puntuaciones que orientarían la educación moral en la Unión Soviética.

Su rotunda oposición a los métodos vinculados al castigo, el rechazo a las distintas formas de autoritarismo por parte de los adultos, así como de la "conducta obediente" por parte del niño, son algunos de los aspectos de la "nueva moral". También se incluyen la idea de la inutilidad de la enseñanza moral, de la imposibilidad de pensar la educación moral disociada de la educación social, y de la utilidad de que el niño participe de forma democrática en la organización de la vida escolar.

> *Por esto es que la obediencia, para nosotros, es de valor moral despreciable y la buena conducta comprada al precio de la obediencia no es, a nuestros ojos, un ideal pedagógico.*
>
> *(...)*
>
> *No hacer algo por miedo a las consecuencias es tan inmoral como hacerlo. Cada actitud no libre hacia las cosas, todo el miedo y la dependencia, denota la ausencia de cualquier sensibilidad moral. En el sentido psicológico, la moral siempre es libre.*
>
> *(...)*
>
> *La conducta moral siempre será aquella asociada con la elección libre de las formas sociales de conducta. Spinoza escribe que si una persona huye de algo sobre la base de que es malo, está actuando como un esclavo.*
>
> *Vygotsky, 1926.*

En las escuelas soviéticas, se intentaba construir una nueva moral porque se encontraban en una época transicional hacia una nueva sociedad. El énfasis de Vygotsky estaba puesto en la necesidad de que los niños y niñas procedan "moralmente" no por temor al castigo, no por una prohibición externa, sino porque los y las pequeños/as fueran capaces de valorar la importancia de que el otro/a esté bien.

Como señalé al comienzo del trabajo, la obra de Vygotsky pierde sentido si la descontextualizamos. A pesar de esto entiendo que el trabajo de Vygotsky da claves para pensar algunos aspectos parciales de la educación en la actualidad, y por supuesto, de la escena narrada al comienzo en la que estoy implicada.

Aquí creo necesario realizar otra clarificación: Vygotsky planteaba con precisión lo utópico de construir ideales pedagógicos en una sociedad desgarrada por las contradicciones sociales del capitalismo. Esto, porque *"... los problemas de la pedagogía serán resueltos por completo cuando las cuestiones del orden social hayan sido resueltas por completo."* (Vygotsky, 1926).

A pesar de las anteriores puntualizaciones, vinculadas a la imposibilidad de extrapolar las posiciones de Vygotsky a otro tiempo y lugar que no sea la nueva sociedad que se intentaba construir en la Rusia soviética, pareciera haber un principio universalizable respecto a su propuesta ética. Su preocupación se centra en que el niño y la niña se autogobiernen, pero no por internalización de miedos y temores al castigo, sino por la comprensión real del resultado de sus acciones, por su consideración de los otros/as en cuanto tales, por su ocupación por las relaciones sociales. Es este el corazón de la propuesta moral de Vygotsky.

El lugar de la ética

Desde esta propuesta de Vygotsky, ¿cómo pensar mi rol como educadora? En la trama interpersonal generada entre S. y mi persona, entre G. y mi persona, me pregunto: ¿qué lugar ocupó la ética?

Indagando sobre mi experiencia como educadora y sobre mi posición frente a S. y a G., creo que intentaba transmitir cuestiones de carácter ético, vinculadas, en ese caso, con la diversidad sexual y de género en educación. La aceptación de las diferencias, no como algo que en propiedad le pertenece al otro ("el otro es diferente y hay que aceptarlo"), sino como una cualidad que nos incluye a todos y a todas.

La elección del dispositivo pedagógico (la realización de monografías por parte de los y las alumnas que serían acompañados/as por instancias plenarias donde compartir los avances y debatir) iba en el mismo sentido ético, el de favorecer y propiciar la implicación con los y las semejantes, reconociendo la diversidad.

En el mismo sentido, y desde otra tradición teórica, Carlos Skliar señala que todo escenario humano es diversidad:

> *¿Qué otra cosa podremos decir de la diversidad si no que, en efecto, "hay diversidad"?*
> *¿Qué más hay aparte del dato descriptivo, un golpe de ojos, la memoria presente y evidente que sabe todo el tiempo de las enormes variaciones humanas que habitamos y nos habitan?*
> *¿Qué más suponer más allá y más acá de la evidencia que todo escenario humano muestra su diversidad, es diversidad?*

Skliar, 2011, p. 111.

Y, por eso, porque todo escenario humano es diversidad, aparece G., que plantea una diferencia: otra concepción sobre la sexualidad y el género humanos, con la que yo —como persona, como mujer y como educadora— no acuerdo. Intento, desde diversos marcos teóricos, explicar que la posición de G. es desacertada. Intento convencer a G. Intento con–vencer a G., ¿intento vencer a G.? Y aquí renuevo una pregunta ética: ¿por qué querer obligar al otro/a a ser/pensar/sentir como yo?

Ahora, y sin desestimar la interpelación anterior, introduzco otra pregunta para reflexionar: ¿cómo pensar en la posibilidad de cambios, de transformaciones profundas (en este caso vinculados al respeto de la diversidad sexual y de género en educación) si no es pensando en la existencia de tensiones, de disputas, de discusiones contra otras posiciones?

Una escena de una obra de teatro se me viene a la mente en un intento de responder la anterior interrogación:

> Caín: *¿Siempre mirando y nos dejó pelear tantos años?*
> Tatita: *Y quien te dijo que pelear estaba mal, idiota...*
> *Pelear es ser par. El bofetón es vida. Sin choque no hay*
> *chispa. Nada se mueve sin riña.*
> Caín: *(Reprocha) ¿Violencia, Tatita?*
> Tatita: *No. Dialéctica, infeliz. La miseria no es pelear.*
> *Miseria es matar al par.*
> *El uno crece de a dos. El dos peleando es armonía. Es vuelo.*
> *El uno solo crece monstruo. Pájaro de un ala sola.*
> *Como vos. Te amputaste un ala. Juntos podían ser ángel y*
> *mírate, terminaste como gallina bataraza. El uno es la*
> *tragedia, Caín ...*
>
> *Kartún, 2016, p. 42.*

Creo que esto responde en parte a la tensión planteada con las preguntas precedentes. Tensión que se mueve entre un polo dominado por la certeza de querer convencer al otro/a, anulando su singularidad, y el otro polo, que sería la aceptación ingenua de cualquier posición (política, ideológica, etc.) que plantee otro/a. Creo que, en el centro, oscilando y moviéndose siempre, se encuentra la ética, o la moral en términos de Vygotsky.

En la misma línea, es clarificadora la posición de Engeström, sintetizada en la siguiente cita:

> *Engeström sostiene que la dirección del cambio, que implica*
> *también la destrucción parcial de lo viejo a favor de lo*
> *nuevo, involucra decisiones por sí o por no, y se construye o*
> *se debería construir —mandato ético— con el otro,*
> *encontrando en la alteridad a un semejante y queriendo*

> *preservar su vida, su modo de pensar, su cultura, a menos*
> *que él o/y ella decidan cambiarla.*
> *Si hay perspectiva de equidad, además de libertad, se*
> *construye lo nuevo a través de consensos, también*
> *horizontales, y cruzando fronteras en el intercambio y la*
> *inter–animación de diferentes voces, miradas y perspectivas.*

Erausquin y Zabaleta, 2017, p. 25.

Ética y diversidad en las interacciones psicoeducativas

> *Sin el otro como estructura no habría mundo, no*
> *habría palabra, no habría amor. Pero con el otro*
> *apenas sentido como diferente no ha habido otra*
> *cosa que expulsión del paraíso, diluvio universal y*
> *caída de la torre de la conversación.*

Skliar, 2011, p. 101.

La frase anterior formula lo que considero el eje nodal de este trabajo: la evidencia de que, aunque defendamos el derecho del otro/a a su singularidad, aparece como un fantasma esta pretensión de fabricarlo/la como nuestra réplica. La historia de occidente es, un poco, eso. *La historia de la escuela también lo es.*

Y, la psicología educacional como disciplina, no ha estado exenta de este posicionamiento. Diría, incluso, que tiene algún nivel de responsabilidad respecto a esta idea de lo que es 'conocer al otro/a'. En este sentido, Baquero plantea que la impronta de origen de la Psicología Educacional la ubica como una disciplina estratégica, vinculada al gobierno del desarrollo de poblaciones y la producción de subjetividades, en lo que se ha dado en llamar el "experimento escolar moderno". (Baquero, (2002); citado en Erausquin y Zabaleta, (2016)).

> *El discurso y las prácticas "psi" han tenido poder en la definición de criterios de normalidad/anormalidad y en la generación de identidades del alumno deficitario.*
>
> *Impensadamente, desde las prácticas y los discursos psicoeducativos, se generaron efectos tales como: convertir las diferencias en deficiencias; legitimar decisiones de segregación de alumnos de escolaridad común, a través de su derivación a educación especial o a servicios de salud mental; producir etiquetas patologizantes que reforzaron destinos de exclusión social y educativa; realizar prácticas gabinetistas encapsuladas con "niños problemas" estigmatizantes para los que no aprendían o se "portaban mal".*
>
> *Erausquin y Zabaleta, 2016, p. 206.*

Desde estas marcas de origen, resulta complejo pensar en intervenciones —desde la psicología educacional o como educadores/as— fundadas en una ética dialógica y de implicación (Erausquin, Iglesias & Szychowski 2017a).

Sigo entonces preguntándome ¿cómo pensar en una posición ética frente al otro/a sin "convertir a la moral en el policía interno del alma" (Vygotsky, 1926b)? Pero, por otro lado, ¿cómo pensar en una ética del otro/a, sin caer en el relativismo?

Evidentemente no tengo respuestas taxativas frente a los interrogantes planteados. Silvia Bleichmar nos propone una forma interesante de ética:

> *La ética siempre está basada en el principio del semejante, es decir, en la forma en que yo enfrento mis responsabilidades hacia el otro. La ética consiste en tener en cuenta la presencia, la existencia del otro.*
>
> *Bleichmar, 2008, p. 27.*

Esto implica, en palabras de la autora mencionada, la necesidad de construir una noción del semejante que sea abarcativa. Y abarcativa significa que incluya a todos, a todas y a todes.

En sintonía con esto, Ojalvo Mitrany (2014) da cuenta del compromiso ético que tiene el/la educador/a, señalando la importancia de promover el diálogo antes que la imposición, entablando conversaciones con el/la estudiante.

Iniciar conversaciones con el/la semejante parece ser la clave de esa ética en la interacción áulica. Al respecto Skliar (2011) expresa:

> *(...) la conversación es una conversación permanente entre diferentes modos de pensar y de pensarse, de sentir y de sentirse, de decir y de decirse, de escuchar y de escucharse: hay disonancias, desentendimientos, incomprensiones, afonías, imposibilidades, pérdidas de argumentos, tiempos desiguales, preguntas de un solo lado, respuestas que no llegan.*
>
> *Pero tal vez eso mismo sea una conversación y quizá por ello es por lo que no podemos hacer otra cosa que seguir conversando, que no ser, nosotros, otra cosa que la encarnación siempre imperfecta de una conversación necesariamente ardua, más próxima a la complejidad que a la comprensión, sin efectos especiales, una conversación siempre humana, irremediablemente humana.*

Skliar, 2011, p. 66.

Reconocer la complejidad (y no la simplicidad del acuerdo entre posiciones) podría, tal vez, haber sido la clave de una comunicación educativa con G. que posibilitara un encuentro ético entre dos posturas.

Si bien siento/pienso que los procesos de comunicación e interacción sostenidos con el grupo de estudiantes ese año se caracterizaron por este "encuentro ético entre posturas", no sucedió esto en mi interacción con G. Erausquin (2014), dando cuenta de la labor de los orientadores escolares, señala que asesorar u orientar es trabajar juntos, o trabajar "con, no sobre" el otro/a.

Si bien estas reflexiones están dirigidas inicialmente al trabajo de los/as orientadores/as, extrapolo esas palabras a mi propia práctica como docente.

Reconozco que de alguna manera los procesos interactivos y comunicativos con G. estuvieron orientados por un afán de "convencer", y eso claramente no implica trabajar juntos/as, sino sobre el/la otro/a.

Notas finales

> *Lo cierto es que, si tuviéramos tiempo para hablar, todos nos declararíamos excepciones. Porque todos somos casos especiales. Todos merecemos el beneficio de la duda. Pero, a veces, no hay tiempo para escuchar con tanta atención, para tantas excepciones, para tanta compasión. No hay tiempo, así que nos dejamos guiar por la norma. Y es una lástima enorme, la más grande de todas.*
>
> J.M. Coetzee, 2013, p. 94.

Para conversar necesitamos un espacio y un tiempo, un tiempo que hoy parece imposible de construir, de habitar. Conversar con el/la otro/a, darnos tiempo para escuchar y para que nos escuchen. Mirar, oler, sentir, palpitar todo lo que en un encuentro se juega, eso también es conversar. Pero ¿qué implica esto en educación? Históricamente, conocer al otro/a en educación ha sido rotularlo, diagnosticarlo.

Reconocer lo anterior, problematizar nuestras propias prácticas (como docentes, como agentes psicoeducativos), comprender los sentidos que nos determinan en las definiciones que portamos (Scavino, 2004) implica, también ver cuánto de esto hay en nosotros/as mismos/as. Y cuánto de esto resulta necesario seguir elaborando y trabajando.

Porque es necesario pensarlo y repensarlo, una y mil veces. Pensarnos a nosotros/as con esos otros/as, con todos/as esos otros/as. Si queremos que las instituciones educativas incluyan, constituyéndose en espacios de re–subjetivación (Bleichmar, 2008), debemos incluirnos entre las cuestiones a transformar.

Referencias

Aizencang, N. (2004). La psicología de Vigotsky y las practicas educativas: algunos conceptos que constituyen y contribuyen. En Elichiry, N.E. (Comp.) *Aprendizajes escolares. Desarrollos en Psicología Educacional*, (48–60). Bs. As.: Manantial.

Bleichmar, S. (2008). La construcción de las legalidades como principio educativo. *Cátedra Abierta. Aportes para pensar la violencia en las escuelas.* Recuperado de: http://d20uo2axdbh83k.cloudfront.net/20140621/ e0b96de7ec2814f36aaa89be2d267c82.pdf

Coetzee, J.M. (2013). *Vida y época de Michel K.* Bs. As.: Random House Mondadori.

Daniels, H. (2009). Vygotsky and inclusión. En Hick, P., Kershner, R., and Farrel, P. *Psychology for inclusive education*. London: Routledge.

Elichiry, N.E. (2004). *Aprendizajes escolares. Desarrollos en Psicología Educacional.* Buenos Aires: Manantial.

Erausquin C. (2014). Ayudando a los que ayudan a aprender: co-construyendo acciones y conocimiento. Ética profesional dialógica en el campo psicoeducativo. *Ficha publicaciones UBA y UNLP. Libro de Catedra Universidad Nacional de La Plata.* Facultad de Psicología UNLP.

Erausquin, C. y Zabaleta, V. (2017). Relaciones entre aprendizaje y desarrollo: Modelos teóricos e implicancias educativas. Agenda de problemas epistémicos, políticos, éticos en el cruce de fronteras entre psicología y educación. *Anuario Temas en Psicología*, 3. Facultad de Psicología de la Universidad Nacional de La Plata.

Erausquin, C., Iglesias, I. y Szychowski, A. (2017a). ¿Ética de implicación y/o ética Dialógica? Dilema, desafío y/o potencialidad? Experiencias y narrativas en trayectos formativos de prácticas de enseñanza del profesorado de psicología. *Memorias IX Congreso Internacional de Investigación y Práctica Profesional en Psicología, (1)*. Universidad de Buenos Aires.

Erausquin, C., Denegri, A., Iglesias, D'Arcangelo (2017b). Inclusión social y educativa: rol de la escuela en la construcción del sujeto ético. *Ficha de Cátedra Psicología Educacional* Facultad de Psicología de la Universidad Nacional de La Plata.

Erausquin, C. y otros. (2017c). *De aquí y de allá. Experiencias en escenarios educativos interpeladas desde la perspectiva sociocultural.* (edición digital 1.09) Buenos Aires: PsiDispa.

González Rey, F.L. (2011). *El sujeto y la subjetividad en la psicología social. Un enfoque histórico cultural.* Buenos Aires: Noveduc.

Kartun, M., Dubatti, J., Koss, N. y Dubatti, R. (2014). *Terrenal: Pequeño misterio ácrata.* Buenos Aires: Atuel.

Lukács, G. y Sacristán, M. (1978). *Historia y consciencia de clase.* Madrid: Grijalbo.

Marx, K. y Engels, F. (1846/2010). *La ideología alemana.* Buenos Aires: Nuestra América.

Marx, K. (2000). *El capital (obra completa).* Buenos Aires: Ediciones AKAL.

Ojalvo Mitrany, V. (2014). Las interacciones en el aula: un fructífero campo de investigación educativa. *Revista Cubana de Educación Superior, 1*(2). Cuba: Editorial Universidad de La Habana.

Ríos, A. y Macarae, V. (2005). Vygotsky. Un hombre de su época. *Cuestionamos desde el marxismo. Revista de debates de Psicología y Educación, 1.* Buenos Aires.

Scavino, C. (2004). Hacia un análisis de las relaciones entre psicología y educación desde la historia de la psicología. En Elichiry, N. (comp.) *Aprendizajes Escolares. Desarrollos en Psicología educacional*. Buenos Aires: Manantial.

Skliar, C. (2011). *Lo dicho, lo escrito, lo ignorado: Ensayos mínimos entre educación, filosofía y literatura*. Buenos Aires: Miño y Dávila.

Vygotsky, L.S. (1995). *Pensamiento y lenguaje. Teoría del desarrollo cultural de las funciones psíquicas*. Recuperado de http://www.iutep.tec.ve/uptp/images/Descargas/materialwr/libros/LevS.Vygotsky-PensamientoyLenguaje.pdf

Vygotsky, L.S. (2001). *Psicología pedagógica. Un curso breve*. Buenos Aires: Aique.

Vygotsky, L.S. (1926, 2017). Conducta ética. Naturaleza de la ética desde el punto de vista psicológico. *Traducción de Efraín Aguilar*. http://vygotski-traducido.blogspot.com.ar/search/label/Conducta%20%C3%A9tica

Wertsch, J.V., Ramírez Garrido, J.D., Zanón, J., Cortés, M. y otros. (1988). *Vygotsky y la formación social de la mente*. Barcelona: Paidós.

CAPÍTULO 9

Comunidades de práctica y aprendizaje en el Profesorado de Psicología

Aspectos éticos que atraviesan la práctica profesional: en torno a la "pareja pedagógica"

Mariela Lloréns (Argentina)

Ficha técnica

Temporalidad: La experiencia tuvo lugar entre Mayo y Julio del año 2016.

Territorio: Ciudad de Buenos Aires, Argentina.

151

Escenario Educativo: La experiencia se desarrolló en el Profesorado de Psicología de la Universidad de Buenos Aires.

Principales actores: Profesores de Psicología en formación, tutores de profesores de Psicología en las Prácticas de Enseñanza, docentes de la cátedra.

Rol del relator: Tutora de Prácticas de Enseñanza en la formación de profesores de Psicología.

Marco en el que se inscribe la experiencia educativa

La situación problema que analizaremos se sitúa en el Profesorado de Psicología de la Universidad de Buenos Aires, en la asignatura "Didáctica Especial y Práctica de la Enseñanza" de la Psicología.

Se trata de la última materia del profesorado, y con ella se obtiene el título de "Profesor para la Enseñanza Media y Superior en Psicología". En ese recorrido, los alumnos deben realizar sus prácticas en escuelas de nivel medio y en instituciones de nivel superior. Para ello, la cátedra propone que las clases se desarrollen en la modalidad aula–taller para propiciar que se construya una *comunidad de aprendizaje* (Wenger, 1998). Se supone que este dispositivo favorece la comunicación horizontal, la participación e implicación de sus miembros, así como también el intercambio de perspectivas y el pensamiento crítico. Mediante esta modalidad, se apela a una revisión constante de la práctica, que la vuelva dinámica y dialéctica.

Las planificaciones de las clases, que los estudiantes deben realizar como parte de su práctica, también se comparten con el grupo. De esta manera, se expresan diversas propuestas y se enriquece la clase planificada, que posteriormente se pondrá en juego en el aula.

Otro dispositivo con el que se trabaja es el denominado *pareja pedagógica*. Esta noción supone el trabajo en equipo, conformado por dos docentes, sobre el abordaje pedagógico y didáctico en relación a un grupo de alumnos (Bekerman y Dankner, 2010). Incluye la participación conjunta para la planificación, la puesta en acción, la elaboración de materiales y el momento de reflexión, como así también el planteamiento y elaboración de intervenciones compartidas. Es así que el trabajo en pareja pedagógica se considera un dispositivo favorecedor del desarrollo de competencias docentes, tanto cognitivas como interpersonales.

La situación problema

La situación problema surge en una de las comisiones de trabajos prácticos y comienza a evidenciarse cuando, al momento de evaluar el proceso de planificación, dos estudiantes manifiestan dificultad para trabajar con el/la compañero/a, expresando que por tal motivo no han podido avanzar con la planificación de la clase. El alumno alega maltrato por parte de su compañera y la alumna se refiere a desorganización por parte de su compañero. La docente conversa con ambos estudiantes para que acuerden algunas pautas de trabajo conjunto y puedan continuar con la planificación. Ese mismo día, se promueve el intercambio entre todos los alumnos/as de manera que el grupo también pueda realizar aportes.

A los pocos día, la *pareja pedagógica* se presenta a dar su práctica. Una de las profesoras, que acude a observar la clase, al realizar la devolución señala algunos aspectos positivos y otros a mejorar. Según esta profesora, en el transcurso de la clase se ha evidenciado la falta de comunicación entre los alumnos. Si bien la alumna ha mostrado experticia en la gestión de la clase, no ha podido habilitar un espacio para que el compañero actúe. Él, si bien ha preparado el tema, durante la clase casi no ha pronunciado palabra.

Una vez reunidos nuevamente en la comisión de trabajos prácticos, la alumna insiste en su dificultad para trabajar con el compañero. Frente a esta situación, se conversa con ambos estudiantes sobre la dinámica de la pareja pedagógica. Si bien se habilita la posibilidad de que continúen las prácticas individualmente, se enfatiza la importancia del trabajo en equipo para el desarrollo de competencias interpersonales en la construcción del rol docente y se los alienta a que consideren esta experiencia como una oportunidad de aprendizaje. Finalmente, los alumnos acuerdan seguir adelante y la segunda planificación resulta superadora de la anterior.

Durante la segunda práctica se reconocen avances respecto de la clase anterior, dado que cada alumno ha podido tomar las sugerencias realizadas. No obstante, sigue siendo llamativa la tensión entre ellos y, según la docente que observa la clase, es evidente la descalificación constante de uno sobre el otro.

Finalizada la instancia de evaluación, la alumna expresa que su relación con el compañero y con el grupo se ha desgastado, y solicita un cambio de comisión de prácticas. Si bien al comienzo no se considera oportuno el pedido y se conversa con ella para superar y/o modificar la situación, enseguida se trasmite la inquietud de la alumna a la Profesora Titular de la Asignatura, quien sugiere que se acepte el cambio.

Es así que se conversa con la docente a cargo de otra comisión y se acuerda el pase de la alumna, entendiendo que, en este caso en particular, un cambio de grupo podría favorecer su proceso de aprendizaje. Realizado el cambio, la situación se conversa al interior del espacio de trabajos prácticos, tratando de promover una reflexión acerca de lo sucedido.

En la segunda parte del año, se intenta que el alumno que permaneció en la comisión de trabajos prácticos originaria, tenga la posibilidad de volver a formar una pareja pedagógica, para así poder seguir trabajando la dimensión vincular. Durante el transcurso del año, se dialoga con la docente que ha recibido a la alumna, quien expresa que la estudiante está teniendo una buena experiencia en esa comisión. Al finalizar el año, la docente se comunica con la alumna vía email para poder hacer un cierre del ciclo lectivo y la alumna transmite que el tiempo y el cambio de comisión la han ayudado a seguir reflexionando sobre la experiencia vivida.

Acerca de las intervenciones realizadas

Las intervenciones antes mencionadas fueron pensadas en conjunto por las docentes de la comisión de trabajos prácticos. Algunas de ellas se decidieron también en diálogo con la Profesora Titular y con otros docentes, durante las reuniones de cátedra. También participaron de la gestión de ciertas decisiones, no menores, la pareja pedagógica que manifestaba el problema y, de alguna manera, también los compañeros de comisión.

Las herramientas utilizadas al intervenir en este escenario educativo fueron el diálogo, la observación de clases, las entrevistas con alumnos, los criterios de evaluación, el portfolio, las reuniones de cátedra y la tecnología informática.

Las hipótesis que orientaron las intervenciones fueron: la exigencia de las primeras prácticas, la diferente experiencia docente entre los dos integrantes de la pareja pedagógica, la cantidad de responsabilidades por fuera del profesorado que tenían ambos, la dificultad que encontraban los alumnos para estudiar los contenidos que tenían que dar en su práctica, la falta de diálogo oportuno y a tiempo entre la pareja y los docentes a cargo de la tutoría. Todos estos factores habrían contribuido a la generación de un clima tenso entre ellos, y así se lo se consideró en un primer momento.

Posteriormente se observó además que, si bien esos factores podrían estar en juego, cuando se decidió aceptar el cambio de comisión solicitado por la alumna la problemática se estaba agudizando, esto en función de ciertos cambios en la dinámica grupal observados en la comisión de trabajos prácticos.

Como antecedentes de la situación, encontramos que se trata de un grupo de doce alumnos que están cursando la última materia del profesorado y que, como grupo, es la primera vez que cursan juntos una asignatura. Es decir, los alumnos no se conocían al momento de conformar las parejas pedagógicas y se han reunido según sus posibilidades horarias.

En el caso de la pareja pedagógica que protagoniza la situación problema, la alumna tenía varios años de experiencia docente y el alumno no contaba con experiencia docente alguna. El problema se evidencia cuando los alumnos manifiestan su dificultad para planificar juntos la clase.

No obstante, resulta claro que hubo un proceso previo de malestar que no se advirtió. Es importante mencionar que si bien la docente a cargo de la comisión de trabajos prácticos, a lo largo de su experiencia, había presenciado algunos momentos tensos entre otras parejas pedagógicas, siempre los mismos se habían resuelto privilegiando el cumplimiento de lo curricular y normativo. Quizás, esas experiencias anteriores contribuyeron a que en esta ocasión no prestara demasiada atención a las dificultades vinculares que estaban teniendo esos alumnos en particular.

En cuanto a los resultados, se destaca que cada uno de los estudiantes pudo continuar su proceso de formación y aprendizaje. Se considera que la experiencia resultó un aporte para la formación docente de los alumnos y también para las docentes implicadas.

Estos resultados se generaron —y se analizaron— gracias al trabajo en conjunto de los docentes, al diálogo entre docentes y alumnos, y a la constancia y perseverancia de los alumnos, quienes más allá de reconocer sus dificultades en lo vincular, pudieron seguir adelante en su proceso de formación.

También se valoriza al apoyo del grupo de compañeros en cada una de las comisiones donde continuaron cursando los alumnos mencionados, al intercambio entre los distintos actores, y a la reflexión que hubo detrás de cada una de las decisiones tomadas.

Analizando la situación
desde la perspectiva sociocultural

Analizar la situación desde la perspectiva sociocultural implica realizar una primera aclaración con respecto a la noción de "contexto".

Tal como afirma Baquero (2014), señalamos la existencia de dos maneras de ponderar el contexto en su relación con los procesos de desarrollo y aprendizaje. Por una parte, puede ser concebido como un conjunto de factores que inciden sobre el proceso de aprendizaje. Es decir, sería concebido como un factor o variable incidente. Por otra parte, la perspectiva contextualista, considera que el contexto, entendido como actividad, situación, acontecimiento, es inherente a los procesos de aprendizaje y desarrollo. En línea con la tradición vygotskyana, no considera el funcionamiento intersubjetivo o las prácticas culturales como incidentes sino como *inherentes* al desarrollo y aprendizaje.

Al decir de Rodrigo (1994):

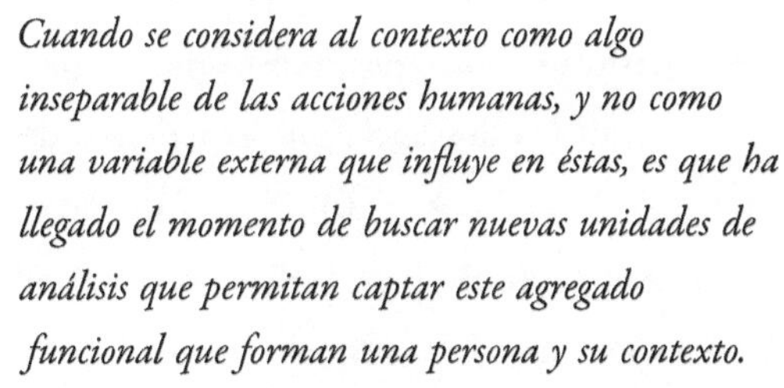

Cuando se considera al contexto como algo inseparable de las acciones humanas, y no como una variable externa que influye en éstas, es que ha llegado el momento de buscar nuevas unidades de análisis que permitan captar este agregado funcional que forman una persona y su contexto.

Rodrigo, 1994, p. 31.

Aprendizaje situado.
Comunidad de aprendizaje y práctica

Tal como anticipamos en la introducción de este trabajo, plantearemos algunas reflexiones sobre la situación problema, ponderando el análisis desde el modelo teórico de la construcción situada del conocimiento.

El dispositivo propuesto por la cátedra organiza cada comisión a modo de Comunidad de Prácticas y Aprendizaje. En este enfoque el aprendizaje es una actividad social, histórica y culturalmente situada orientada al desarrollo de funciones psicológicas. El aprendizaje es concebido como una participación gradual y creciente en la comunidad de práctica.

En la concepción de Wenger (1998), la comunidad es entendida como la configuración social en la que nuestro quehacer es definido como uno que vale la pena realizar y nuestra participación se reconoce como importante. En este quehacer se construye una identidad, que comunicamos con diversas formas discursivas y con las formas en que actuamos (Rodriguez Arocho, 2009, p. 6). Wenger sostiene que el aprendizaje no es la mera adquisición de conocimientos y destrezas, sino que transforma lo que somos y lo que hacemos. Por ello, es en última instancia una experiencia de identidad.

En la comunidad de aprendizaje, el sentido de identidad se construye en el presente contexto de aprendizaje, pero incluyendo el pasado y el futuro en la trayectoria de una meta. Por ello mismo se considera fundamental reconocer y considerar las experiencias y conocimientos previos de los miembros de la comunidad. Es importante destacar este punto, dado que si bien la mayoría de los docentes en formación inicial son Licenciados en Psicología, esa identidad profesional no los convierte automáticamente en Profesores de Psicología. Cada una de estas profesiones demanda el desarrollo de competencias específicas.

Coincidimos con Zabalza (2012) cuando afirma que "la identidad es una estructura poliédrica y policroma que nos hace ser lo que somos en múltiples contextos y actuaciones" (p. 71). Destacamos esto último, dado que en este particular proceso de formación se va construyendo la identidad docente y los estudiantes van desarrollando competencias específicas para el desempeño como profesores de psicología. Es por ello que la participación en la comunidad de aprendizaje resulta una propuesta fértil para promover este desarrollo.

Lave y Wenger (1991) sostienen que el aprendizaje está profundamente implicado en el entramado de actividades, identidades, artefactos e instrumentos, escenarios y relaciones entre las personas, y en tal sentido no existe actividad que no sea "situada" y que no involucre a la persona como un todo en y con el mundo. Según estos autores, en tanto *actividad situada*, el aprendizaje tiene como rasgo fundamental un proceso denominado "participación periférica legítima". Así, los involucrados en una comunidad de práctica se mueven desde la periferia de la comunidad hacia el centro, asumiendo cada vez más compromisos, pero teniendo desde el inicio una aproximación a la completa participación, adoptando de manera progresiva y situada diferentes formas de práctica.

En la comunidad de aprendizaje conformada al interior de cada una de las comisiones de trabajos prácticos, los aprendices participan inicialmente en actividades periféricas, realizando observaciones y entrevistas y asumen gradualmente mayores responsabilidades, planificando las clases y gestionando las prácticas docentes en las instituciones educativas.

La propuesta de trabajo en parejas pedagógicas, en muchas ocasiones también está pensada como parte de este proceso, en tanto para algunos supone la oportunidad de ir asumiendo un grado de responsabilidad mayor en esta actividad compartida. Esto se pone en acto cuando uno de los integrantes tiene mayor experticia docente y toma un papel protagónico en la primera clase, para ir replegando sus intervenciones a medida que su compañero/a asume un rol más activo y mayor responsabilidad en la tarea.

Aprendizaje. Participación guiada
Apropiación participativa

Continuando con una perspectiva solidaria con los planteos de Lave y Wenger, algunas categorías conceptuales expuestas por Rogoff (1997) permiten profundizar el análisis que estamos realizando.

Entendemos que favorecer la conformación de una comunidad de aprendizaje implica ponderar la participación de sus miembros. Al respecto, Rogoff (1997), propone a la *actividad* o *evento* como unidad de análisis de los procesos de desarrollo cognitivo.

Para la autora citada la actividad es susceptible de analizarse en tres planos interconectados: el aprendizaje (apprenticeship), la participación guiada y la apropiación participativa, que se corresponden con procesos comunitarios, interpersonales y personales, respectivamente. Se trata de planos inseparables, mutuamente constituyentes, a partir de los cuales se organizan las actividades, pudiendo convertirse cada uno en foco de análisis en diferentes momentos, pero manteniéndose los otros planos como fondo del análisis.

En el estudio de la situación problema, el aprendizaje se da en el marco de una cátedra, en el seno de la comunidad de aprendizaje, en la cual, tal como se expresa en el relato, se propician "pautas de trabajo conjunto" y "se promueve el intercambio entre todos los alumnos/as de manera que el grupo también pueda realizar aportes."

Se entiende que el plano del aprendizaje hace foco en la actividad comunitaria, donde los sujetos participan colaborativamente en la resolución de una tarea culturalmente organizada y propositiva. El grupo está compuesto por iguales que actúan para los demás como fuente de recursos y desafíos mutuos en la exploración de una actividad, así como por expertos.

En este caso la formación docente y la enseñanza de la psicología, como actividades culturalmente organizadas, promueven la implicación activa de los aprendices, convirtiéndose los mismos cada vez más en participantes más responsables. De esta manera, los "docentes en formación" progresan en su destreza y comprensión de la actividad, a través de la participación en las observaciones de clases de docentes con más trayectoria, entrevistas a estos profesionales, planificaciones de clase en colaboración con otros miembros del grupo y prácticas docentes, en las que asumen más responsabilidades y desarrollan una participación más activa.

Cuando la autora (Rogoff, 1997) se refiere a la "participación guiada" alude al plano interpersonal y hace hincapié en las interacciones entre los sujetos y entre ellos y su comunidad. Es decir, hace foco en la implicación mutua entre los individuos que se comunican en tanto participantes en una actividad culturalmente significativa.

Este concepto se propone para centrar la atención en el sistema de compromisos interpersonales implicados en la participación en actividades. Esto supone prestar atención a las relaciones entre docentes en formación, tutores, co–tutores y profesores responsables de la cátedra. Implica observar los acuerdos entre las personas, las relaciones entre ellas y el compromiso común con algún significado de la tarea compartida.

La comunicación establecida entre los docentes en formación al momento de reflexionar y tomar decisiones sobre la enseñanza de la psicología, y el intercambio de perspectivas entre los estudiantes, y entre ellos y los tutores de prácticas, conforman justamente el plano de lo vincular y de la implicación mutua de los miembros. No obstante, tal como señala Rogoff, la participación guiada no implica que la relación entre los miembros que participan sea simétrica ni que las decisiones se tomen conjuntamente o por consenso. La guía incluye facilitación pero también restricción, inclusión pero también exclusión y puede promover ciertas direcciones en detrimento de otras.

En algunas instituciones formativas, las prácticas, asignaturas, horarios, y la propuesta/requerimiento del dispositivo de pareja pedagógica, funcionan como restricciones que podrían o no propiciar conflictos. En el relato que analizamos, los conflictos se expresan de esta manera: *"La alumna insiste en su dificultad para trabajar con el compañero." O "La alumna expresa que su relación con el compañero y con el grupo se ha desgastado y solicita un cambio de comisión".* Dichas expresiones dan cuenta de que la participación guiada no es una armonía preestablecida carente de conflicto.

Es por ello que, si bien desde el rol docente se alienta el trabajo en parejas pedagógicas, no existe garantía de que este dispositivo sea favorecedor del aprendizaje para todos los sujetos. Más adelante, planteamos el lugar de la ética en la formación de formadores, para reflexionar acerca de lo que muchas veces consideramos "bueno" para los estudiantes.

En el plano individual, encontramos que la noción de "apropiación participativa" está íntimamente ligada a las de aprendizaje y participación guiada. La autora citada propone este término para referirse al cambio que resulta de la participación de una persona en una actividad. Se refiere al proceso por el cual los individuos transforman su comprensión y su responsabilidad en el grupo a través de su propia participación.

Rogoff señala que su idea de la apropiación puede ser consistente con la de internalización de Vygotsky, pero pone reparos a la aparente secuencia temporal que establecería Vygotsky en la separación de un momento interpersonal y otro intrapersonal en la construcción de los procesos superiores. La autora entiende que la apropiación es simultáneamente social e individual. (Baquero y Limon, p. 173). La apropiación participativa implica un desarrollo continuo, en tanto los estudiantes participan de los acontecimientos, basándose en su implicación en acontecimientos previos. Tal como afirma Rogoff, cuando una persona actúa en base a su experiencia previa, su pasado se hace presente.

La conformación de una comunidad de aprendizaje contribuye a que los estudiantes realicen su proceso de formación trabajando colaborativamente, y promueve que los docentes en formación participen desde sus experiencias previas en la construcción de conocimientos. En este sentido, las experiencias que los docentes en formación han tenido como alumnos, se actualizan al momento de las prácticas. Por eso, la apropiación de instrumentos para el análisis y la reflexión sobre la autobiografía escolar y el intercambio de experiencias al interior de la comunidad, posibilitan advertir los modelos docentes que se han interiorizado y revisarlos, para poder generar cambios e inaugurar otros modos de posicionarse como docentes.

Pensando desde la diversidad

Sabemos que en todos los contextos educativos, la heterogeneidad de sujetos, culturas y grupos sociales configura el punto de partida de cualquier práctica pedagógica. En el profesorado de Psicología, la diversidad atraviesa las aulas y es la plataforma a partir de la cual trabajar en el proceso de formación docente.

Erausquin (2017) señala:

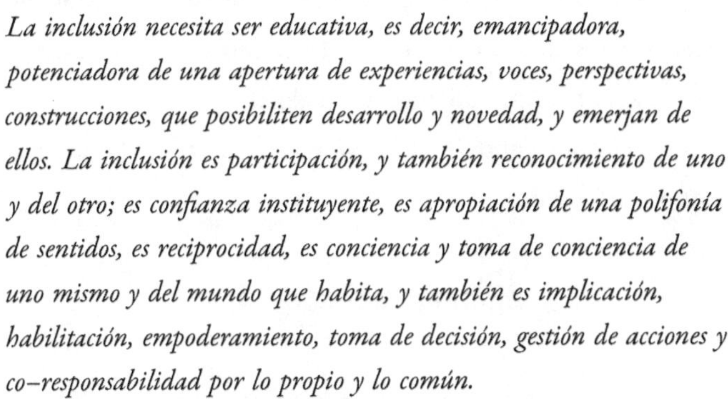

> *La inclusión necesita ser educativa, es decir, emancipadora, potenciadora de una apertura de experiencias, voces, perspectivas, construcciones, que posibiliten desarrollo y novedad, y emerjan de ellos. La inclusión es participación, y también reconocimiento de uno y del otro; es confianza instituyente, es apropiación de una polifonía de sentidos, es reciprocidad, es conciencia y toma de conciencia de uno mismo y del mundo que habita, y también es implicación, habilitación, empoderamiento, toma de decisión, gestión de acciones y co-responsabilidad por lo propio y lo común.*
>
> *Erausquin, 2017.*

En este sentido es clave reflexionar acerca de las intervenciones docentes y de los propósitos que las orientan. El rol que asume el profesor en el espacio que analizamos está fuertemente ligado a la figura del tutor, en tanto se propone favorecer el aprendizaje de los estudiantes y el desarrollo de capacidades para la enseñanza en el marco de un currículo. Es así que en el seno de la comunidad de aprendizaje, se propicia la circulación de los aportes entre pares para elaborar alternativas de intervención en la enseñanza pertinentes, según las características del grupo de alumnos y el contexto en el que realizan sus prácticas.

En este pensar junto a otros, se da la posibilidad del intercambio entre diferentes perspectivas, que es un aspecto esencial de la "construcción de conocimiento compartido". Tal como refiere Davini (2016), no hay una propuesta de enseñanza única y la construcción metodológica no puede ser un proceso rígido. Existen distintas propuestas posibles y lo que hace que una sea mejor que otra, es su coherencia con los propósitos educativos y su adecuación a las características y necesidades de los alumnos (p. 125).

Por ello, el rol del tutor requiere la disponibilidad para acompañar la construcción de la propia identidad del futuro docente, respetando el despliegue del propio estilo, brindando el espacio y el tiempo para que los docentes en formación puedan poner en práctica sus propuestas metodológicas, luego de haberlas conversado en el grupo, aun cuando como docentes pensemos que existen alternativas metodológicas "mejores".

Y es aquí, en este punto, que la intervención, desde la dimensión ética, adquiere todo su sentido.

Conducta ética

Para abordar este tema recurriremos principalmente al texto titulado "Conducta ética" escrito por Lev Vygotsky en 1926. El tema nos interpela desde nuestro rol de formador de formadores, en tanto acompañamos el proceso de formación docente, asumiendo el rol de tutores de prácticas. En este proceso, dialogamos, orientamos, sugerimos y sobre todo acompañamos el proceso de construcción de la identidad docente. En este recorrido, consideramos que es indispensable respetar los tiempos y las propuestas singulares de cada estudiante.

Tal como expresamos en párrafos anteriores, en este "acompañamiento" es necesario que el tutor sea capaz de escuchar, acompañar, orientar y proponer, sin cercenar la posibilidad de actuar conforme a las posibilidades e intereses de cada alumno. Que sea capaz de habilitar el despliegue de la creatividad, sin sesgar o direccionar de acuerdo a lo que considere "mejor" para los estudiantes.

Si el desempeño del docente en formación se reduce a "aplicar" estrategias de enseñanza sin estar convencido, estaremos enseñando a obedecer y también estaremos escolarizando la formación docente universitaria, propiciando, sin quererlo, el despliegue, de parte de los estudiantes, de estrategias orientadas al logro de la acreditación y no al aprendizaje.

Retomando la situación que estamos analizando, podríamos pensar que la insistencia docente respecto al trabajo en parejas pedagógicas, el énfasis dado al valor de este dispositivo podría ubicar a los estudiantes en una encrucijada que cercene una real posibilidad de elección si dicha propuesta es vivenciada como "obligatoria".

Si la "opción" de conformar una pareja pedagógica se escucha de manera imperativa, el estudiante posiblemente no contemple la posibilidad de rechazar dicho formato. En el relato, la docente refiere:

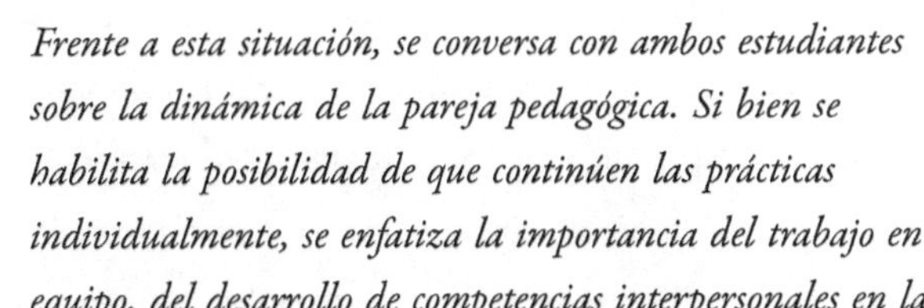

Frente a esta situación, se conversa con ambos estudiantes sobre la dinámica de la pareja pedagógica. Si bien se habilita la posibilidad de que continúen las prácticas individualmente, se enfatiza la importancia del trabajo en equipo, del desarrollo de competencias interpersonales en la

> *construcción del rol docente y se los alienta a que consideren*
> *esta experiencia como una oportunidad de aprendizaje.*
>
> *Docente a cargo de la comisión.*

Si para el tutor de práctica la pareja pedagógica es "el mejor" dispositivo para comenzar las prácticas, pero el docente en formación siente que esto no es así, podría evidenciarse cierta dificultad a la hora de expresar posibles conflictos. De aquí la importancia de la inter–agencialidad en el trabajo docente, dado que, como se evidencia en esta situación problema, la incorporación de aportes y perspectivas de diferentes actores, co–tutores, estudiantes, docentes de la cátedra y profesora titular, ha posibilitado cierto giro en el análisis de las intervenciones, permitiendo que las decisiones devengan de una evaluación conjunta de la situación.

En palabras de la narradora:

> *Mientras tanto, la docente manifiesta su preocupación en las*
> *reuniones de cátedra y se acuerda en que la próxima vez*
> *vaya un docente diferente a observar la clase, de manera de*
> *tener otra mirada sobre la situación.*
>
> *Docente a cargo de la comisión.*

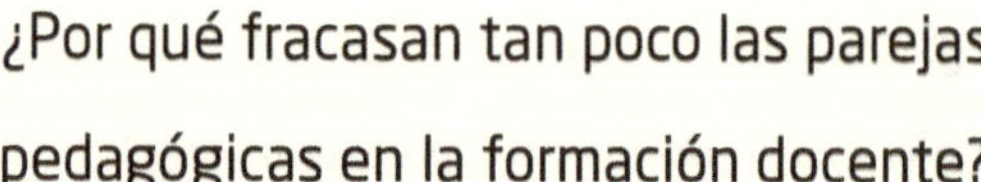

¿Por qué fracasan tan poco las parejas pedagógicas en la formación docente?

En congruencia con lo anteriormente expuesto, consideramos que el aporte que Rivière (1983) hace en su artículo "¿Por qué fracasan tan poco los niños en la escuela?", resulta inspirador para seguir reflexionando acerca de los aspectos éticos implicados en toda situación educativa.

Cabe aclarar que, si bien el autor toma referencias de la perspectiva sociocultural, su marco teórico se sustenta en la Psicología Cognitiva. En este apartado, motivados por el provocador título que Rivière imprime al artículo anteriormente mencionado, nos preguntamos de manera análoga:

¿Por qué fracasan tan poco las parejas pedagógicas?

En el texto aludido, el autor propone reflexionar sobre los *diez mandamientos cognitivos* que la escuela impone implícitamente al niño, cuando se incorpora a ella. Esta pregunta nos lleva a pensar, siguiendo la analogía con el texto de Rivière, que en la situación de aprendizaje que analizamos podrían estar circulando ciertos "mandamientos" impuestos implícitamente a los docentes en formación.

En el relato, la docente señala que, a lo largo de su experiencia, si bien *"había presenciado algunos momentos tensos entre parejas pedagógicas, siempre se habían resuelto al privilegiar el cumplimiento de lo curricular y normativo"*. Y agrega que esas experiencias anteriores podrían haber contribuido a que en esta ocasión no prestara demasiada atención a las dificultades vinculares que estaban teniendo los alumnos.

Es interesante destacar la apelación a lo "normativo" como regulador de la actividad. Siguiendo a Gimeno Sacristán (2010), podemos pensar que la "norma", constituye una forma de homogeneización, subordinación y sometimiento legitimado de lo diferente a ciertos patrones unitarios que lo "normalicen". Si continuamos con el tono irónico de Rivière, podríamos arriesgar cuáles podrían ser los "mandamientos" que se imponen en esta situación:

Primer mandamiento: Deberás desarrollar habilidades interpersonales para trabajar cooperativamente con tu pareja pedagógica.

Décimo mandamiento: Deberás parecer un docente en formación interesado y competente.

La exageración de este planteo nos resulta útil para advertir la existencia de criterios que definen "lo esperable". aun más, advertir que "lo esperable" es una expectativa definida culturalmente, valorada histórica y situacionalmente y justamente por eso alejada de cualquier plano "natural". Parecería que en este escenario se privilegia el trabajo en duplas más que el trabajo individual y hasta podríamos pensar que se lo supone más valioso que este último.

Parecería que sí, hasta el momento, la mayoría de los estudiantes pudo trabajar en pareja pedagógica, entonces, sería esperable que todos se puedan adecuar a esta propuesta. En todo caso, aquel que no "se adapta", podría ser juzgado como carente de ciertas "competencias esperables", en este caso parecieran ponderarse las "habilidades interpersonales", lectura que podría desplazar la mirada hacia determinados "atributos" del sujeto, en vez de contemplar y analizar la participación del sujeto en una situación.

No obstante, tal como anticipamos, consideramos que en este caso las intervenciones se han realizado teniendo en cuenta una unidad de análisis más amplia, superando de alguna manera el riesgo mencionado. Lo expuesto hasta aquí nos permite introducir el debate acerca de la dirección y universalidad del desarrollo.

Diversidad en el desarrollo
Diferentes perspectivas

Sabemos que existe un debate aun vigente acerca de "la dirección y universalidad del desarrollo humano", y consideramos que la posición que asumamos como profesionales al respecto orientará la forma de explicar e intervenir en las situaciones educativas. Tal discusión pone en primer plano la pregunta acerca de si el desarrollo sigue un progreso que definidamente alcanza ciertas *metas finales, teleológicas,* y si la universalidad de dicha línea o dirección del desarrollo, si es que existe, es producto de *procesos endógenos* o expresa, por el contrario, *regularidades de las culturas humanas.* (Baquero y Limon, 2014).

Wertsch (1993) señala, con respecto a las contribuciones de Vygotsky, que si bien admite el carácter potencialmente multidireccional del desarrollo ontogenético, al ser éste traccionado por las prácticas culturales, tienden a describirse como progresos genéticos jerárquicos aquellos logros en el desarrollo valorados por una cultura particular, quedando al menos no problematizada la posibilidad de que existan formas de progreso que no conduzcan a una valoración central de la episteme científica. (Baquero, 2001).

Wertsch (1993) plantea también la posibilidad de concebir que, en ciertos procesos, los momentos previos del desarrollo generan condiciones necesarias o de posibilidad para los niveles posteriores, sin que esta secuencia exprese que lo nuevo sea "superador" de lo previo, sino en todo caso "diverso", expresión de una diversidad posible, no necesariamente situada en una escala única y universal de progreso. (Baquero, 2001, p. 59)

El mismo autor concibe a tal diversidad como una *heterogeneidad que es distintiva* de las formas de cognición humana. En contraposición a la consideración de una heterogeneidad como jerarquía genética, o sea, lo posterior como mejor, Wertsch enuncia una heterogeneidad a pesar de la jerarquía genética. Tal como señalamos, atender a estas cuestiones resulta importante para entender de qué manera interpretamos los fenómenos educativos y de qué manera intervenimos como profesionales.

Si valoramos el desarrollo de determinadas capacidades por sobre otras, sin advertir que este valor puede estar culturalmente definido, corremos el riesgo de presumir como progreso "natural" tal desarrollo.

En este punto, resulta esclarecedora la postura de Wertsch, quien afirma

> *... una característica común de la actividad humana es la existencia de una variedad de formas cualitativamente diferentes de representar al mundo y actuar sobre él.*
>
> *Wertsch, 1993, p. 119.*

Esto nos remite nuevamente a contemplar la dimensión ética del acto pedagógico, dado que lo diverso o heterogéneo puede ser entendido como un estadio a superar, o, por el contrario, como un funcionamiento idiosincrático a preservar según contextos de uso o identidad de los sujetos.

Conforme a lo planteado, ¿podríamos pensar que en el caso que analizamos se estaría ponderando el desarrollo de habilidades interpersonales por sobre otras habilidades, como si se tratara de una meta a alcanzar?

En este sentido, coincidimos con Wertsch al afirmar que si un progreso es valorado como superación, deberá aclararse el contexto de referencia en el que se enuncia tal jerarquización, que no se presume natural, sino culturalmente definida.

Análisis de la intervención educativa

En esta última parte me interesa dejar abierta la reflexión acerca de la intervención profesional docente.

Sabemos que cuando un profesional realiza una intervención, lo hace partiendo del recorte de una unidad de análisis según sus "modelos mentales de la situación" (Rodrigo, 1997). Rodrigo postula que los sujetos elaboran representaciones temáticas episódicas de las situaciones o eventos en los que participan. La construcción de modelos mentales debe comprenderse como un proceso incremental y flexible, sujeto a cambios generados por la participación, negociación y ajuste de objetivos que caracterizan a las acciones humanas.

A partir del relato de la situación, nos preguntamos: ¿de qué manera se ha recortado la problemática en cuestión? O dicho en otras palabras, ¿qué unidad de análisis subyace en ese recorte?

A partir de la situación problema planteada, podemos inferir que las intervenciones realizadas fueron resultado de la construcción de una unidad de análisis que no se focalizó en un sujeto, de manera reduccionista, sino que se contempló una situación de aprendizaje como sistema de actividad con sus componentes diversos y heterogéneos.

En la segunda generación de la Teoría Histórico–Cultural de la Actividad, Engeström sitúa objetos e intenciones de los sujetos en sistemas de interacciones multitriádicas con comunidades, normas, división del trabajo e instrumentos de mediación. Las contradicciones que atraviesan los sistemas de actividad generan movimientos expansivos de cambio o círculos viciosos de reproducción. (Erausquin, 2013)

Tomando como unidad de análisis el triángulo mediacional expandido, podemos situar en el lugar de "sujeto" a los docentes de la comisión de trabajos prácticos y en el lugar de "objeto u objetivos" al aprendizaje de los docentes en formación.

En el relato aparecen como herramientas: observación de clases, diálogo, entrevistas con alumnos, criterios de evaluación, portfolio, reuniones de cátedra y tecnología informática. En este caso, la comunidad involucra a los actores del profesorado de Psicología. En relación a la división de tareas, observamos la distribución de responsabilidades entre quienes participan del sistema de actividad. Las reglas, tanto explicitas como implícitas, regulan el sistema de actividad.

Las tres estructuras de inter–agencialidad que distinguen Engeström et al. (1997) son la coordinación, la cooperación y la comunicación reflexiva.

En la coordinación, los actores tienen roles prescritos con objetivos diferentes, siendo el guion preestablecido lo que determina las formas de actuar de los agentes.

En la cooperación, los actores se centran en un problema compartido, intentan resolver problemas de maneras negociadas, en el marco de un guion que no se discute, como así tampoco las tradiciones y/o las reglas.

En la comunicación reflexiva los agentes re–conceptualizan su propia organización, sus interacciones y el propio dispositivo en el que se ordena su actividad. Problematizan objetos, guiones e interacciones a través de la reflexión sobre la acción (Schön, 1992), mientras que en las estructuras de coordinación y cooperación, la reflexión es en la acción. (Erausquin, 2013).

Volviendo al relato:

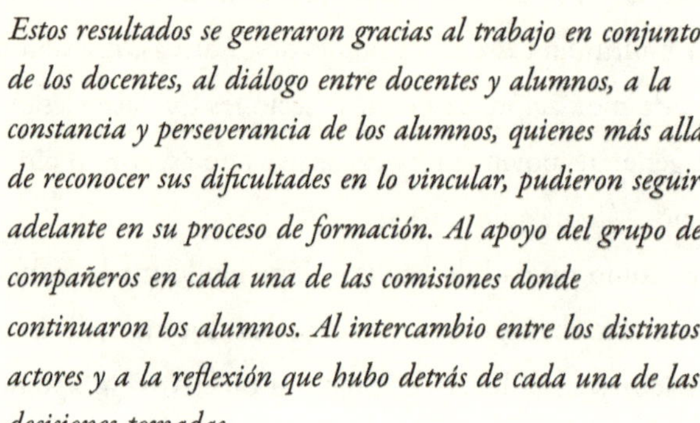

> *Estos resultados se generaron gracias al trabajo en conjunto de los docentes, al diálogo entre docentes y alumnos, a la constancia y perseverancia de los alumnos, quienes más allá de reconocer sus dificultades en lo vincular, pudieron seguir adelante en su proceso de formación. Al apoyo del grupo de compañeros en cada una de las comisiones donde continuaron los alumnos. Al intercambio entre los distintos actores y a la reflexión que hubo detrás de cada una de las decisiones tomadas.*

Docente a cargo de la comisión.

En la situación relatada, la estructura de inter–agencialidad se orienta hacia una comunicación reflexiva. Si bien no se trata de una estructura completamente alcanzada, se logra una problematización del guion, de las reglas y de las tradiciones que históricamente "funcionaron", así como también un nivel de participación e implicación de los actores que va más allá de la cooperación, en tanto los involucrados reconceptualizan el propio dispositivo, a partir de la reflexión sobre la acción que realizan en el intercambio y discusión entre diferentes agentes.

Referencias

Baquero, R. y Limon, L. (2014). *Introducción a la psicología del aprendizaje escolar*. Bernal: Universidad Nacional de Quilmes.

Baquero, R. (2001). Angel Rivière y la agenda post–vygotskiana de la psicología del desarrollo. En Rosas, R. (ed.) *La mente reconsiderada: En homenaje a Angel Rivière*, 21–54. Santiago: Psykhé.

Bekerman, D.G. y Dankner, L.A. (2010). La pareja pedagógica en el ámbito universitario, un aporte a la Didáctica Colaborativa. *Formación universitaria*, 3(6), 3–8.

Davini, M.C. (2015). *La formación en la práctica docente*. Buenos Aires: Paidós.

Engeström, Y., Brown, K., Christopher, L.C. y Gregory, J. (1997). Coordination, cooperation and communication in the courts: Expansive transitions in legal work. En Cole, Engeström y Vasquez (comps.) *Mind, culture and Activity*. Cambridge: Cambridge University Press.

Erausquin, C. (2013). La teoría histórico–cultural de la actividad como artefacto mediador para construir intervenciones e indagaciones sobre el trabajo de psicólogos en escenarios educativos. *Revista Segunda Época, 13*. Editorial de la Universidad Nacional de La Plata.

Erausquin, C., Denegri, A., Iglesias, I., D'Arcangelo (2017). Inclusión social y educativa: rol de la escuela en la construcción del sujeto ético. Implicación de agentes psico–educativos en vivencias configuradas conjuntamente, entre Universidad y Escuelas, por tramas de investigación, extensión y formación profesional. *Ficha de Cátedra Psicología Educacional Facultad de Psicología UNLP.*

Gimeno Sacristán, J. (2010). *Educar y convivir en la cultura global*. Madrid: Ediciones Morata.

Lave, J. y Wenger, E. (1991). *Situated learning: legitimate peripherical participation.* Cambridge: Cambridge University Press.

Rivière, A. (1983). Por qué fracasan tan poco los niños? *Cuadernos de pedagogía, 104,* 7–12.

Rodrigo, M.J. (1994). Etapas, dominios, contextos y teorías implícitas en el conocimiento escolar. *Contexto y desarrollo social.* Madrid: Síntesis.

Rodrigo, M.J. y Arnay, J. (1997). *La construcción del conocimiento escolar.* Barcelona: Paidós.

Rodríguez Arocho, W.C. y Alom Alemán, A. (2009). El Enfoque Sociocultural en el Diseño y Construcción de una Comunidad de Aprendizaje. *Revista Electrónica Actualidades Investigativas en Educación, 11,* 1–21.

Rogoff, B. (1997). Los tres planos de la actividad sociocultural: apropiación participativa, participación guiada y aprendizaje. En Wertsch, del Río y Alvarez A. (Eds.), *La mente sociocultural. Aproximaciones teóricas y aplicadas* (pp. 120–128). Madrid: Fundación Infancia y Aprendizaje.

Vygotsky, L.S. (1926–2012). (2017). Conducta ética. Naturaleza de la ética desde el punto de vista psicológico. *Traducción de Efraín Aguilar.* http://vygotski-traducido.blogspot.com.ar/search/label/Conducta%20%C3%A9tica

Wenger, E. (1998). *Comunidades de Practica. Aprendizaje, significado e identidad.* Buenos Aires: Paidos.

Wertsch, J. (1993). *Voces de la mente. Un enfoque sociocultural para el estudio de la acción mediada.* Madrid: Visor.

Zabalza, M y Zabalza, A. (2012). *Profesores y profesión docente. Entre el "ser" y el "estar".* Madrid: Narcea.

Tutorías: la diversidad puesta en diálogo

Aportes de las perspectivas socioculturales al abordaje de la diversidad en educación

Silvi Di Falco (Argentina)

Ficha técnica

Temporalidad y territorio: La experiencia tuvo lugar en una escuela de gestión pública de nivel secundario en la Ciudad Autónoma de Buenos Aires durante el ciclo lectivo 2017.

Escenario Educativo: Se desarrolló en el espacio de tutoría con alumnos de primer año.

Principales actores: Alumnos, profesor tutor, docente de apoyo.

Rol del relator: Docente de apoyo de educación especial.

La situación de análisis

El presente trabajo tiene por objetivo reflexionar sobre los procesos de comunicación e interacción en contextos escolares, a partir del análisis de una situación que se desarrolla en el espacio de tutoría de una escuela secundaria.

Se indagan las potencialidades explicativas de argumentaciones y categorías centrales de la perspectiva sociocultural, que postulan al aula como un "espacio híbrido" para el "encuentro entre mentes" vinculado con la categoría de entramado; y también las categorías de mediación, apropiación, inter–agencialidad y ética dialógica, a efectos de ampliar nuestra comprensión sobre las modalidades de interacción y comunicación y de intervención psico–educativa que promueven y potencian aprendizajes y convivencias en el ámbito escolar.

Características de la institución

La situación que se propone para el análisis sucede en el espacio de tutoría de un primer año de una escuela secundaria. La escuela es una institución ubicada en un barrio acomodado de la Ciudad de Buenos Aires.

Funciona en un edificio de grandes dimensiones y desarrolla muchos proyectos con intervención de todos los equipos de apoyo con los que cuenta el nivel secundario, destacándose, entre otros, los siguientes: "proyecto compartido", parejas pedagógicas y jornada extendida.

Cuenta con un pasado de gran prestigio por su excelencia académica pero atraviesa desde hace años una crisis muy significativa con una baja abrupta de su matrícula y un cambio drástico de las características de su población escolar, al dejar de ser elegido por las familias de la zona y comenzar a recibir población de barrios más lejanos y de sectores "vulnerabilizados" [1].

---

[1] Nos referimos a una condición histórica, pero reversible, que es producida por situaciones de vulnerabilidad. No se es vulnerable por una condición propia sino que se es colocado en situación de vulnerabilidad por los procesos de concentración y explotación económica (Terigi, 2009).

Con respecto a los equipos de preceptores y de docentes, éstos son numerosos y diversos, ya que reúnen preceptores y docentes de muchos años de trabajo en la institución con otros de muy reciente incorporación. Conviven así diversas miradas y posiciones sobre la educación y los alumnos, y diferentes actitudes frente a la cotidianeidad de los acontecimientos de la escuela, llegando a ser a veces miradas, posiciones y actitudes antagónicas.

El DOE (Departamento de Orientación Escolar) está conformado por una asesora pedagógica y dos psicólogas de planta, y un psicólogo contratado con algunas horas. El equipo de conducción se mostraba abierto y receptivo a la presencia de agentes de educación especial en la escuela.

Historia de la intervención

A instancias del equipo ASE (Asistencia Socio Educativa) y por vía de la Supervisión, la escuela formuló un pedido de intervención a Educación Especial por la situación de un alumno. Como integrante de un CEI (Centro Educativo Interdisciplinario), dependiente de esa área, comienzo a trabajar en la institución con una frecuencia semanal.

En las conversaciones con los adultos de la institución —en sus distintos cargos de auxiliares, preceptores, profesores, profesionales del DOE y directivos—, éstos se referían a la institución como una institución compleja y conflictiva. Coincidentemente la conflictividad era atribuida tanto a las características de los alumnos como a las de los docentes, variando el peso que se le atribuía a cada una de ellas en cada conversación.

Más allá de lo que las conversaciones formales e informales trasmitían y permitían inferir, había escenas habituales que observé al entrar a la institución. Encontrar por ejemplo a los bomberos (por las amenazas de bomba), o no poder ingresar por la misma razón. También encontrar a la policía en la rectoría, por alumnos en conflicto con la ley; o ver a alumnos en la vicerrectoría por problemas de conducta en el aula.

La situación por la que se demanda la intervención de educación especial se centraba en las dificultades que presentaba un alumno de 1er año (a quien llamaremos J), para comunicarse y vincularse con los demás. Los relatos y los informes de los docentes describían conductas inapropiadas o desajustadas frente a lo esperado, tales como deambular, golpearse la cabeza, gritar, dormir, hablar y reírse solo. El joven no realizaba ningún tratamiento en ese momento, pero lo había realizado siendo más pequeño.

Con respecto a ese tiempo de tratamiento, la familia no pudo informar al DOE sobre un diagnóstico que el profesional tratante le hubiera comunicado, ni que hubiera intervenido el Equipo de Orientación Escolar en la escuela primaria. Según recabó la asesora, mediante una comunicación telefónica con la directora de la escuela de donde J egresó, las dificultades para vincularse con los demás estaban presentes también en la escolarización primaria.

En cuanto a la relación de la escuela con la familia, por parte del DOE podemos decir que la madre concurría siempre que se la convocaba y que, a instancias del DOE, estaba haciendo nuevamente una consulta médica antes del ingreso de educación especial. Luego de varios meses y producto de la evaluación en un servicio de neurología de un hospital, la familia acerca un informe que menciona un diagnóstico de "trastorno del espectro autista".

Mientras tanto yo había comenzado a trabajar en el aula, participando de las clases, articulando con el DOE, el equipo de profesores, la preceptora y la profesora tutora para definir estrategias en conjunto.

Se decide privilegiar el espacio de tutoría, tanto frente al curso como en la reunión de tutores coordinada por la asesora pedagógica, apuntando no sólo a trabajar con el alumno, sino también, y muy fuertemente, con el curso y sus docentes. Se buscaba con ello encontrar modalidades de trabajo en el aula y sistemas de apoyo que aumentaran las posibilidades de participación del alumno en cuestión y la capacidad inclusiva de la institución. A pesar de ello persistía en los docentes el pedido y la expectativa de que yo funcionara como un APND (acompañante personal no docente). Luego de un tiempo, descubrí que en la institución trabajaban APND en otros cursos, y que en realidad, el pedido realizado a Educación Especial tenía que ver con esa expectativa de una presencia permanente.

 ## El espacio de tutoría y la dinámica del curso

El curso estaba conformado por 14 alumnas/alumnos, la mayoría egresados de 7° grado y algunos repitientes. En la cotidianeidad de las clases se observaba que al principio muchos intentaban comunicarse con J, pero desistían frente a sus malos modos —solía gritar y molestarse— y, según informaban a la tutora tanto los alumnos como los profesores, temían que sus reacciones fueran violentas

Los compañeros de J fueron variando su modo de relacionarse, al tiempo que el grupo se volvió más conflictivo. Un punto crítico fue que muchos profesores dejaban dormir a J en clase —algunos compañeros se quejaban de esto— y también que J contestaba mal y con voz muy fuerte. Las quejas eran dirigidas en particular a la profesora tutora. Un día, el cual J estuvo ausente, se abordó el tema grupalmente, en el espacio de tutoría.

En dicho espacio la tutora habló de las diferencias y necesidades que todos tenían, y de cómo los profesores respetaban y atendían las necesidades de todos, dando ejemplos de muchas de ellas. Una compañera de J, que suele cuestionar a la tutora y a las actividades de tutoría, y que tiende a monopolizar el diálogo con tonos desafiantes, dice: "Sí, todos nosotros somos diferentes, pero él es más diferente". Y su compañera, agrega: "Sí, hasta los profesores dicen que J no tiene que estar acá."

En sus respuestas la tutora dejó traslucir su disgusto por el tenor de los comentarios que podrían haber hecho de sus colegas, con el tono y su expresión en la comunicación. Les habla de los principios y de la normativa sobre inclusión educativa, del derecho a la educación, y apela a que respondan como grupo. La mayoría no participa del diálogo, en el que se expresan las distintas posiciones. El intercambio se sostiene sin llegar a un acuerdo ni a una conclusión.

Hasta entonces la profesora privilegiaba hablar individualmente con los estudiantes y no con el grupo. Luego de un tiempo de trabajo conjunto, se acuerda una modificación, dirigida al desarrollo de actividades grupales. En las actividades que se propusieron conjuntamente con la tutora y con varias clases, había alumnas que buscaban conducir el diálogo, si bien sus participaciones no siempre eran positivas para la realización de las tareas y solían acaparar toda la atención de los profesores, frecuentemente con cuestionamientos varios.

Dentro del curso había otro grupo de alumnas que casi nunca participaban oralmente en el espacio de tutoría, y en las clases sólo lo hacían cuando los profesores se lo indicaban personalmente. Sólo en una actividad de tutoría, estas últimas pudieron expresar, por escrito, que sentían que no se les prestaba atención. El grupo también estaba conformado por un grupo de varones que generalmente participaba más, pero acomodándose a la lógica de las compañeras que dominaban la escena.

Interrogantes para el análisis de las interacciones y comunicaciones

La situación recortada se relaciona con problemas cotidianos que atraviesan el campo educativo y la práctica profesional, y que pueden ser vinculados con temas y problemas teóricos y de investigación del campo psico–educativo. Si los pensamos en términos de las preguntas que suscitan, algunas de ellas pueden guiar nuestro análisis:

¿Qué tipo de interacciones y modos de comunicación favorecerían el aprendizaje y la convivencia de un grupo con estas características?

¿Qué especificidad tiene la tutoría para realizar aportes a la comunicación, a las interacciones y a la construcción de las configuraciones y sistemas de apoyo?

¿Cómo pensamos la relación aprendizaje–convivencia en el espacio de tutoría y qué intervenciones se requieren?

Las interacciones y comunicaciones en el aula

Situándonos en el escenario escolar, las interacciones y comunicaciones pueden ser abordadas desde una perspectiva sociocultural que está en la base de las investigaciones sobre el discurso en el aula, los procesos de apropiación y de construcción de conocimientos. Así Mercer (1997), desde una perspectiva sociocultural de la comunicación, propone considerar al lenguaje como un medio para construir conocimientos y comprensión, y también como una forma social de pensamiento. Esto significa que el lenguaje no sólo es un medio para formular y comunicar ideas, sino también para que la gente piense y aprenda conjuntamente.

Si consideramos a la tutoría en sí misma como un espacio destinado a trabajar competencias ligadas a los modos de aprender y de convivir, el análisis del papel de las interacciones y comunicaciones en este espacio puede aportar a ampliar nuestra comprensión sobre las formas de promover el aprendizaje y la convivencia en el contexto escolar.

Desde la perspectiva que sostiene Mercer, si el lugar de la escuela es ofrecer la oportunidad de "implicar a otros en el propio pensamiento, redefinir y repensar las experiencias y aprender conjuntamente," podemos afirmar que este movimiento en relación al pensamiento y las experiencias estuvo en el centro de las comunicaciones del espacio de tutoría, aun cuando no se haya logrado una redefinición de las representaciones y experiencias sobre la convivencia que pudieran manifestarse en acuerdos y conclusiones del grupo.

Mercer (1997) nos advierte también sobre el papel del poder y su influencia en la comunicación, por lo que podemos ubicar el lugar de la discordancia de posiciones y la falta de acuerdos y de encuentros entre representaciones y experiencias, de algunos alumnos por un lado, y la docente–tutora y la profesional de educación especial por el otro, así como la inclinación de algunas alumnas a monopolizar el uso de la palabra.

Tomando las investigaciones de Cazden (2010) sobre intercambios discursivos en el aula, el constructo "entramado" puede ser de utilidad como metáfora significativa, para comprender cómo es posible configurar dinámicas distribuidas de enseñanza y aprendizaje en el aula que propicien un "encuentro entre mentes", permitiéndonos reflexionar además sobre la pluralidad de saberes que están en juego.

Tal pluralidad y diversidad es delimitada por la mencionada autora en su concepción del aula como un espacio híbrido (Cazden, 2010).

Si extendemos esta metáfora de hibridación para pensar las distintas representaciones y experiencias que se desplegaron en la tutoría, sin separar aprendizajes y convivencia, podemos afirmar que se expresaron diversos saberes personales y sociales, saberes idiosincráticos y en relación al grupo social y al universo cultural de referencia, construidos en el contexto de las experiencias cotidianas. Estos saberes personales y sociales se ponen en relación con los saberes escolares y entran en tensión e incluso en contradicción. La autora analiza ejemplos sobre la cultura de los maoríes y la cultura occidental, y podemos inferir que también ocurren en la situación de la tutoría analizada.

Continuando el análisis de las posiciones y tensiones en la situación de interacción comentada, podemos recuperar la idea de "encuentro entre mentes", originalmente formulada por Jerome Bruner y retomada por Cazden (2010).

Al relacionar la idea de "encuentro entre mentes" con el concepto de entramado, la propuesta de Cazden otorga visibilidad al papel de los maestros —como intermediarios culturales entre comunidades y aulas—, que actúan como mediadores entre discursos familiares, locales, prácticos, de sentido común y cotidianos, con otros conocimientos y discursos especializados de la escuela (referidos a lo global, técnico, teórico y científico). Entre ambos mundos culturales y tipos de conocimientos, se ubica entonces el potencial del docente para oficiar de lugar de encuentro y mediación.

La metáfora del entramado se relaciona con la actividad potencial de generación de conocimientos y de crítica y, en tanto tal, se vincula con ciertas estrategias pedagógicas destacadas por Cazden. Las estrategias son aquellas en las que los docentes buscan establecer conexiones construyendo sobre lo familiar y, de manera complementaria, ofrecen "sostén para desbloquear lo extraño" (Cazden, 2010).

En lo que a la situación analizada concierne, son aquellos saberes más idiosincráticos y construidos en los grupos de referencia, los que dan cuerpo a las representaciones sociales que construyen los alumnos —pero también en parte los docentes—, los que entran en tensión, e incluso en contradicción, con las representaciones del derecho a la educación y la inclusión social y educativa que porta parte de la cultura escolar actual, a través de la normativa y en los discursos y prácticas de parte de los equipos profesionales y docentes.

De esta forma la tutora va construyendo un estilo de comunicación interesante, que podría vincularse con la metáfora del "entramado", al elegir en sus comunicaciones varias situaciones familiares y cotidianas, para pensar sobre las diferencias en todos y en cada uno, para ponerlas luego en relación con una idea más global y abstracta como es la del derecho a la educación En el mismo sentido, y sobre una lectura de las producciones de Cazden, Erausquin (2014) menciona:

Cazden nos dirá: educar es construir desde lo "familiar" para "desbloquear" lo extraño, en "entramados", entretejidos híbridos de lo cotidiano y lo científico, lo particular y lo universal, lo nuevo y lo viejo, lo cercano y lo distante, la familia, el grupo de pares y la escuela, el significado y el sentido. Sin ese entramado, no hay genuino aprendizaje ni desarrollo subjetivo.

Erausquin, 2014.

Podemos afirmar que es en el tipo de interacciones y comunicaciones, sostenidas por la mediación del docente y las estrategias que despliegue el/la mismo/a para la generación de "encuentros entre mentes", donde se cifraría parte de las posibilidades de promover aprendizajes y convivencia en el ámbito escolar.

Ese lugar de encuentro y mediación puede ser entendido desde una perspectiva sociocultural como la que propone Wertsch (2007), quien retoma la centralidad de la noción de mediación para la comprensión de los procesos de desarrollo y aprendizaje, a partir de la formulación de la misma en la obra de Vygotsky. Según Wertsch, es posible identificar formas de mediación explícita e implícita en la comunicación.

La "mediación explícita" involucra introducción intencional de signos dentro de una corriente de actividad en curso. En este caso, los signos tienden a ser diseñados e introducidos por un agente externo, tal como un tutor, que puede ayudar a reorganizar una actividad de algún modo. En contraste, la "mediación implícita" típicamente involucra signos en la forma del lenguaje natural, que han evolucionado al servicio de la comunicación y son entonces controlados desde otras formas de actividad (Wertsch, 2007).

Retomando la situación analizada, la mediación explícita puede ubicarse claramente en el espacio de tutoría y en la figura del tutor, por el carácter intencional de las acciones y comunicaciones del mismo y la utilización del lenguaje orientado a redefinir formas de acción y pensamiento del grupo.

Por su parte, la mediación implícita tiene un carácter más difuso, pero podría ubicarse en las múltiples formas, no explícitas ni conscientes, que involucraron a los participantes, creando y recreando marcos para el diálogo. Aceptando este enfoque, podemos inferir que la mediación implícita permea a la tutoría y conduciría a una re–significación de las representaciones y las experiencias, en la medida en que ofrece niveles de intersubjetividad crecientes, para posibilitar el avance en los niveles de comprensión. Así "es posible crear niveles iniciales de intersubjetividad, cuando los interlocutores tienen muy diferentes niveles de comprensión de cuál es la tarea, y ello se puede orientar a niveles más altos de intersubjetividad y experticia" (Wertsch, 2007).

De esta manera las nociones de mediación implícita (Wertsch), o invisible (Daniels) o mediación semiótica invisible (Hasan y Bernstein), podrían ser una vía para comprender el modo en que nos involucramos con el discurso social contemporáneo sobre el derecho a la educación y la inclusión educativa, en la medida en que los mediadores sirven como medios por los cuales el individuo actúa sobre y es actuado por factores sociales, culturales e históricos. La visibilidad de la mediación en las interacciones y comunicaciones permite entender a los discursos y a otros artefactos, disponibles en los contextos culturales, pero no uniformemente distribuidos, teniendo orígenes y compromisos históricos específicos.

El análisis en base a la categoría de mediación nos ofrece una visión más compleja sobre la producción y la distribución de dichos discursos, al dar cuenta de la dimensión política e institucional en los intercambios discursivos, del poder y el control, pero también de la posibilidad de emancipación. Así es posible comprender cómo en el uso cotidiano, y en el que se hizo en el espacio de tutoría sobre la categoría "diferente", se filtran la amplitud de influencias históricas, sociales y culturales acaecidas como mediación invisible, y en tanto son parte de procesos de categorización institucional.

Lo interesante de esta línea de investigación propuesta por Mälkitalo y Säljö es que "la categorización es una forma de argumentación institucional, independiente de la verdad, con fuertes consecuencias en el uso de los recursos y herramientas, y en la formación de la identidad". Dichos autores ven a las categorías como una forma de argumentación institucional, con independencia de la validez de las afirmaciones que se hacen sobre la base de los conocimientos.

> *Esta forma de argumentación es un recurso que se utiliza activamente para hacer frente a los problemas, dentro de los procesos socio-culturales de la escolarización.*
>
> Wertsch, 2007.

Este enfoque permite dar cuenta de la complejidad y variedad involucradas en situaciones de interacción y comunicación como la relatada. Sería también consistente con la prevalencia en esta escuela de argumentaciones que, al estar más ligadas a una historia de estrategias de integración escolar, como son los dispositivos sostenidos por la figura de APND, dejan intactas las miradas de déficit centradas en los sujetos, y propician otras modalidades de relación y de construcción de identidades.

Se puede a su vez inferir ciertas características del discurso pedagógico predominante (Bernstein), fundamentalmente en su faz regulatoria en cuanto a formas, principios de orden social, relación e identidad, expresados en principios de conducta, actitudes, creencias y valores, la práctica moral pública de la escuela, la historia local de la escuela, la tradición local y las relaciones con la comunidad. (Wertsch, 2007, 2015)

Podemos encontrar en esta escuela una posibilidad de ampliar su perspectiva inclusiva, si consideramos que el espacio de tutoría, junto con educación especial, puede constituirse en una oportunidad para la co–construcción de prácticas híbridas orientadas a la conformación de sistemas de apoyo para la inclusión. Es este marco de co–construcción y co–configuración el que sostiene la interacción entre equipo de tutores, profesores, DOE y Educación Especial, así como la distribución y negociación de saberes profesionales para el aprendizaje inter–agencial.

Es comprensible que la contradicción y la tensión tengan un lugar en las interacciones y comunicaciones. Su análisis permitiría dimensionar los aportes del espacio de tutoría a los aprendizajes y a la convivencia. Un primer paso para ello puede realizarse a través de la categoría de apropiación.

En el marco del debate sobre los categorías interiorización–apropiación destacamos la postura de Smolka (2010), quien relaciona la apropiación con el concepto de significación en el contexto de prácticas sociales.

Para la mencionada autora, los procesos de apropiación de prácticas que se despliegan en situaciones cotidianas y escolares, no sólo suponen su dominio sino también, y fundamentalmente, conllevan atribución de sentidos y significaciones. De allí que las tensiones y resistencias serán parte de estos procesos, tal como se presentaron en la situación de análisis.

Smolka (2010) explica estas tensiones, mencionando que el modo de hacer propio es adecuado y pertinente, o no, en el interjuego de posiciones sociales, en tanto la apropiación responde a un principio relacional aludido en el juego entre lo (im)propio y lo (im)pertinente y el despliegue de variadas significaciones que no siempre coinciden. Efectivamente, en la situación de análisis, las significaciones sobre las diferencias eran variadas, por ello lo que resultaba "impropio" para algunos era posible de ser considerado propio y pertinente para otros.

Las experiencias que transitamos en torno a las diferencias han sido objeto de análisis y discusión también en el ámbito académico, dando cuenta de varios de sus sentidos, incluyendo el que parece resultar "(im)propio" aquí, y sostiene a un otro al que hay que tolerar (o en este caso no se tolera) (Duschatzky y Skliar, 2000; Skliar, 2007). Estos análisis llegan, por otros caminos, a la misma conclusión que Smolka, en cuanto a situar la dimensión relacional en el análisis de los usos de la categoría de diversidad y en su relación con el poder, como también señalábamos a partir de los desarrollos de Mercer, Bernstein y Daniels.

Continuando con el análisis del papel de la tensiones y las resistencias, la Teoría Histórico–Cultural de la Actividad ofrece un marco de análisis para este aspecto puntual, en tanto analiza los sistemas de actividad, las organizaciones y su historia, pero también los sujetos, las acciones y las situaciones, pudiendo por ello dar cuenta del papel de las resistencias, tensiones y contradicciones.

En esta teoría, las resistencias no son consideradas perturbaciones accidentales a ser eliminadas y las dificultades no son interpretadas como debilidad del diseño a ser corregidas, dado que la actividad remite a una constante negociación, orquestación y lucha entre las distintas metas y perspectivas de los participantes. Las tensiones entre lógicas diversas obstruyen, y al mismo tiempo, energizan esfuerzos colaborativos para el cambio, por lo que ellas tienen un papel en la construcción compartida de sentidos y en la transformación, y constituyen una dimensión fundamental del aprendizaje profesional en espacios inter–agencialidad (Erausquin, 2010; Erausquin, 2014)

De este modo sería posible situar en las interacciones y comunicaciones en el aula, y en la tutoría en particular, el despliegue de procesos de apropiación con atribución de significaciones diversas, en función de las distintas posiciones y perspectivas de los participantes, incluyendo las tensiones y contradicciones como motor del cambio.

El análisis de las comunicaciones y las interacciones en las prácticas psicoeducativas

También con la Teoría de la Actividad como instrumento de mediación, podemos analizar particularizadamente las interacciones entre equipos profesionales y docentes, desde la perspectiva en la que ésta explica las regularidades de las formas de interrelación entre distintas instancias o agencias, denominadas estructuras de inter-agencialidad.

Engeström (1997) distingue las siguientes formas de dichas estructuras: la coordinación, la cooperación y la comunicación reflexiva.

En la coordinación, los agentes desempeñan papeles establecidos, teniendo cada uno un objetivo diferente y siendo el guion preestablecido lo que unifica la actividad.

En la cooperación, los agentes se centran en el análisis y la resolución de un problema compartido y su significado. En el marco de lo prescripto por el guion, intentan conceptualizar y resolver problemas de manera negociada. Interactúan entre sí, pero sin cuestionar el guion ni las reglas.

En la comunicación reflexiva, los agentes re–conceptualizan su propia organización, sus interacciones y el propio dispositivo en el que se ordena su actividad. Problematizan objetos, guiones e interacciones a través de la reflexión, que es *en* y *sobre* la acción, mientras en las estructuras de coordinación y cooperación, la reflexión es *desde* la acción.

Es por ello que la inter-agencialidad puede producir transformaciones expansivas del aprendizaje, más allá del encapsulamiento de las disciplinas y agencias profesionales, generando transformaciones cualitativas.

A las dimensiones del trabajo inter–agencial ya analizadas (mediación implícita y co–configuración), sumaremos la posibilidad del aprendizaje inter–agencial para la situación analizada, ya que tal como veníamos desarrollando en la caracterización de estructuras de inter-agencialidad, Engeström incorpora la naturaleza conflictiva de la práctica como matriz central, y ve por ello, en las tensiones y contradicciones, una fuerza para el cambio, dentro y entre los sistemas de actividad (Erausquin, 2014).

Siguiendo con la situación de análisis, el espacio de tutoría tuvo la particularidad de unir el trabajo de un equipo de educación especial, el del equipo de tutores y DOE, con el equipo de profesores y con el curso, desde un lugar que tuvo que moverse desde una estructura de coordinación a una de cooperación, debido a que las acciones de cada equipo no lograban mejorar las condiciones de convivencia del grupo por separado. Fue necesario trabajar juntos en la construcción del problema y de estrategias compartidas, tal como se evidencia en el pasaje de abordajes individuales a grupales en la tutoría, como fruto del intercambio entre los tres equipos.

Esta modalidad individual de abordaje que predominaba en la tutoría, daba cuenta de las dificultades que existen en la construcción del rol del tutor, en el marco de un equipo y un proyecto de tutoría, tanto como la tendencia al trabajo solitario que puede adquirir el trabajo del tutor en instituciones conflictivas (Kantor, 2002).

Esto último puede ser relacionado con las conceptualizaciones de la teoría de la actividad y con las investigaciones en nuestro contexto educativo, en las que la figura del encapsulamiento descripta para el profesional "psi", refiere a la tendencia a una escisión de problemas complejos y multidimensionales y a una reducción de los mismos a problemas individuales de los alumnos.

Sería deseable que lo que hemos señalado en torno a las dificultades que encuentra la función tutorial y el tutor en su rol, pueda ser un motivo de trabajo para la institución escolar en su conjunto.

Para ello, —tal como advierte Engeström—, será central recuperar la historización de los sistemas de actividad, debido a que éstos tienden a fracturarse cuando no consideran las huellas de la propia actividad, y es entonces cuando los análisis no van más allá del sujeto–alumno y su familia, para situar el problema en ellos. En esta línea, es la re–mediatización de la memoria secundaria la que recupera el pasado del sistema de actividad, para que el sistema aprenda de la experiencia colectiva y habilite ciclos de expansión más allá de su inercia (Erausquin, 2014).

Esta mirada es particularmente significativa para nuestro contexto educativo y para el trabajo en la escuela donde tiene lugar la situación analizada, ya que tal como señalan las investigaciones:

Los altos niveles de inter–agencialidad no suelen acompañar articulaciones interdisciplinarias, ni de co–construcción colectiva de decisiones y del propio problema. Al finalizar la intervención de los equipos, los agentes o actores permanentes de la escuela quedan sin herramientas frente a un problema nuevo o aun no resuelto, porque no se han apropiado genuinamente del sentido y razón de ser de las herramientas utilizadas ni de las acciones desarrolladas.

Erausquin, Dome, López y Confeggi, 2013.

En cuanto al problema de la situación que se aborda, se ha llegado hasta un punto que no supone una resolución de las contradicciones y los conflictos de convivencia, y se requiere por tanto seguir avanzando.

Una pista para proseguir podría ser aportada por el enfoque teórico que venimos utilizando, ya que un modo de resolver las contradicciones, en el marco del trabajo inter-agencial, supone "la "apropiación reflexiva de los modelos y herramientas avanzados" como "modos de atravesar las contradicciones internas", que desembocan en nuevas prácticas y en nuevos sistemas de actividad." (Wertsch, 2007)

Sería deseable que estos nuevos modelos y herramientas se sitúen en torno de los abordajes de la convivencia a nivel institucional, tal como establecen las orientaciones normativas y los enfoques de trabajo más habilitantes de los que disponemos en la actualidad, por ejemplo aumentando los espacios e instrumentos para promover la convivencia, como los consejos de aula, entre otros.

En este sentido, en relación a los problemas de convivencia y violencias, las investigaciones informan:

Es muy probable que tal dificultad se relacione con el hecho de que en la gran mayoría de los casos, como problema transversal a ambas figuras —encapsulamiento y trabajo en equipo—, se registra una escisión entre lo que se entiende por violencia y la cuestión educativa o pedagógica propiamente dicha, con una tendencia a ubicar ambas

> *dimensiones del problema en territorios netamente separados*
> *y alejados uno de otro.*
> *En la figura del encapsulamiento, la escisión es bien clara al*
> *operar una individualización del problema. En el caso de*
> *los enfoques institucionales, pareciera que al hacerse visible*
> *la trama psico–social en la que se insertan las violencias, se*
> *tiende a distinguirlas como problemas que exceden el*
> *artefacto pedagógico, perdiendo a veces de vista su enlace con*
> *la propia función de la escuela. La violencia es social,*
> *institucional y/o emocional; y la respuesta a la misma no*
> *hace trama con lo pedagógico.*
>
> *Erausquin, Dome, López y Confeggi, 2013.*

Es por ello que en el marco del trabajo de historización del problema, para continuar con las interacciones entre equipos, será necesario volver sobre la memoria del sistema de actividad sobre las problemas de convivencia y su relación con los aprendizajes, re–situando la importancia de un trabajo de apropiación reflexiva en el marco del trabajo inter–agencial.

Estos aportes conceptuales se inscriben además en una revisión general que atraviesa el campo psicoeducativo sobre las prácticas de orientación y asesoramiento y los principios éticos que las guían. En este sentido, Erausquin (2014) señala:

> *El asesor u orientador no es quien va a resolver por él mismo los*
> *problemas, sino son los asesorados, con las ayudas necesarias, quienes*
> *experimentarán razones y creencias que sostengan motivacional,*
> *volitiva y cognitivamente el proceso de intervención.*
> *Ello se inscribe en lo que hemos denominado en otro trabajo*
> *intervención indirecta, en la cual el consultante es quien desarrollará*
> *la acción con la ayuda del consultor, que es una estrategia de*
> *intervención que predomina en el que es considerado uno de los*
> *modelos de orientación u intervención psico–educativa emergentes: el*
> *modelo de consulta colaborativa, surgido, conjuntamente con el*

> *modelo de programas, a partir de la crisis del que fuera modelo hegemónico —el modelo clínico o de counseling—, y en el camino que recorre el giro contextualista en el terreno de las intervenciones psi.*
>
> 
>
> *en Erausquin, 2014.*

Este trabajo cognitivo–relacional sobre las situaciones en las que estamos inmersos, nos conduce a ampliar y construir conocimientos sobre la práctica, sus condiciones y obstáculos; y también conocimientos sobre lo que los alumnos necesitan para aprender y desarrollarse como sujetos autónomos, críticos, participativos y ciudadanos de su cultura y del mundo (Erausquin, 2014)

La autora nos advierte sobre el carácter procesual de la orientación y su sustento en una ética dialógica que no busca la homogeneización y que puede por ello dar lugar a las contradicciones, tal como hemos analizado en la situación propuesta, y en un proceso de co–construcción que implica apropiación recíproca y avanzar entre "episodios". (Erausquin, 2013; 2014).

Ello supondría, en esta situación, avanzar particularmente en la co–construcción de legalidades y de una ética del semejante (Bleichmar, 2008), de la mano de la apropiación de las herramientas que ofrecen los actuales enfoques normativos y las prácticas sobre convivencia.

Conclusiones

Hemos destacado, desde una perspectiva sociocultural de la comunicación, que el lugar de la escuela es ofrecer la oportunidad de "implicar a otros en el propio pensamiento, redefinir y repensar las experiencias y promover aprendizajes" (Mercer, 1997).

Se argumentó a favor de un enfoque que reúne aprendizajes y convivencias, emoción y cognición, pensamiento y acción, para analizar las interacciones y comunicaciones en el espacio escolar, concebido éste como un espacio híbrido, por la pluralidad de saberes, representaciones y experiencias que allí se despliegan.

Este espacio se consideró no exento de tensiones e incluso contradicciones, resaltando el papel del docente para oficiar de lugar de encuentro y mediación entre distintos mundos culturales y tipos de conocimientos. Se otorgó visibilidad al papel de los maestros como intermediarios culturales entre comunidades y aulas, y como mediadores entre discursos familiares, locales, prácticos, de sentido común y cotidianos, con otros conocimientos y discursos especializados de la escuela (referidos a lo global, técnico, teórico y científico).

Se delimitaron así modalidades de interacciones y comunicación en el aula que auspician de intermediación y encuentro, a partir de las posibilidades analíticas de las ideas del "aula como espacio híbrido", "encuentro entre mentes", vinculadas con el concepto de entramado y con las estrategias pedagógicas que supone. Destacándose en ellas su potencial para promover sostenidamente aprendizajes y convivencia.

Se han indagado las potencialidades analíticas de categorías centrales de la perspectiva sociocultural, tales como mediación, apropiación, e interagencialidad, para responder a los interrogantes que guiaron este análisis sobre las características que deben asumir las interacciones y comunicaciones en el contexto escolar, para promover aprendizajes y convivencia, particularmente desde los aportes de la tutoría y el trabajo equipo.

Fue posible así dimensionar el carácter institucional y político que articula las interacciones y comunicaciones en el aula a través, no sólo de mediaciones explícitas, visibles e intencionales como puede ser el mismo espacio de tutoría, sino también a través de aquellas mediaciones más difusas, por su carácter implícito, invisible y no intencional. Las mismas forman parte de los procesos de categorización, que permean las interacciones y el discurso en aula, y que toman cuerpo en los modos de relación que establecen las personas entre sí y en la construcción de identidades. Lo que, en la situación analizada, llevaría a pensar en modos de relación que incluyen conflictos en la convivencia y construcción de identidades, en la tensión entre normalidad y déficit.

La categoría de apropiación permite apreciar la dimensión relacional del proceso, por su relación con la atribución de significaciones diversas, según posición y perspectiva de los participantes en las interacciones. Y habilita al mismo tiempo incorporar las tensiones al análisis, también como procesos de aproximación recíproca, que crean condiciones para la emergencia de nuevas comprensiones; al igual que la categoría de sistemas de actividad, que señala en la tensiones la oportunidad para el cambio y las transformaciones. El espacio de tutoría, con sus múltiples mediaciones y apropiaciones recíprocas, puede realizar un aporte fundamental para potenciar aprendizajes y convivencia, en tanto crea y recrea condiciones de intersubjetividad e interacción en las que pueden ampliarse las comprensiones y darse el cambio.

Finalmente se abordó la especificidad de los aportes de las intervenciones de los profesionales "psi" en el trabajo conjunto y de orientación y asesoramiento. Para ello fue importante rescatar la dimensión procesual, de co-construcción e historización de los sistemas de actividad, con visibilidad de las mediaciones explícitas e implícitas, para superar las figuras de trabajo en soledad y de encapsulamiento, lo que estaría en la base del trabajo del tutor y de un profesional de educación especial, para avanzar en la co-construcción de configuraciones y sistemas de apoyo para la inclusión.

Agregando la importancia de una postura ética sostenida en una ética dialógica y, que en particular para el tema de la convivencia en el contexto educativo argentino, se relacionó con la necesidad de construir nuevas legalidades en base a una ética del semejante.

Referencias

Bleichmar, S. (2008). *La construcción de las legalidades como principio educativo*. Aportes para pensar la violencia en las escuelas. Ciclo de Conferencias. Recuperado de http://d20uo2axdbh83k.cloudfront.net/20140621/e0b96de7ec2814f36aaa89be2d267c82.pdf

Cazden, C.B. (1991). *El discurso en el aula: El lenguaje de la enseñanza y del aprendizaje*. Barcelona: Paidos Ibérica.

Cazden, C.B. (2010). Las aulas como espacios híbridos para el encuentro de las mentes. *Aprendizaje y contexto: contribuciones para un debate*, (pp. 61–80). Buenos Aires: Manantial.

Duschatzky, S. y Skliar, C. (2000). La diversidad bajo sospecha. Reflexiones sobre los discursos de la diversidad y sus implicancias educativas. En *Cuaderno de Pedagogía*, 4(7).

Engeström, Y., Brown, K., Christopher, L.C. y Gregory, J. (1997). Co–ordination, cooperation and communication in the courts: expansive transitions in legal work. En Cole, Engeström y Vasquez (comps.) *Mind, culture and Activity*. Cambridge: Cambridge University Press.

Erausquin, C., Dome, C., López, A. y Confeggi, X. (2013). Violencias en la escuela: Interrogando los problemas y las prácticas desde la perspectiva de los actores. En *Psicólogos en contextos educativos: Diez años de investigación*. Buenos Aires: Proyecto Editorial.

Erausquin, C., Sulle, A. y Labandal, L.G. (2016). La vivencia como unidad de análisis de la conciencia: Sentidos y significados en trayectorias de profesionalización de psicólogos y profesores en comunidades de práctica. *Anuario de Investigaciones UBA. Facultad de Psicología*, 23, 97–104.

Erausquin, C. (2018). Ayudando a los que ayudan a aprender: Co-construyendo acciones y conocimiento. En *Interpelando entramados de experiencias. Cruce de fronteras e implicación psico-educativa entre universidad y escuelas*. La Plata: Editorial de la Universidad de La Plata.

Kantor, D. (2002). La tutoría como proyecto institucional. El Equipo de tutores y su coordinación. En *La tutoría en los primeros años del nivel medio. Orientaciones para la formulación y el desarrollo de proyectos*. Ministerio de Educación de la Ciudad de Buenos Aires.

Mercer, N. (1997). *La construcción guiada del conocimiento. El habla de profesores y alumnos*. [VO: The guided construction of knowledge. Talk amongst ...]. Barcelona: Paidós.

Skliar, C. (2007). La pretensión de la diversidad o la diversidad pretenciosa. Ponencia vertida en las 1ras Jornadas Nacionales de Investigación Educativa, Mendoza, 2007. Disponible en http://www.feeye.uncu.edu.ar/web/posjornadasinve/Pretension_diversidad_o_Diversidad_pretenciosa.pdf

Smolka, A.L.B. (2010). Lo (im) propio y lo (im) pertinente en la apropiación de las prácticas sociales. En Elichiry, N. (comp.) *Aprendizaje y contexto: contribuciones para un debate*, 41–60. Buenos Aires: Manantiales

Terigi, F. (2009). Segmentación urbana y educación en América Latina. Aportes de seis estudios sobre políticas de inclusión educativa en seis grandes ciudades de la región. (REICE: Revista Iberoamericana sobre Calidad, Eficacia y Cambio en Educación, 7(4), 28–47.

Wertsch, J. (2007). Mediation. En Daniels, Cole y Wertsch *The Cambridge Companion to Vygotsky*. New York: Cambridge University Press.

CAPÍTULO 11

Opción 1

Elaboración de una propuesta de intervención en el Trabajo Final Integrador del Seminario Interacción y Comunicación Educativa

Violeta Vicente Miguelez (Argentina)

Ficha técnica

Temporalidad y territorio: Trabajo Final Integrador del Seminario Interacción y Comunicación Educativa.

Escenario educativo: escuela primaria pública, en algún lugar de Argentina.

Principales actores: psicólogo orientador escolar y docente de la escuela.

Rol del relator: psicólogo orientador escolar.

La Opción 1 del Trabajo Final Integrador proponía: "elabore un diseño de un abordaje inter–agencial e interdisciplinario —por ejemplo psicólogo orientador escolar y docente de escuela—, enfocando el análisis de una situación–problema y la elaboración de una intervención, en aprendizajes, alfabetizaciones y/o convivencias, con un trabajo crítico teórico a partir de la revisión de autores y marcos abordados a lo largo de la cursada, y focalizando el trabajo comunicativo e interactivo: entre los profesionales, y en el contexto áulico o de escenario educativo informal."

La situación problema

En este trabajo se plantea una situación problema, que podría producirse en una escuela primaria de nuestro país, con el objetivo de problematizarla y pensar posibles modos de intervención desde un abordaje inter–agencial e interdisciplinario.

Es común que hoy en día se escuche hablar de los problemas en la "comprensión lectora" tanto de alumnos del nivel primario como secundario, acompañados de interpretaciones de diverso orden y asociados al fracaso escolar, puesto que los medios de comunicación suelen hacerse eco de los resultados nacionales y los rankings de distintas pruebas de calidad educativa que miden esa "competencia".

En marzo del año pasado (2018) se dieron a conocer los resultados de las pruebas Aprender 2016. En lo relativo a la comprensión lectora, y según el análisis que hicieron algunos medios (Infobae, 21-03-17; La Nación, 21-03-17), los resultados que se obtuvieron fueron desfavorables. Se concluyó que el 46,4% de los alumnos de 5to y 6to año del secundario no comprende textos básicos y el 33,2% de los alumnos de 6to grado de primaria se encuentra en el nivel básico o por debajo. En el año 2017 volvieron a realizarse estas pruebas, en el marco de un debate sobre el valor y la validez de las mismas.

Si bien no es propósito de este trabajo un análisis crítico sobre el fundamento y aplicación de las pruebas, podemos mencionar algunos temas controvertidos que merecen ser discutidos —con la participación de toda la comunidad educativa—, en relación a cómo se conciben los procesos de enseñanza–aprendizaje–evaluación, qué se entiende por calidad educativa, cuál se piensa que es el papel de la escuela y los objetivos de la educación y cuál puede ser la utilidad de este tipo de pruebas.

A grandes rasgos observamos que se produce una cierta ruptura entre los procesos de enseñanza–aprendizaje —en situación— con este tipo de evaluación —estandarizado, para todos por igual—, invisibilizando además otros tipos de aprendizajes y saberes distintos a los evaluados. También supone reducir el concepto de calidad educativa al de rendimiento académico. Y, por último, mantiene una idea de progreso jerárquico que permitiría "rankear" los niveles de conocimiento alcanzados.

Nos podemos preguntar si el alcance de estos resultados y su visibilidad mediática no incidirán en las representaciones que algunos maestros y profesores pueden tener a la hora de leer las problemáticas que se plantean en los procesos de enseñanza–aprendizaje, sospechando que la dificultad para aprender ciertos temas reside en la *no comprensión* por parte de los alumnos de los materiales con los que se trabaja.

Si una situación de este estilo fuera planteada por un maestro de escuela primaria al equipo de orientación escolar, nos preguntamos cómo podría ser abordada la respuesta desde una propuesta inter–agencial e inter–disciplinaria.

 ## Cuestiones preliminares

Más allá de la existencia de estos resultados estadísticos sobre rendimiento académico y dificultades comunes, cada situación-problema de aprendizaje debería poder ser pensada en relación a su contexto, pues desde la perspectiva socio–cultural, todo aprendizaje ocurre situado, en el marco de relaciones sociales, y mediado por artefactos culturales.

Esto supone abandonar la creencia de que existen recetas mágicas que se pueden aplicar a problemas estandarizados. Si bien la literatura sobre experiencias similares puede ayudar a pensar la situación con algún recorrido hecho, ello no exime de considerarla en su singularidad.

Por ejemplo, ha sido una situación corriente por mucho tiempo que las intervenciones de los psicólogos en las escuelas respondieran a un modelo de intervención del tipo clínico, individual y directo (Erausquin, 2006), visualizando el problema en el individuo, o a lo sumo, en el individuo y su entorno, por fuera de la situación escolar.

El profesional actuaba solo, en el aislamiento que le procuraba "el gabinete", con poca o nula comunicación e interacción con otros agentes educativos, lo que le habría permitido escuchar otras voces en relación al problema y elaborar entre todos objetivos comunes de intervención (Erausquin, Dome, López y Confeggi, 2013).

Pero en el aislamiento, las decisiones son unilaterales, los objetivos son únicos y las intervenciones se caracterizan por cierta tendencia a la sobre–implicación, dependiendo tanto los éxitos como los fracasos de una sola persona o a lo sumo de un equipo. Si bien estas prácticas han ido desapareciendo con el correr de los tiempos, aun perviven algunas de sus formas en numerosas instituciones educativas (Erausquin, Dome, Lopez, Confeggi, 2013).

Además, como profesionales, es importante estar atento a la propia implicación en la práctica, pues toda intervención conlleva una posición ética, sea ésta explícita o no. Resulta así necesario un trabajo sobre uno mismo que permita "suspender" categorías teóricas que resultan normalizadoras, y que no hacen más que reproducir modos ya conocidos de ver el mundo, sin dejar lugar para lo novedoso. Cuando se mira a los otros desde este prisma normalizador, no se hace más que asignarle o reafirmarle *etiquetas*, que cosifican al sujeto y desdeñan las potencias de las que éste es capaz (Benasayag y Schmit, 2010).

No saber de antemano cómo son o cómo van a suceder las cosas, implica dejarse sorprender y concede lugar a la inventiva. La incertidumbre que esto genera no tiene por qué ser pensada como sinónimo de fracaso, sino que, en todo caso, puede ser vista en la apertura de las posibilidades que conlleva (Benasayag y Schmit, 2010).

Ahora bien, habitar la incertidumbre sin un criterio de autoridad que permita marcar un rumbo, tampoco es fácil. Por lo menos, no lo es si se está solo. Sin certezas, los sentidos deben ser negociados, aceptadas las tensiones y contradicciones. Pensar, probar, equivocarse, pero acompañados por otros.

Otro punto a tener en cuenta es que pensar en términos de clasificaciones supone respuestas estandarizadas. El diagnóstico de una situación, en cambio, pensado justamente en situación, entre varios (personas, miradas y saberes), en construcción permanente, permite diseñar intervenciones a medida y flexibles.

No se tratará por lo tanto de responder ante la urgencia, —aunque a veces resulte necesario hacerlo, pero no exclusiva ni preponderantemente—, sino de generar un tiempo que permita leer lo que allí ocurre a partir de formularse preguntas que expandan la visión que se tiene de las cosas.

No se trata de ocupar el lugar del experto que sabe, sino más bien de reconocer un no saber que motorice la búsqueda con otros. Es importante señalar que las transformaciones y los alcances en los modos de entender los procesos de enseñanza–aprendizaje han generado también otros posibles modelos de intervención del psicólogo en la escuela, distintos al tradicional (Erausquin, 2006, 2010).

Si el aprendizaje es concebido como individual y dependiente del desarrollo, las dificultades escolares se verán como producto de deficiencias individuales, y la intervención estará centrada primero en evaluar qué capacidades están alteradas, para luego y en el mejor de los casos, pensar cómo ayudar a la persona a corregir o compensar sus fallas.

Pero si, en cambio, se tiene una concepción social e interactiva del aprendizaje, y se lo entiende como proceso promotor del desarrollo, concibiendo al sujeto inseparable del contexto en el que aprende y se desarrolla, las intervenciones apuntarán a comprender la situación en su complejidad para generar condiciones de enseñanza–aprendizaje que posibiliten y propicien la participación, la apropiación y la construcción de conocimiento.

Por todo lo dicho puede entenderse que la posición que tomará el psicólogo orientador ante una consulta de otro agente educativo no será la de ofrecer rápidamente soluciones, o intentar resolver por su propia cuenta los problemas que se le plantean, sino la de acompañar en el proceso de comprender lo que allí está —o no— ocurriendo, generando un espacio en el que compartir miradas, pensamientos, alternativas y propuestas.

Los agentes psico y socio–educativos cumplen una doble función —en tanto facilitadores de los procesos de aprendizaje–enseñanza—, pues se trata de ayudar a los docentes a que ellos a su vez puedan ayudar a aprender a sus alumnos; y todos, docentes y alumnos incluidos, deben ser co–diseñadores de tales ayudas.

> *... ello implica ser sensibles a las necesidades de los alumnos, para valorar cuáles ayudas son potencialmente relevantes para ellos, pero también estar atentos a lo que necesitan los profesores y maestros, para que puedan apropiarse de esas formas de ayudar en el cotidiano escolar de la enseñanza áulica y extra-áulica... o recuperen conciencia del valor de lo que están haciendo ya y lo expandan en alguna dirección singular en determinado contexto.*
>
> *Erausquin, 2014.*

Pensando cómo ayudar a ayudar, en relación a la situación planteada

Proponemos la situación hipotética de un maestro que consulta al equipo de orientación, preocupado por las dificultades que observa en la comprensión de los textos que trabaja con sus alumnos, al ser concebido esto —por el docente— como un factor que obstaculiza el aprendizaje de ciertos temas.

En una primera aproximación, será necesario generar espacios de interacción donde se pueda poner a trabajar ésta y otras consultas en un marco de reflexión y apropiación recíproca.

No debería tratarse únicamente de un trabajo entre el equipo de orientación y un docente, sino que resultará más enriquecedor si se abre a la comunidad educativa ampliada, compuesta por otros docentes, tutores, directivos, incluso padres y alumnos. Habrá que ver de qué manera y con qué propuestas se pueden construir, en un "entre", espacios que posibiliten pensar desde las experiencias y los aportes de cada quien desde su lugar.

Donde sentirse cuidado y escuchado, donde se pueda decir con libertad sin sentirse juzgado, donde se respeten las diferencias y se busque un trabajo conjunto que apunte a metas comunes, pero sin borrar esas diferencias, haciendo del conflicto —-producto de lo diverso— motor del pensamiento.

Los atravesamientos de poder, las tensiones, los intereses encontrados y las redes que todo esto teje, son inevitables en toda comunidad, y por eso también será necesario, más allá de pensar las situaciones problema y los modos en que actuamos, pensar también en los modos en que interactuamos y producimos pensamiento.

Se tratará de buscar "una co–responsabilización" de toda la comunidad *"en la apropiación y construcción de nuevos saberes y acciones en el terreno de la intervención educativa"* (Erausquin, 2014).

Recuperando las estructuras de inter–agencialidad que trabajan Engeström et al. (1997, en Erausquin, 2013), podemos suponer que una propuesta de este estilo tenderá hacia una estructura de "comunicación reflexiva", donde la interacción entre los participantes pone en cuestión y renueva los modos tradicionales, en pos de pensar, en contexto, objetivos y metas comunes.

En palabras de Erausquin:

> *Las escuelas y las subjetividades que habitan el mundo*
> *contemporáneo, en su necesidad de entenderse y convivir*
> *transformando y transformándose, están cambiando una*
> *dialéctica del progreso necesario, a través de síntesis*
> *superadoras de las contradicciones, por el intento de habitar,*
> *mientras las construyen, dialécticas dialógicas.*

> *Erausquin, 2014.*

Si el conocimiento se produce en el diálogo, entonces no reside en una única persona —experto, autoridad—, o en una idea superadora a la que hay que arribar. El conocimiento está distribuido, pues se entraman distintos tipos de conocimiento que tejen modos de comprender el mundo. Según palabras de Mercer (1997), ésa es la *"posesión conjunta del conocimiento"*.

Compartir y confrontar puntos de vista y estrategias entre docentes, que interactúan con el mismo grupo de alumnos, permite desplazar el problema del grupo a la condiciones de posibilidad que se generan o no para aprender.

Contextualizar —y conceptualizar— las prácticas permitirá que el problema no se localice simplemente en una falla en la capacidad lectora de estos alumnos, sino que se reflexione sobre lo que se está —o no— produciendo en esta situación particular. Se trata de preguntarse por qué no comprenden un tipo de texto particular, en un contexto particular, y con expectativas y propuestas particulares de trabajo.

Con la intención de construir una comprensión conjunta de la situación, será importante que el equipo de orientación pueda observar, participar, vivenciar el contexto aúlico desde adentro, y también los modos de interacción maestro–alumnos y entre alumnos, que generan zonas potenciales de desarrollo.

Será fructífero indagar qué es lo que dificulta la comprensión de esos textos, o preguntarse si esto es efectivamente lo que está provocando problemas en el aprendizaje de ciertos temas o, por el contrario, si hay otras circunstancias que también inciden. Todo esto pensado en conjunto, haciendo participar tanto al docente como a los alumnos en la construcción de modos de entender lo que allí ocurre y co–diseñando otras escenas que construyan experiencias compartidas diferentes.

Indagar qué le pasa al profesor con estos temas, cuando los enseña, qué le pasa con este grupo de alumnos, así como también investigar qué les pasa a los alumnos con lo que tienen que aprender, que pasa con la interacción entre ellos y con el profesor...

Permitirse pensar que tal vez estos temas les aburren, no les resultan significativos, o les parecen demasiado ajenos y desconectados de sus experiencias cotidianas. Indagar así, la vivencia de cada quien, vivencia que entrelaza cognición y emoción (Erausquin, Sulle y Labandal, 2016). A la manera que Larrosa (2006) entiende la experiencia, como "qué nos pasa con lo que pasa", y cuáles son los sentidos, las interpretaciones, que construimos sobre lo que acontece.

Recordemos además que el proyecto escolar moderno ha sido impuesto a los alumnos por parte de los adultos, como si se tratara de una necesidad propia de ellos (Erausquin, 2014), "para su vida", "para su futuro". Pero hay que entender que lo que se enseña, y se espera que se aprenda, no es elegido por quienes están en el lugar de alumnos, sino que son temáticas que otros suponen deben aprender, por motivos e intereses distintos a los motivos e intereses que pueden tener los aprendientes.

No resulta extraño que se produzcan resistencias, negociaciones, reconceptualizaciones de lo que viene del otro para poder hacerlo propio. En palabras de Smolka (2010), se trata de valorizar y reconocer *"lo (im)propio y lo (im)pertinente en la apropiación de las prácticas sociales."*

Bernstein explica que *"para que la cultura del maestro se convierta en parte de la conciencia del niño, la cultura del niño debe estar primeramente en la conciencia del maestro"* (en Cazden, 1991). Un maestro deberá preguntarse:

¿Desde qué conocimientos parten los alumnos? ¿Con qué saberes previos pueden relacionar eso nuevo que se les propone aprender?

Cazden (2010) habla también de "fondos de conocimiento" o "mochilas mentales" para representarse aquel bagaje cultural que el alumno trae. ¿Qué se hace con eso?

Esos conocimientos previos ¿hacen obstáculo al aprendizaje de los conocimientos "científicos" que la escuela quiere inculcar?

¿Conviene dejar esa mochila colgada en algún perchero mientras se está en el aula?

¿O, por el contrario, se podría hacer uso de este bagaje, dejarlo entrar, para relacionarlo con lo nuevo en su similitud y en su diferencia?

Cazden opta por esta segunda alternativa. Dirá que el proceso de enseñanza–aprendizaje implica "construir desde lo familiar" para "desbloquear lo extraño"; construir "entramados", entretejidos híbridos de lo de lo nuevo y lo viejo, de lo cotidiano y lo científico, de lo particular y lo universal, de lo cercano y lo distante. Entramados que funcionan a modo de sostén, como espacios de intermediación cultural entre lo que los alumnos traen de afuera y la cultura propiamente escolar.

Bajtín (en Erausquin, Sulle y Labandal, 2016), por su parte, se interesa en pensar cómo los sujetos hacen propios distintos discursos, ideologías y opiniones, presentes en el contexto en el que participan. ¿De qué apropiación se trata?

De este autor sabemos también que se interesó por analizar diferentes tipos de discurso. Distingue dos discursos bien diferentes, que se pueden producir en la escuela. Uno es un "discurso autoritario", que demanda reconocimiento y sólo puede ser recitado de memoria como una fiel reproducción vacía de genuino sentido. El otro es un "discurso internamente persuasivo", que permite "volver a contar con las propias palabras", discurso creativo y plástico, que posibilita a la vez tomar lo existente y apropiarse de lo nuevo para transformar (Cazden, 1991).

Cazden (2010) plantea dos maneras de entender el "discurso en clase." En principio, vale aclarar que el discurso es pensado por la autora como aquel lenguaje que se da en interacción y genera transformaciones en el plano intrapersonal, es decir, en el proceso de pensamiento. Nos remite a la amalgama entre lenguaje y pensamiento, tan trabajada por Vygotsky (1999).

Analizando secuencias discursivas, Cazden observa dos posibles funciones del discurso: la primera, como andamiaje; la segunda, como reconceptualización.

"El discurso como andamiaje" es pensado como una ayuda que se le da al estudiante, para que pueda participar desde el inicio de una tarea que no podría resolver de momento por sí solo, para ir poco a poco, gradualmente, replegándose conforme aumenta la capacidad del aprendiente para resolverla. Funciona de soporte y se genera en lo vincular.

La otra posible función, "el discurso como reconceptualización", nos muestra cómo en el proceso de enseñanza–aprendizaje no sólo se enseñan cosas, sino que también se enseña una manera de entender el mundo, de contemplar determinados fenómenos de una manera novedosa. Desde el discurso, se crean, se comparten y se apropian mundos hechos de palabras. Lo contextual no es el espacio físico del aula que comparten profesores y alumnos, lo contextual son también estos mundos creados y compartidos que posibilitan un mutuo entendimiento.

Será cuestión entonces de pensar, junto al maestro que consulta, qué tipos de discurso se construyen en el aula, y co–diseñar estrategias que permitan nuevas formas de acercar a los alumnos estos mundos, que a veces pueden resultar ajenos. En principio, como dijimos, se tratará de conocer con qué mochilas vienen los estudiantes y qué elementos dentro de ellas se pueden utilizar para facilitar el aprendizaje.

Tal vez se trate además de "hacer explícito lo implícito". Con esos textos que el profesor brinda para el trabajo en clase, ¿qué se busca, qué se espera?

Wertsch (2007) menciona dos tipos de "mediaciones": la implícita y la explicita. La primera se da en lo cotidiano, por el simple hecho de comunicarnos, puesto que el lenguaje se realiza a través de signos, que son construcciones artificiales, sociales e históricas. La segunda supone una "doble estimulación", en la que algunos estímulos funcionan como objetos hacia los cuales va dirigida la tarea y otros como signos, facilitadores de la tarea.

Según Colomina, Mayordomo y Onrubia (2001) el aprendizaje es "construcción y reconstrucción de significados", y el profesor cumple la función de guía. Así, "la influencia educativa" se piensa como una ayuda necesaria para que se produzca dicho proceso de construcción y reconstrucción, que resulta individual e interno. Y la forma óptima de influencia educativa será justamente, en línea con lo que venimos diciendo, aquella que se adapte mejor al proceso que vienen llevando a cabo los alumnos. Los autores analizan dos mecanismos fundamentales de toda influencia educativa: la construcción de sistemas de significados compartidos a través de la actividad discursiva, y el progresivo traspaso de control de los aprendizajes del profesor a los alumnos, que confiere mayor autonomía.

Pero no sólo se tratará, según Cazden (2010), de la interacción entre el maestro y los estudiantes sino que también es necesario atender a lo que se produce entre los mismos estudiantes, la confrontación de los distintos puntos de vista desde lugares de paridad, que estimula el conflicto cognoscitivo y, por consiguiente, el pensamiento. Esto permite que los alumnos tomen noticia de sus propias limitaciones, de que la producción de conocimiento no es en solitario, sino con otros. Será la tarea de todos fomentar este tipo de "conversación entre iguales".

Finalmente, si en lo que se intenta ayudar es en la apropiación de las prácticas lectoras, se podría involucrar a otros por fuera de la escuela —familiares, escritores, periodistas—, ya que la lectura es una práctica social fundamental que comienza desde la casa y continúa después de la escuela.

Una propuesta interesante podría ser organizar una feria literaria, donde se busquen textos que interesen a los chicos, textos que traigan de sus casas, que se convoque además por ejemplo a abuelos, para que vengan a leer, o a escritores que vengan a hablar de sus libros. Se buscaría así contextualizar la práctica lectora, construyendo entre todos una escena distinta que haga surgir modos de aprender diferentes. Sabemos, además, que la imaginación, el arte y la literatura funcionan como "zonas de desarrollo próximo" (Erausquin, Sulle y Labandal, 2016).

Reflexiones finales

Hasta aquí hemos imaginado una situación hipotética y los modos de abordarla considerando las perspectivas socio–cultural y contextualista.

La propuesta inter–agencial e interdisciplinaria ofertada apuntó a trabajar con el otro y no sobre el otro, teniendo en cuenta en todo momento que es necesario buscar un grado de comprensión conjunta de la situación problema y de los modos en los cuales intervenir. El otro no debería ser objeto de nuestra intervención, sino sujeto con el cuál pensar cómo intervenir.

No hay recetas mágicas, pero esta incertidumbre nos permite inventar las propias herramientas, ponerlas a prueba, modificarlas y así la situación problema resulta aprendizaje para todos.

Referencias

Benasayag, M. y Schmit, G. (2010). *Las pasiones tristes. Sufrimiento psíquico y crisis social.* Buenos Aires: Siglo XXI.

Cazden, C.B. (1991). *El discurso en el aula: el lenguaje de la enseñanza y del aprendizaje.* Paidós Ibérica.

Cazden, C.B. (2010). Las aulas como espacios híbridos para el encuentro de las mentes. En *Aprendizaje y contexto: contribuciones para un debate* (pp. 61–80). Buenos Aires: Manantial.

Coll, C., Onrubia, J. y Mauri, T. (2008). Ayudar a aprender en contextos educativos: el ejercicio de la influencia educativa y el análisis de la enseñanza [Surting Learning in Educational Contexts: the Exercise of Educational Influence and the Analysis of Teaching]. *Revista de educación, 346,* 33–70.

Colomina, R., Mayordomo, R. y Onrubia, J. (2001). El análisis de la actividad discursiva en la interacción educativa. Algunas opciones teóricas y metodológicas. *Infancia y aprendizaje, 24*(1), 67–80.

Colomina, R., Mayordomo, R. y Onrubia, J. (2001). El análisis de la actividad discursiva en la interacción educativa. Algunas opciones teóricas y metodológicas. *Infancia y aprendizaje, 24*(1), 67–80.

Erausquin, C. (2006). Sobre modelos, estrategias y modalidades de intervención de psicólogos en educación en contextos del siglo XXI: figuras hegemónicas y alternativas, ejes y vectores en representaciones, prácticas y discursos. *Libro de Cátedra.* Facultad de Psicología Universidad Nacional de La Plata. Edición Digital.

Erausquin, C. (2010). Adolescencias y escuelas: interpelando a Vygotsky en el siglo XXI. Unidades de análisis que entrelazan tramas y recorridos, encuentros y desencuentros. *Revista de Psicología. Segunda época, 11,* 59–81.

Erausquin, C., Dome, C., López, A. y Confeggi, X. (2013). Violencias en la escuela: interrogando los problemas y las prácticas desde la perspectiva de los actores. En *Psicólogos en contextos educativos: diez años de investigación,* (pp. 84–92). Buenos Aires: Proyecto Editorial.

Erausquin, C. (2014). Ayudando a los que ayudan a aprender: co-construyendo acciones y conocimiento. Ética Profesional Dialógica en el campo psicoeducativo. *Libro de Cátedra.* Facultad de Psicología Universidad Nacional de La Plata. Edición Digital.

Erausquin, C., Sulle, A. y Garcia Labandal, L. (2016). La vivencia como unidad de análisis de la conciencia: sentidos y significados en trayectorias de profesionalización de psicólogos y profesores en comunidades de práctica. *Anuario de Investigaciones, 23,* 97–104.

Larrosa, J. (2006). Sobre la experiencia. *Aloma. Revista de Psicologia i Ciències de l'Educació, 19,* 87–112.

Mercer, N. (1997). *La construcción guiada del conocimiento. El habla de profesores y alumnos (trad. de I. Gispert).* Barcelona: Paidós. [VO: The guided construction of knowledge. Talk amongst ...]

Smolka, A.L.B. (2010). Lo (im)propio y lo (im)pertinente en la apropiación de las prácticas sociales. En Elichiry, N. (comp.) *Aprendizaje y contexto: contribuciones para un debate* (pp. 41–60). Buenos Aires: Manantial.

Wertsch, J.V. (2007). Mediation. En M.C. Daniels y J.V. Wertsch (Eds.), *The Cambridge Companion to Vygotsky* (pp. 178–192). Cambridge: Cambridge University Press.

Vygotsky, L.S. (1999). *Pensamiento y lenguaje: teoría del desarrollo cultural de las funciones psíquicas.* Buenos Aires: Fausto.

Batalla, J. 2017. Pruebas Aprender: dramático diagnóstico sobre la educación argentina. En InfoBAE https://www.infobae.com/tendencias/2017/03/21/pruebas-aprender-dramatico-diagnostico-sobre-la-educacion-argentina/

Diario La Nación, 2017. Los datos más preocupantes que dejó la evaluación Aprender https://www.lanacion.com.ar/1996651-resultados-de-la-prueba-aprender-principales

CAPÍTULO 12

La develación de lo latente como acto de desarrollo próximo

Una experiencia de la persona del profesor, las personas-estudiantes y la actividad de la ética relacional

Braulio Javier Bruna González (Chile)

 Ficha técnica

Temporalidad: Esta experiencia de desarrolló en el año 2016 entre los meses de agosto a diciembre.

Territorio: Talca, Chile.

Escenario educativo: Escuela de Psicología, Universidad Santo Tomás.

Principales actores: Estudiantes, docente.
Rol del relator: Docente.

Ser docente y Director

Este capítulo presenta el análisis de una experiencia educativa real, a la luz de los contenidos tratados en la cátedra de Contribuciones de las Teorías del Desarrollo, desde la perspectiva de Vygotsky, Piaget, y el enfoque cognitivo.

De manera descriptiva y general, la experiencia se desarrolla en un curso del último año de Carrera de Psicología, específicamente en Intervención Clínica.

Yo me desempeñaba, además de como docente, como director de escuela, por lo que la relación con alguno de los alumnos era más tensa por temas administrativos.

Históricamente, los promedios de mi cursada son más bajos que los de los otros dos colegas que imparten la misma asignatura, por lo que los alumnos se inscribían primero en las otras dos secciones y muy pocos de los que terminaban tomando mi cursada la elegían por voluntad.

Como los alumnos no me habían explicitado nada a mí directamente, me inquietaba la posibilidad de que no pudiésemos discutir de buena manera sus temores, y no lográsemos tener una adecuada relación para un curso de psicoterapia, en el cual la persona del terapeuta es central. Siempre he sido muy bien evaluado en lo referente a capacidades académicas, pero en las observaciones en términos pedagógicos, se me señala como un profesor distante con los alumnos. Además, tienden a haber promedios más bajos y mayor reprobación que en secciones dictadas por otros colegas, aunque el desempeño en evaluaciones nacionales y egreso son más altas en mis cursos, lo que de alguna manera ha generado opiniones divididas sobre mis características como persona–profesor en los estudiantes.

También había cumplido roles administrativos de la carrera, jefatura, dirección, y hoy dirección de la clínica psicológica. Creo que una particular mezcla de todo esto ha generado una imagen mía en los alumnos como más exigente y menos afectuoso o cercano que otros colegas de la carrera.

Con estos antecedentes decidí iniciar el curso explicitándoles estas inquietudes, y solicitándoles nos diéramos esa primera jornada para organizar la manera en las que necesitaríamos vincularnos, integrando todo esto con los aspectos académicos y de formación clínica.

El recorte del análisis es la "dialéctica dialógica" (Erausquin, 2008), bajo la premisa de que resulta indispensable tener una relación de confianza y respeto para abordar los aspectos más relevantes de la formación como psicoterapeuta. Intentaré también fundamentar una intervención educativa que trasciende la experiencia descrita en intervenciones —más allá del grupo–clase—, intentando dejar marca en los sistemas sociales–societales de actividad, y específicamente en la universidad, teniendo en cuenta mi papel como directivo, y más allá del rol.

Considero a la Psicología Educacional como una disciplina estratégica que resulta central, en la experiencia universitaria, en la necesaria redefinición del sentido.

El alumno pre–adulto, o adolescente tardío, o sujeto en etapa de transición, resulta sujeto/objeto de una necesaria reflexión sobre este tránsito en la constitución de un estudiante universitario. También en las prácticas y discursos de los docentes que, sin ser pedagogos, deben adecuar su profesión al servicio de una pedagogía a la que le resulta indispensable el despliegue de actividades de creación de este sujeto–estudiante.

En tanto parece ésta una época de crisis de sentido generalizado, la cuestión epistémica de la articulación de conocimientos y prácticas educativas en el contexto universitario se vuelve urgente. Especialmente con un alumno que ingresa a una institución teniendo una escasa cercanía con el acto de apre(he)nder, y que más que convertirse en estudiante busca conseguir un título que le permita trabajar. El trayecto en la universidad se vuelve una época de simple y necesario tránsito hacia la época laboral.

Hay, por cierto, muchos otros factores socio–históricos–políticos–culturales como variables intervinientes en este contexto educacional.

La actividad educativa es una formación colectiva y sistémica, con una compleja estructura mediadora. No se reduce a las acciones, sino que evoluciona durante períodos socio–históricos, en los cuales, además de la relación sujeto–objeto, deben incorporarse tanto los instrumentos de mediación como la comunidad, siendo fundamental analizar sus interacciones y conflictos (Canal y Penélope, 2016). Existe una constante negociación y lucha entre las metas de cada uno de los estudiantes, mis metas propias como docente —y como director de escuela—, y las metas propias del plan educativo de la institución. Esta actividad colectiva está en constante evolución y nunca se establece por completo.

Reformular la relación entre el individuo y el entorno social y cultural —una relación en la que cada uno está implicado en la definición del otro y donde ninguno de ellos existe separadamente—, requiere el uso de la "actividad" o del "acontecimiento" como unidad de análisis, con las contribuciones activas y dinámicas de los individuos, de otros miembros del grupo, y de los materiales y tradiciones históricas y sus transformaciones (Erausquin, 2006, 2008).

> *El estudio de la mente, de la cultura y del lenguaje (en toda su diversidad) están internamente relacionados: esto es, resulta imposible comprender cualquiera de estos dominios sin una referencia esencial a los otros.*

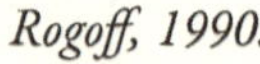

> *Rogoff, 1990.*

Comprender cada uno de ellos exige implicar a los otros. Distinguir unos de otros nos permite especificar el foco que hemos utilizado para explicar uno u otro proceso en el seno de la actividad, manteniendo los otros planos como fondo, pero no separados. Las creencias y disposiciones de los alumnos en relación al docente —en términos socio-culturales—, tienen una histórica impronta de uno-otro que, en demasiadas ocasiones, se proyecta como un rival más que como un compañero de aprendizaje. El discurso instalado al recibir una calificación —por ejemplo en la declaración de que "el profesor me colocó mala nota"—, delata esta visión del docente como uno-otro-en-contra, de tal suerte que responder a lo que solicita es lo necesario para obtener su aprobación y por lo tanto, una buena calificación.

Si bien no sostengo que esta disposición relacional sea totalizante, y por lo tanto no la considero exclusiva de la multiplicidad de bases vinculares entre docente y estudiante, en mi experiencia profesional, y también según las conversaciones con colegas, es más habitual que excepcional. El dominio cultural tiñe el dominio individual y se hace ejercicio en el lenguaje, que en términos comunicacionales incluye al silencio. Los estudiantes del curso referido no sólo disponían de este tinte sobre la relación con los docentes, además tenían apreciaciones individuales sobre quién era yo y cómo debían comportarse conmigo. Esto, claramente, sólo podía ser expresado en palabras (la expresión anterior era de silencio y distancia) después de lograr un acuerdo de diálogo.

Ser terapeuta en formación

Hablar de "educación inclusiva" no es hablar de integración. La educación inclusiva es un proceso para aprender a vivir con las diferencias humanas. Es un proceso de humanización y, por tanto, supone respeto, participación y convivencia, y que el reconocimiento de la diversidad humana esté garantizado como elemento de valor (Lopez, 2007).

El desafío estuvo en proporcionar una forma de enseñanza que no condujera a la formación de "discapacidades secundarias", sino que ofreciera —en términos vtgotskyanos— "estrategias compensatorias", que permitieran a los estudiantes, y a mí, adquirir las "herramientas psicológicas" necesarias para nuestro desarrollo como grupo de trabajo (Daniels, 2009).

Siguiendo esta lógica, la inclusión educativa supuso articular dos derechos fundamentales: el derecho a la diferencia y el derecho a la igualdad. El primero refiere al derecho de ser tratado según la especificidad, y el segundo, al derecho de participar en lo educativo. En este sentido, cada alumno debía ser tratado teniendo en cuenta la diferencia y al mismo tiempo, ser incluido colectivamente dentro de una perspectiva global. La idea no fue, entonces, tratar a los alumnos de la misma manera, sino acompañarlos en su desigualdad (Meirieu, 2013), al mismo tiempo que integraba mi desigualdad en la de todos.

Les solicité disponerse —con la libertad de abstenerse también— a evaluar la necesidad de establecer un clima de confianza, tomando en cuenta la ineludible necesidad de referirse al sí mismo y a la relación, en la formación como terapeutas. La libertad de disponerse o abstenerse debía, sí, ser argumentada.

La respuesta fue favorable y se inició así un diálogo abierto y sin respuestas específicas, donde lo central era la expresión diáfana de la sensación sentida sobre el otro, en la díada profesor/alumno.

Para lograrlo, me pareció importante prestar atención a la conformación de creencias y sesgos cognitivos que median estas divergencias y convergencias en la valoración del otro y el mundo.

El modelo cognitivo sostiene que los individuos, ante una situación estimular no responden automáticamente, sino que antes de emitir una respuesta emocional o conductual *perciben, clasifican interpretan, evalúan, asignan significado, ...* todo ello en función de sus supuestos o esquemas cognitivos previos (Ruiz, Díaz y Villalobos, 2012).

Esos esquemas cognitivos son entidades organizativas conceptuales complejas, compuestas de unidades más simples, que contienen nuestro conocimiento de cómo se organizan y estructuran los estímulos ambientales. Contienen conjuntos de creencias nucleares relacionadas con la visión del mundo, de los otros y de uno mismo, y de nuestra interacción con los demás.

Los procesos cognitivos son las reglas transformacionales, a través de las cuales los individuos seleccionan del medio la información que será atendida, codificada, almacenada y recuperada. Cuando los individuos se enfrentan a una situación estimular determinada, no analizan toda la información disponible, sino que atienden a indicios que ya están contenidos —o son congruentes— con la información de esquemas cognitivos preexistentes (Caro, 2013). Estas operaciones son procesos automáticos.

Si bien la utilización de estos "atajos" o heurísticos hace más eficiente al sistema, también puede producir sesgos y errores en el procesamiento de la información. Tendemos a procesar, codificar y recuperar información principalmente consistente con las claves contenidas en nuestros esquemas previos.

Esto no es particular de los alumnos, en lo absoluto. Es transversal al funcionamiento del aparato cognitivo y lo supongo interviniendo tanto en mi comportamiento desde el rol de profesor, como en el comportamiento de los estudiantes hacia mí.

Dentro de mi esquema "alumno", emergen pensamientos automáticos vinculados a contenidos como "clientelismo, desidia, oportunismo, flojera...", que conviven con "educando, interés, afecto, desafío, labor". Mis pensamientos automáticos reforzaban —muy probablemente— una posición inicial defensiva–evaluativa, que intentaba decidir hacia qué polo del esquema tiende el otro–alumno, para luego generar un patrón coherente de comportamiento, distorsionando, por lo tanto, la emergencia más cierta del otro–ser.

Imagino que algo similar funcionaba desde la evaluación de los estudiantes. Ambos (estudiantes–profesor) nos basábamos, no tanto en datos de nuestra experiencia directa, como en los contenidos de nuestros esquemas cognitivos.

¿Cómo se llega a la situación de tomar "conocimiento" de un *dato* provisto por la experiencia?

Se podría responder diciendo —dentro del marco de la epistemología genética—, que es mediante una interacción entre el sujeto y el sujeto/objeto de conocimiento. Así formulada, la respuesta no es nueva, y tampoco es una respuesta. Simplemente se limita a enunciar que dicho "acto de conocimiento" constituye un "ejemplo" de interacción, pero sin explicar en qué consiste dicha interacción, ni tampoco —lo considero indispensable—, las consecuencias interaccionales que este intercambio genera.

Esta interacción —desde los esquemas cognitivos, los pensamientos automáticos y emociones concomitantes entre mis estudiantes de intervención clínica y yo mismo—, implicaba necesariamente, para su resolución, "desequilibrar" la dinámica habitual, —en tanto hábito–cultura—. Dicha dinámica indica que temáticas como las creencias y emociones vinculadas con lo "cognoscible" del profesor no son conversadas directamente con él, mientras al mismo tiempo, las creencias y emociones que me generan los estudiantes tampoco se disponen como contenido de interacción y comunicación con ellos.

Desde un punto de vista muy general, Piaget muestra que las desadaptaciones, los conflictos y las oposiciones que desequilibran cada nivel de estructuración, y que habrán de traducirse en contradicciones, responden a un único factor, que él denomina "la compensación incompleta entre afirmaciones y negaciones" (García, 2000).

Entiendo en Piaget —como en Hegel y en Marx— que la dialéctica aparece bajo dos formas distintas: como una situación de interacción, en la cual se mantienen los términos en oposición, y en un condicionamiento recíproco, que hace que ninguno de ellos pueda ser definido o considerado independientemente del otro.

Para comprender la naturaleza dialéctica de la teoría de Piaget, parece necesario retornar a la imagen de pasajes sucesivos de un "estado de conocimiento" en un momento dado (T0) al estado en momentos posteriores T1, T2, etc.

Así formulado el problema, daría la impresión falsa de una evolución lineal del pensamiento. Pero el hecho fundamental que surge del análisis genético, es que la marcha no es lineal, sino que constituye un complejo proceso de estructuraciones sucesivas a través de una jerarquía de niveles bien definidos (Piaget, 1991). No se trataría —afirma Piaget— de "cortes" arbitrarios en el seno de un proceso continuo o puramente aditivo. Las estructuras adquiridas en un nivel dan lugar a una reconstrucción, antes de que estas estructuras reconstruidas puedan ser integradas en las nuevas estructuras elaboradas sobre los niveles ulteriores (ibid.).

Las dos formas de la dialéctica —como acción recíproca y como síntesis de los elementos en contradicción— aparecen en la teoría piagetiana de la equilibración: la primera de ellas en las interacciones propias de cada forma de equilibrio; la segunda en la superación de las contradicciones para dar lugar a nuevos niveles de estructuración.

Piaget llama "equilibración" a dicho equilibrio dinámico para diferenciarlo del equilibrio estático de un sistema mecánico. En la medida en que el desarrollo del conocimiento es concebido como una sucesión de estados de equilibración, está claro que deberán entrar en juego mecanismos de "desequilibración" de cada nivel, y de "reequilibración" en los nuevos niveles que se van alcanzando (ibid.).

Extrapolando los niveles de desarrollo que propone Piaget al desarrollo de la dinámica interaccional generada con mis estudiantes, veo el mismo proceso en fases de equilibración, desequilibración y reequilibración. El equilibrio del silencio sobre los prejuicios y representaciones mutuas, de profesor y alumnos, requirió un necesario estado de desequilibración para lograr una reequilibración, que no es volver al estado inicial, sino generar un nuevo estado de conocimiento mutuo, el que surge a través de un proceso de aprendizaje mediado.

En efecto, el rol del docente como mediador y el aprendiz activo representan dos dimensiones de la Zona de Desarrollo Próximo (Vygotsky, 1979). La mediación es el proceso que permite el desarrollo, tanto en el plano interno como en el externo, y tiene su base en el lenguaje como recurso fundamental, el que se convierte, a su vez, en un medio de autorregulación.

La forma de responder del estudiante frente a las diferentes situaciones, dependerá de la cultura pedagógica y de los valores de los involucrados. Es por ello que, al identificar el uso pedagógico de la mediación de los procesos de enseñanza y aprendizaje, se reconocen las diversas formas de prácticas pedagógicas de los docentes y su acompañamiento como mediadores.

El conocimiento es un proceso de interacción entre el sujeto y el medio, pero el medio entendido social y culturalmente. La Zona de Desarrollo Próximo representa la posibilidad que tiene el individuo de aprender en el ambiente social de la interacción con los demás (Erausquin, 2008). El conocimiento previo y la experiencia de los otros pares es lo que posibilita el aprendizaje. Por consiguiente, mientras más rica y frecuente sea la interacción con los demás, el conocimiento será más rico y amplio.

El concepto de "participación guiada" (Rogoff, 1997) se refiere a este proceso y al sistema de implicación mutua entre los individuos que se comunican, en tanto participantes en una actividad culturalmente significativa. Esto incluye no sólo la interacción "cara a cara" sino también la participación conjunta "codo con codo".

Y esto fue lo que tuvimos que construir como equipo–curso en conjunto: una guía de trabajo codo a codo en la generación de nuevas pautas de relación que permitiesen profundizar un espacio de confianza mutua, en una dimensión de re–conocimiento.

Otro concepto, el de "apropiación participativa", se refiere al modo en que los individuos se transforman a través de su implicación en una u otra actividad, preparándose en el proceso para futuras participaciones en actividades relacionadas. Junto con la participación guiada, la apropiación participativa es el proceso personal por el cual, a través del compromiso con una actividad en un momento dado, los individuos cambian y manejan una situación ulterior, de la forma aprendida en su participación en la situación previa. Se trata de un proceso de conversión más que de adquisición.

Este "ciclo expansivo" (Engeström, 2001) comenzó por el cuestionamiento inicial al rol asimétrico —entre profesor y alumno—, para la generación de la confianza mutua y necesaria para el aprendizaje. Su expansión fue gradual hasta que el sistema alumno–profesor–clase ya era distinto.

Las unidades de análisis de las acciones individuales abrieron paso a otras grupales que, como actividades, dieron pie a nuevas posiciones en los participantes. Esta nueva multivocalidad expandió el alcance de los roles de estudiante–profesor, y nos forzó a todos a adquirir puntos de vista distintos y necesarios para la reflexión integradora.

Este ciclo de transformación, movilizado por el carácter conflictivo del aprendizaje, impulsó al colectivo por la zona de desarrollo próximo en tanto potencial intersubjetivo alumno–docente, generando nuevas formas de relación, las que eran necesarias para que los aprendizajes teóricos fuesen interiorizados.

Cabe destacar que al cierre del curso, un año después, dichos aprendizajes fueron retroalimentados como una adquisición expandida, a su quehacer clínico y de relaciones interpersonales cercanas. Los estudiantes parecen haberse apropiado del ejercicio de la construcción de espacios de confianza y retroalimentación más allá del rol, comprendiendo la noción de respeto en línea con la transparencia, donde la verticalidad de los roles nunca supera la simetría del quehacer de persona a persona.

Ser docente y aprendiz

Una duda (y deuda) con la que me quedo es en términos de las etapas del desarrollo adulto.

Más allá de las distinciones etarias entre adultez, adultez tardía y vejez, pienso que en este tránsito se juegan al menos tres etapas de un desarrollo exitoso: la vivencia plena, en términos de lo conseguido en las etapas anteriores, la vivencia de movilidad y cambio constante hacia estadios probables, y la etapa de consolidación y preparación para la muerte.

La perspectiva crítica de los enfoques socioculturales contemporáneos ha planteado la necesidad de resignificar la Zona de Desarrollo Próximo, más allá de concebirla como un espacio entre lo madurado y lo "por madurar", entre lo realizado autónomamente y lo realizado con ayuda de otro (Erausquin, 2008).

Restringiré el enfoque al quehacer docente, en el contexto de un ser humano en desarrollo, que se destina con honestidad y que pretende tener coherencia entre la práctica pedagógica y el quehacer vital.

Y de pronto aquí estamos, frente a frente, un grupo de adolescentes en uno de sus roles —estudiante universitario— y el Profesor, con profesiones variadas —que no incluyen necesariamente la de pedagogo—, que se encuentra, durante los años de ejercicio, en la vicisitud constante de crecer y educarse al mismo tiempo que sus alumnos.

Esto excede (y por mucho) la adquisición y consolidación —incluso en la sabiduría— del conocimiento específico del área. Las necesidades de ser "en–y–con" el proceso, demandarán un desarrollo constante que está lejos de concluir con la adultez.

Pienso y veo, en los alumnos y pacientes de mi quehacer clínico, que existen variadas etapas de desarrollo, que no son sólo un avance o profundización de un mismo estadio, sino más bien la construcción de estadios propios. Creo que la maduración genera esta distinción en términos de las etapas anteriores del desarrollo. El desarrollo adulto se vuelve hacia sí mismo para proyectar vectores de desarrollo. Se repliega hacia el estado maduro, para proyectarse —desde este estado— en distintas direcciones, pero en un sentido compartido de apropiación y sentido.

Aquí la zona de desarrollo próximo se vuelve un ejercicio consciente, y más que zona, es una disposición a lo próximo, a lo siguiente, pero sin afán de llegada, sino más bien con la atención puesta en el tránsito. Una vez que se ha alcanzado la certeza de la incertidumbre, y se controla la carencia de control, lo que queda es recorrer el recorrido, adquiriendo del quehacer del estar vivo, las *vivencias* que configuran lo que será la base para analizar el ciclo vital.

Ser docente no es posible al margen de ser sujeto. El quehacer madurativo, en términos del convertirse en maestro, requiere necesariamente no dejar nunca dejar de ser aprendiz. Muy por el contrario, la maestría parece venir de una humildad inherente, un abrazo a la ignorancia como zona de desarrollo que permite lo próximo. Es sólo desde la aceptación interiorizada que se genera el cambio.

Esta interiorización es la transformación de los procesos interpersonales en procesos intrapersonales. Toda función aparece en dos niveles: primero en un nivel social y, más tarde, a nivel individual, primero entre personas y después en el interior del propio sujeto. Las funciones superiores tienen su origen, por tanto, en las relaciones entre los seres humanos. El proceso de interiorización implica que el sujeto reconstruirá, mediante su propia actividad mental, los procesos que antes ya han ocurrido en el curso de la interacción social, configurando las cualidades de su consciencia.

La consciencia del individuo es primordialmente lingüística, debido al significado que tiene el lenguaje o la actividad lingüística en la realización de las funciones psíquicas superiores del hombre. Por lo tanto, es y no es material la base de la conciencia, o por lo menos no material en el sentido de uniformidad.

Pero no es la conciencia de los hombres lo que determina el ser, sino por el contrario, es su ser social lo que determina la conciencia. Así, la consciencia humana es el producto más desarrollado de la evolución de lo material. Somos herederos de toda la evolución filogenética, pero el producto final de nuestro desarrollo está en función del medio social y la manera en la que como educadores asumimos nuestra responsabilidad ética en–y–con este medio.

Cuando hablo de lo ético no me refiero a cómo han de enseñarse en un aula la libertad, la solidaridad, la tolerancia o la justicia, sino a la incorporación de un enfoque ético en nuestras vidas y en el quehacer como educadores. La ética no puede convertirse en una clase donde "se enseñan valores". Los valores no se enseñan, se viven. Se practican. Ése es el valor moral de los valores, su puesta en práctica.

Referencias

Caro, I. (2013). Lo cognitivo en psicoterapias cognitivas: una reflexión crítica. *Boletín de Psicología, 107*, 37–69.

Canal, K. y Penélope, C. (2016). Aprendizaje expansivo e instrumentos para la reflexión sobre la práctica profesional, interacción alumno–docente y alumno–alumno. *Reflexión Pedagógica. Ensayos de estudiantes de la Facultad de Diseño y Comunicación. Año XII. 124*, 66–70.

Daniels, H. (2009). Vygotsky and inclusion. En Hick P., Kerschner R. and Farrell P. *Psychology for Inclusive Education. New directions in theory and practice.* London: Routledge.

Erausquin, C. (2006). Sobre modelos, estrategias y modalidades de intervención de psicólogos en educación, en contextos del siglo XXI: figuras hegemónicas y alternativas, ejes y vectores en representaciones, prácticas y discursos. *Ficha de Curso Posgrado UBA. Facultad de Psicología.*

Erausquin, C. (2008). Juego y escolarización en el desarrollo de subjetividad: hacia una dialéctica de la diversidad en Zonas de Construcción Social de Conocimientos e Identidades. *Ficha de Curso Posgrado UBA. Facultad de Psicología.*

Ferreiro, E. y García, R. (1978). Presentación de la edición castellana. *Piaget J. Introducción a la epistemología genética, 1*, 9–23. Buenos Aires: Paidós.

García, R. (2000). *El conocimiento en construcción. De las formulaciones de Jean Piaget a la teoría de sistemas complejos.* Barcelona: Gedisa.

López Melero, M. y col. (2007). La ética y la cultura de la diversidad en la escuela inclusiva. *Revista Sinéctica, 29.* México: ITESO.

Meirieu, P. (2013). Entrevista de Luciana Vázquez a Philippe Meirieu. *La escuela ya no se ve como una institución capaz de reencarnar el bien común.* Diario La Nación. Extraído de http://www.lanacion.com.ar/1636530-philippe-meirieu-la-escuela-ya-no-se-ve-como-una-institucion-capaz-de-reencarnar-el-bien-comun

Piaget, J. (1975). *Introducción a la epistemología genética.* Buenos Aires, Paidós.

Ruiz, M., Fernández, M. y Villalobos A. (2012). *Manual de Técnicas de Intervención Cognitivo Conductuales.* Bilbao: Desclée De Brouwer.

Rogoff, B. (1990). *Apprenticeship in Thinking: Cognitive Development in Social Context* Nueva York: Oxford University Press.

Vygotsky, L.S., Cole, M. y Luriia, A.R. (1996). *El desarrollo de los procesos psicológicos superiores.* Barcelona: Crítica.

Vygotsky, L.S. (1926-2012) (2017). Conducta ética. Naturaleza de la ética desde el punto de vista psicológico. *Traducción de Efraín Aguilar.* Recuperado de http://vygotski-traducido.blogspot.com.ar/search/label/Conducta%20%C3%A9tica

CAPÍTULO 13

Interacción y Comunicación Educativa

Un recorrido por el libro de bitácora del seminario

Livia García Labandal (Argentina)

> *El tiempo de nuestras vidas es, entonces, tiempo narrado;*
> *es el tiempo articulado en una historia;*
> *es la historia de nosotros mismos tal como somos capaces*
> *de imaginarla, de interpretarla, de contarla, y de contar(nos)la.*
> *Más o menos nítida, más o menos delirante,*
> *más o menos fragmentada.*
>
> *La experiencia de la lectura. Jorge Larrosa (2011)*

¿Qué es una bitácora de viaje?

Bitácora, del francés *bitacle*, es una especie de armario que se utiliza en la vida marítima. El mismo se fija en la cubierta, cerca del timón y de la aguja náutica que facilita la navegación en océanos desconocidos.

En la antigüedad este artilugio solía incluir un cuaderno —*el cuaderno o libro de bitácora*—, donde los navegantes relataban el desarrollo de sus viajes para dejar constancia de todo lo acontecido en el mismo, y la forma en que habían podido resolver los problemas. Este cuaderno se guardaba en la bitácora. Estaba así protegido de las tormentas y los avatares climáticos, y servía como libro de consulta ante las vicisitudes del viaje. [1]

En la actualidad se sigue denominado libro de bitácora al volumen encuadernado que posibilita llevar un registro escrito, cronológico, de diversos datos, acciones y acontecimientos. Permite recuperar las vivencias desde los momentos compartidos, que a veces quedan registrados en las fotos y en los relatos de los viajeros —en este caso—, académicos ...

En el ámbito educativo, el *portfolio* es un instrumento pedagógico que permite a los estudiantes realizar el registro de sus acciones y reflexionar sobre el trabajo realizado para revisar los conocimientos, habilidades y actitudes de los que se van apropiando. En una analogía con el mundo de la navegación, el portfolio intenta mapear el desarrollo personal que realizan los estudiantes a lo largo del curso. Por medio de éste controlarán el recorrido, evaluarán el derrotero y más tarde también reconstruirán el viaje y sus vicisitudes (de Vries, 2009).

Comienza el relato: el trabajo en talleres

El recorrido a transitar en el marco del seminario **Interacción y Comunicación Educativa** tenía como objetivo apropiarse de conocimientos y

---

[1]**N. del E.** En 2019 el Colegio CEU San Pablo Montepríncipe (Madrid, España) inició un proyecto pedagógico internacional para celebrar el V Centenario del inicio del viaje de Magallanes y Elcano alrededor del mundo. Sus alumnos escribieron e ilustraron lo que imaginaron que sería el Cuaderno de Bitácora de ese histórico viaje. La obra se fue entregando sucesivamente en instituciones asociadas al proyecto en Uruguay, Argentina, Chile, Filipinas y Guinea Ecuatorial, países visitados por la expedición, para que sus alumnos fueran agregando contenido local. En Buenos Aires esto se realizó el 20 de setiembre de 2019.

La ilustración de la última página de este libro muestra una de sus hojas. `https://www.primeravueltaelcano.es/cuadernos-bitacora/bitacora-3/`

desarrollar competencias para comprender y explicar los procesos de intercambio comunicativo e interacción social y cognitiva en contextos educativos. Los contenidos estaban organizados en cuatro módulos:

M I: Interacción social y comunicación educativa en la construcción de conocimiento.

M II: Interacciones comunicativas en aula y entre agencias profesionales.

M III: Gestión de la educación en aulas heterogéneas.

M IV: El aprendizaje cooperativo, inter–agencialidad en convivencias y aprendizajes.

Las clases se desarrollaron a partir de talleres teóricos y prácticos, cuya finalidad estuvo focalizada en la comunicación teórica alrededor de núcleos temáticos seleccionados y la inclusión de actividades específicas a modo de taller, que hicieron necesario que los estudiantes asumieran un rol protagónico en el proceso de enseñanza y de aprendizaje.

Los talleres constituyen una opción para trabajar en grupos, una valoración de la participación de los propios sujetos en la responsabilidad de sus propios aprendizajes, una integración de las experiencias personales de cada participante en el proceso de enseñanza y de aprendizaje y una intencionalidad operativa, en tanto los aprendizajes adquiridos pueden influir en la acción de los propios participantes. El trabajo desde una metodología activa favorece la discusión, la argumentación, el compromiso de los alumnos en su proceso de aprendizaje, la lectura de material bibliográfico y la autonomía en el abordaje del estudio.

Una estudiante que participó activamente en los talleres relata:

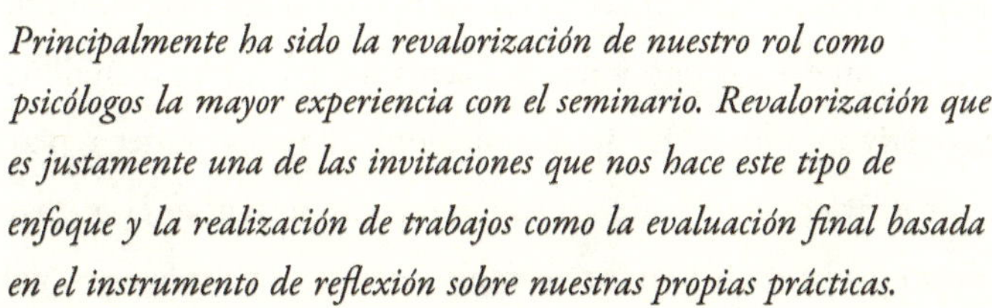

Principalmente ha sido la revalorización de nuestro rol como psicólogos la mayor experiencia con el seminario. Revalorización que es justamente una de las invitaciones que nos hace este tipo de enfoque y la realización de trabajos como la evaluación final basada en el instrumento de reflexión sobre nuestras propias prácticas.

> *Al venir de un enfoque muy distinto y encontrarme con toda la construcción realizada aquí, frente a la psicología, que se diferencia mucho de algunas tendencias actuales, he ido comprendiendo sus razones y sobre todo he ido entendiendo su gran riqueza.*
> *El hablar de la construcción de conocimientos, de los procesos de educación vistos como diversos procesos de aprendizajes y enseñanzas, partiendo desde las subjetividades, desde lo realmente más humano que tenemos, hace una gran diferencia y nos permite apropiarnos de estos espacios.*
>
> *Una estudiante del seminario.*

Se genera la posibilidad de contar con espacios de intercambio entre estudiantes, con el diseño de producciones grupales, en encuentros donde se da la puesta en común, el intercambio, el debate y la elaboración en plenario de una síntesis final.

Schön (1992) explicita que no se puede enseñar a los estudiantes lo que necesitan saber, pero puede guiárselos para su adquisición. Los alumnos tienen que ver por sí mismos y a su propia manera las relaciones entre los medios y los métodos empleados y los resultados conseguidos. No pueden verlo otros por ellos y tampoco pueden verlo simplemente porque alguien se los "diga", aunque la forma correcta de decirlo pueda orientar su percepción para ver y así ayudarle a ver lo que necesita ver. Estas acciones tutoriales, de guía, de facilitación o de acompañamiento favorecen los procesos de reflexión. Igual que el conocimiento en la acción, la reflexión en la acción es un proceso que se puede llevar adelante sin ser capaces de decir lo que se está haciendo (Schön, 1992).

La reflexión no es un concepto unívoco. Como construcción crítica de la experiencia, requiere diálogo y debate, demanda en forma ineludible contraste intersubjetivo y plural. Es decir, reflexionar implica poder repensar en la práctica y tomar conciencia de los supuestos que sustentan el quehacer profesional. Es un proceso vivo de intercambios, acciones y reacciones, gobernadas intelectualmente, en el fragor de interacciones más complejas y totalizadoras. Con dificultades y limitaciones, es un proceso de extraordinaria riqueza en la formación del profesional práctico. Puede considerarse el primer espacio de confrontación empírica de los esquemas teóricos y de las creencias implícitas con los que el profesional se enfrenta a la realidad problemática. El contraste con la realidad confirma o refuta los planteamientos previos y se corrigen–depuran sobre la marcha (Gimeno Sacristán y Pérez Gómez, 1995).

Otra alumna narra:

> *Me parece fundamental cambiar el enfoque del sujeto depositario de información, a un sujeto activo en su propio proceso educativo, que se da en un entramado con los otros que están allí, transcurriendo estos mismos espacios y estas trayectorias desde miradas tan diversas como cantidad de sujetos implicados.*
>
> *Dejar de pensar en la educación como el proceso de transmisión de conocimientos para pasar a pensarlo como un proceso de creación, de inmersión, de apropiación que sólo se puede dar en tanto le sea permitido al sujeto, en tanto se le den las condiciones de posibilidad. Y por último, pensar nuestro rol como un facilitador de estos procesos, dejar de pensar de maneras mecánicas y operativas, para empezar a pensar maneras más creativas, artesanales y sobre todo cooperativas, que permitan el accionar de todos, que es la manera en que se pueden gestionar cambios mucho más sustanciales, reales, en nuestros procesos educativos, que se encuentran hoy en una complicada crisis.*

Otra alumna del seminario.

La reflexión puede incluir varias dimensiones. Es posible reflexionar sobre supuestos y creencias, contenido a enseñar, concepciones internalizadas acerca del aprendizaje y de la enseñanza, problemáticas institucionales en las que se llevan a cabo las prácticas y contexto socio–político y cultural que las condiciona.

La propuesta pedagógica, sustentada en un enfoque constructivista del proceso, propicia la recuperación de saberes previos académicos y extracurriculares, teóricos y vivenciales, revisando, resignificando y recontextualizando los conocimientos y esquemas referenciales ya adquiridos, reorganizándolos críticamente en un nuevo sistema, a través de la interacción con docentes, con sus pares, y mediante la apropiación de nuevas herramientas de análisis y abordaje.

El proceso de cambio acontece en el propio sujeto en formación, quien, al afrontar la realidad, al vivir situaciones compartidas, de formación o profesionales, va generando su propio trayecto en función de las oportunidades y de lo que ellas le significan (Souto, 2017).

Larrosa (2018) utiliza el término *dispositivo* para señalar que la educación se produce en el interior de determinadas formas materiales de disponer espacios, tiempos, cuerpos, relaciones, objetos, tecnologías, disciplinas, lenguajes y maneras de hacer, que hagan al mundo disponible para los sujetos y a los sujetos disponibles para el mundo. Enfatiza la cuestión de la disposición, del estar puesto o dispuesto. En ese sentido, un dispositivo educativo sería algo así como un artificio o un artefacto en el que el mundo y los sujetos o estudiantes se ponen, mutuamente, a disposición. Lo que el profesor hace es trabajar sobre ese tiempo, sobre ese espacio, sobre esas materialidades y sobre esas actividades.

Marta Souto (2017) define al *dispositivo pedagógico* como un artificio instrumental complejo "constituido como combinatoria de componentes heterogéneos, que tiene disponibilidad para generar desarrollos previstos e imprevistos y poder para ser proyectado, instalado, realizado y analizado". Sus componentes son, entre otros, la finalidad; la institución que convoca; las personas; los espacios; los tiempos; el interjuego entre arte, técnica y teoría; las estrategias.

Para esa autora el dispositivo plantea un predominio técnico, pero sin desatender otras dimensiones, y dispone componentes variados y diversos, en función de una intencionalidad pedagógica: facilitar el aprendizaje. Por lo tanto, entre otras particularidades, el dispositivo pedagógico tiene un carácter de organizador técnico, porque organiza condiciones para su puesta en práctica y realización: espacios, tiempos, recursos materiales y humanos, ambientes propicios para su instalación. Pero también organiza acciones desde una lógica de complejidad no lineal.

Si bien el dispositivo pedagógico tiene un componente normativo, éste es pensado como uno más del conjunto de factores que lo constituye, y no como el único que otorga direccionalidad.

Al respecto, es importante señalar que el dispositivo pedagógico trabaja con lo aleatorio, lo incierto, y está pensado con posibilidad de modificación continua. Entonces, el docente debe estar preparado para que, si sucede algo nuevo o inesperado, pueda integrarlo con el objetivo de modificar o enriquecer la acción. Se debe enfatizar que lo expuesto anteriormente no implica ausencia de intencionalidad o finalidad y, mucho menos, desestructuración.

Este concepto ha sido retomado por Souto y es definido como "aquello que se pone a disposición para provocar en otros disposición a ...; aptitud para ..." (Souto, 1999, p. 105), atravesado por diversas dimensiones.

A partir de esta definición genérica, dicha autora plantea que un dispositivo puede convertirse en:

- *Un revelador* de significados implícitos y explícitos, de aquello que proviene de lo subjetivo, lo intersubjetivo, y lo social, de conflictos, de órdenes y desórdenes, de incertidumbres, de modos de relación entre los sujetos, de relaciones con el saber, de vínculos con el conocimiento, de representaciones conscientes e imaginarias, individuales y compartidas en la vida de un grupo y de una escuela.

- *Un organizador técnico* que estructura las condiciones para su puesta en práctica y realización: espacios, tiempos, recursos materiales y humanos, ambientes propicios para su instalación.

- *Un provocador* de transformaciones, de relaciones interpersonales, de conocimiento, de pensamientos, de reflexiones, de lo imaginario y de la circulación fantasmática a nivel individual, de procesos dialécticos con los cuales se recupere el sentido de los opuestos, no necesariamente para resolverlos, sino para sostenerlos en sus contradicciones, para la toma de conciencia.

Teniendo en cuenta las significaciones presentadas hasta aquí, es posible señalar que un *dispositivo de formación* es un modo particular de organizar la experiencia formativa, con el propósito de generar situaciones experimentales. El objetivo es que los sujetos que participan en él se modifiquen a través de la interacción consigo mismos y/o con otros, adaptándose activamente a situaciones cambiantes, apropiándose de saberes nuevos, desarrollando disposiciones y construyendo capacidades para la acción.

Es posible pensar en dos tipos de dispositivos:

Los *dispositivos basados en narraciones* consisten en la producción de relatos escritos como medio para acceder a la experiencia subjetiva de los estudiantes, para que éstos puedan tomar como objeto de reflexión su propia historia escolar, creencias, prejuicios, conocimientos previos y esquemas de acción adquiridos de modo consciente o no. Los relatos contribuyen a hacer inteligibles las acciones para los propios estudiantes y también para los que escuchan (Egan, 1997). Es así como posibilitan una toma de conciencia, que permitirá iniciarse en la docencia o mejorar sus prácticas actuales, haciendo visibles los criterios por los cuales arribaron a esas decisiones y acciones. En esta categoría. es posible encontrar la autobiografía escolar y el diario de formación.

En cambio, los *dispositivos basados en interacciones* privilegian el intercambio y la confrontación entre pares. Son propuestas que favorecen el ejercicio de la observación, el desarrollo de competencias comunicativas, la oferta y recepción de retroalimentaciones, la integración de conocimientos de diferentes disciplinas y la articulación entre teoría y práctica. En este tipo de dispositivos se incluyen los talleres de integración, las micro–clases, los grupos de reflexión y las tutorías individuales.

La construcción de un portfolio a lo largo del camino

Un *portfolio* es una colección de los trabajos del alumno y sus reflexiones sobre ellos.

Así como el cuaderno de bitácora —libro en el que los marinos, durante en sus respectivas guardias, registran los datos de lo acontecido—, el portfolio que construyen los estudiantes, a modo de cuaderno de viajes, permite justamente reconstruir su itinerario. La revisión de lo que en ellos se sistematiza les posibilita reflexionar sobre el propio proceso de aprendizaje y proyectar nuevas metas para el futuro. No es sólo de un proceso acumulativo de información. Puede ser también pensado como un registro abierto, es decir, anclado en la actividad del seminario, pero no necesariamente cerrado sobre el mismo. En este sentido promueve, durante la cursada, la apropiación de sentidos y significados nuevos por cada uno de sus autores, más allá de las actividades programadas dentro del curso, para incluir la experiencia de cada uno de ellos.

La recolección de datos está lejos de ser aleatoria: es deliberada, sistemática y organizada (Danielson y Abrutyn, 2002). Podría considerarse como la historia documental, cuidadosamente estructurada, de un conjunto de desempeños, cuya realización plena adviene solamente a través de la escritura reflexiva, la deliberación y el intercambio.

Lyons, Shaklee et al. y Shulman (1999) señalan que los portfolios surgen con la búsqueda de innovaciones para evaluar procesos y resultados, que lleguen a captar la complejidad del aprendizaje.

Su aporte se centra particularmente en dos aspectos. Por un lado, brinda a los estudiantes, en forma periódica, un soporte concreto para pensar sobre su aprendizaje revisando errores, comparando borradores y versiones definitivas, completando trabajos, reconociendo sus puntos fuertes en los "mejores" trabajos y sus puntos débiles en los más complejos. Posibilitan reconstruir el trayecto recorrido, recuperando información sobre el aprendizaje, y descubriendo la propia identidad, implicándose, progresivamente, en su autoevaluación. Por otro, facilitan a los docentes el acceso a información sustantiva respecto del recorrido que realizan los estudiantes al aprender.

Un aspecto fundamental de la intervención del docente en la modalidad de portfolios, se refiere a la *mediación* que se produce a través del diálogo establecido entre éste y los estudiantes, en la construcción de conocimientos con significado, espacio desde el que emerge su validación y comprensión.

La utilización de los portfolios para la recolección, organización y sistematización de la información sobre los aprendizajes depende de una construcción metodológica que responde claramente a la intencionalidad del docente (Edelstein, 2000). La misma habilita un particular tratamiento del contenido, respetuoso de la lógica disciplinar, y atento a la comprensión de los procedimientos realizados por los alumnos para construir dichos conocimientos, así como a las propias intervenciones del docente, en aras de facilitar su construcción.

Esta particular "colección de trabajos" adquiere relevancia como posibilidad de objetivación de procesos de pensamiento y de acción. Más aun, se podría afirmar que el portfolio facilita la objetivación de una historia personal de aprendizaje.

Se instituye de este modo como una herramienta que documenta la conciencia de una historia (Lyons, 1999), en un contexto de enseñanza cuya intencionalidad promueve la constitución del rol, privilegiando el proceso de colaboración y diálogo reflexivo. Así la reflexión sobre la práctica y el lugar de privilegio que ocupa la narrativa, conllevan a la inauguración de posicionamientos novedosos, en tanto centrados en la implicación subjetiva que deviene de la autorrevisión crítica del propio proceso de formación.

Al inicio del curso se entregaron a los estudiantes las consignas que invitan a transitar por las diferentes entradas a su portfolio, entendido éste como una herramienta que promueve la autoevaluación, posibilitando instancias privilegiadas de revisión reflexiva sobre lo realizado, en el proceso de desarrollo profesional del rol.

Las consignas del portfolio implican lecturas y producción de reflexiones, el diseño de experiencias de interacción y comunicación educativas entre agentes psico–educativos y/o docentes y alumnos, abordando un problema de aprendizaje o un problema de convivencia y violencias en escenarios educativos.

Incluye, alternativamente,

- la elaboración de un diseño de un abordaje inter–agencial e interdisciplinario; o bien

- la elaboración y análisis de una situación de interacción comunicativa, que se considere con valor educativo, en la que se esté participando en la actualidad.

Las entregas se realizan siempre a través de producciones escritas.

En su primera entrada al portfolio una alumna expresó:

Para el siguiente trabajo he seleccionado dos párrafos que invitan a pensar, en principio, a las instituciones educativas en tanto entramados complejos en los cuales la necesidad de generar puentes entre los saberes previos, los conocimientos de los estudiantes, y los nuevos disciplinares, se vuelve esencial para promover prácticas que permitan anclar en significaciones y a partir de allí tejer puentes hacia la construcción colectiva de otras nuevas.

Alumna del seminario.

Continúa citando a Courtney Cazden (2010):

> *Con el proceso de entramado en telas, explicaron que en realidad éste incluye el vaivén de las hebras, realizado con una lanzadera, como componente. Momento a momento, el tejedor (maestro o estudiante en el aula) inicia y guía el vaivén hacia adelante y atrás. Pero durante un espacio de tiempo más largo, esas acciones repetidas de vaivén construyen complejos patrones de colores y formas orientados hacia un todo rico y coherente —cualitativamente muy diferente y mucho más significativo que la suma de hebras separadas. La metáfora del entretejido implica también una intencionalidad del diseño. El tejedor está comprometido en la producción ...*
> *En tanto tejedor comprometido deberá considerar para el desarrollo de dicha obra el uso adecuado de las herramientas culturales, especialmente de aquella que por excelencia determina las interacciones en el aula, el lenguaje.*

Cazden, 2010.

La alumna finalizó su entrada indicando que en su libro —*La construcción guiada del conocimiento. El habla de profesores y alumnos*—, Neil Mercer (1997) expresó:

> *El psicólogo ruso Vygotsky describió el lenguaje como un* herramienta psicológica, *algo que cada uno de nosotros puede utilizar para darle sentido a la experiencia. El lenguaje es también nuestra* herramienta cultural *esencial: la utilizamos para compartir la experiencia y, por lo tanto, para darle sentido colectiva y conjuntamente: el lenguaje es un medio para transformar la experiencia en conocimiento y comprensión culturales. [..]*
> *El lenguaje es, por lo tanto, no sólo un medio por el cual los individuos pueden formular ideas y comunicarlas, sino que también es un medio para que la gente piense y aprenda conjuntamente.*

Mercer, 1997.

Y otra alumna dice:

En mi rol como maestra integradora, acompañar a niños, niñas y adolescentes en situación de discapacidad en su tránsito por la experiencia escolar, ha sido tan maravilloso como frustrante. Este rol que surge en el marco de una política educativa inclusiva, profundamente discutida, interpela a docentes, directivos, padres y alumnos sobre las prácticas de enseñanza y aprendizaje que se construyen en el aula. Las interacciones e intercambios cognoscitivos entre docentes y alumnos demandan ser revisadas a favor de la diversidad e igualdad de oportunidades.

Cazden (1991) nos ofrece —en el capítulo 2 de su libro "Tiempo compartido"—, numerosos ejemplos que nos permiten reconocer algunas lógicas interaccionales que se juegan entre alumnos y docentes, en un espacio áulico de diálogo sobre temas o situaciones extracurriculares, y que resulta propicio para la construcción de textos orales, que no se espera deban cumplir con formalidades discursivas.

Alumna del seminario de Maestría.

Una extensa entrada posibilita que una estudiante explicite:

La lectura de la siguiente experiencia centrará la mirada en estos dos sentidos, por un lado pensando el aula como un entramado y por otro poniendo el foco, desde el interaccionismo socio–discursivo, en las acciones del lenguaje como prácticas sociales, históricas, culturales y en los procesos psicológicos derivados de espacios de enseñanza–aprendizaje.

Desde el grupo de docentes de la asignatura Psicología Educacional de la carrera de Ciencias de la Educación de la Universidad Nacional de Luján, se propuso un trabajo articulado con el equipo de especialistas en pedagogía universitaria de la misma universidad.

Allí se planteó la necesidad de gestionar dentro del marco de la cursada de la asignatura, espacios de formación en lectura y escritura académica. Esta propuesta surgió, por tanto, como necesidad frente a la observación realizada por docentes de diferentes materias, quienes manifestaban que la dificultad en la lectura y escritura se constituía en un obstáculo para el aprendizaje de los estudiantes en la universidad.

El eje del trabajo se fundó en la idea de que la enseñanza y el aprendizaje son acciones que se encuentran mediadas por signos lingüísticos, los cuales cobran sentido en contextos que los constituyen y dan sentido. Mediante las acciones del lenguaje los docentes interactúan mentalmente con los alumnos, y estas interacciones se constituyen en espacios específicos concretos. Por consiguiente, la propuesta buscó, mediante las acciones del lenguaje, que los estudiantes logren el dominio de los recursos simbólicos y por tanto, niveles de desarrollo de las funciones psicológicas superiores avanzadas necesarias para la lectura y escritura académica.

Para ello se trabajó en la construcción de diferentes espacios dentro de la cursada, que les permitieran realizar ejercicios individuales y grupales de lectura y escritura con ayuda y guía de los docentes formadores.

Otra estudiante del curso.

Al comunicar, mediando la escritura, algunas vivencias, tensiones, prácticas y resultados que implican subjetivamente, pone al escriba en posición de volver sobre las huellas que los pasajes por las instituciones producen, y que se repiten sin tener mucha conciencia de ello.

El acto de la escritura constituye un presente desde donde recuperar la memoria, abriendo futuro. Bertold Brecht (2012) dice que las palabras son como persianas que se levantan, pero la escritura es lo que permite ver qué hay detrás de las persianas. Se apuesta a redoblar esta intencionalidad de revisar, ¿qué hay? y ¿de qué modo mejorarlo?, cuando se ponen por escrito y se comparten vivencias y espacios que son íntimos, pero a la vez sociales e históricos.

Con relación a esto, es necesario señalar que la escritura y la posibilidad de comunicarla colaboran para ir transformando, construyendo y constituyendo intervenciones. Es necesario restablecer la temporalidad en situaciones detenidas, resignificando el pasado, desde la fugacidad del presente, pero potencialmente capaz de ensayar el futuro.

Último encuentro: un cierre con globos ...

Para el cierre del curso se organizó el taller final. La clase fue dividida en grupos y en cada uno de ellos se presentó una situación diferente. Las mismas se situaban en los diferentes niveles del sistema educativo: inicial, primario, medio y superior.

En cada caso se especificó la interacción y comunicación desde la perspectiva de los actores involucrados. Se desarrolló la historia de la interacción y comunicación (anterior a la intervención). Se describió la interacción y comunicación en el momento en que se realizó la intervención. Además se analizó si la interacción y comunicación cumplía una función educativa, y cómo lo hacía.

A cada grupo se le propuso el siguiente ejercicio:

Suponiendo que Ud. fuera el agente psicoeducativo de la escuela:

¿Qué modificaría en esa situación de interacción y comunicación?

¿Qué vivenció la protagonista y los otros actores?

¿Qué aprendió ella y los actores que participaron?

¿Considera que aprendieron algo?

¿Con qué categorías conceptuales de la asignatura trabajaría el análisis de esa situación de interacción y comunicación educativa?

En cada grupo se produjo un rico intercambio y luego se compartieron las producciones en el plenario, con todos los grupos de la clase.

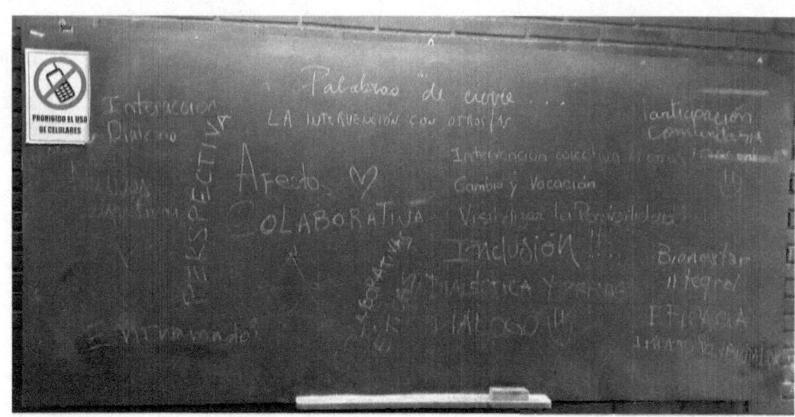

FIGURA 13.1 *Producción colectiva sobre aspectos nodales que se recuperaron del Seminario de Interacción y Comunicación Educativa.*

Al finalizar el taller cada uno escribió las palabras que se llevó del encuentro, en un globo. Se abrió el juego, los globos se intercambiaron, y luego cada uno registró, en el pizarrón, alguna nueva palabra encontrada (Figura 13.1).

Producciones y voces

Los estudiantes pudieron expresar las vivencias experimentadas en la cursada del espacio curricular y compartieron sus producciones.

Una maestranda cursante del Seminario relató:

> *Mi recorrido por el seminario de Interacción y Comunicación Educativa, como continuación del Seminario de Contribuciones de Teorías del Desarrollo, podría definirlo como un proceso de redescubrimiento. Redescubrimiento de autores, de teorías, de prácticas y de nuestro rol como psicólogos, ahora inmersos en este ámbito educativo que nos exige apropiarnos de él. Recorrido que como extranjera resulta, creo yo, tanto más abrumador en parte como enriquecedor por otra parte.*

> *Para empezar, el poder revisitar algunos autores conocidos*
> *por mí, pero desde una mirada completamente diferente,*
> *ahondar en aspectos que no había tenido momento de*
> *hacerlo y descubrir y apropiarnos de autores nuevos con*
> *ideas nuevas o con ideas retomadas para brindar nuevos*
> *enfoques, ha sido de gran valor. Ha significado, además de*
> *una muy útil recolección de herramientas, una expansión de*
> *mi conocimiento y mi perspectiva frente a la psicología y la*
> *educación.*
>
> *Maestranda cursante.*

Otra Maestranda indicó:

> *Las teorías y nociones conceptuales abordadas en este*
> *seminario (...) me parece que generan nuevas formas de*
> *concebir la educación, entendiendo su complejidad y la*
> *importancia de abordarlas desde las voces de diferentes*
> *actores, en un trabajo interdisciplinario y comprendiendo lo*
> *imprescindible de los múltiples sistemas de actividad*
> *presentes en el contexto escolar.*
>
> *Otra maestranda cursante.*

Una narración es el relato de hechos reales o imaginarios que les suceden a personajes en un lugar. Cuando se cuenta algo que nos ha sucedido o que se ha soñado o cuando se narra un cuento, se está haciendo una narración. A diferencia de la historización, que describe hechos acontecidos, la narración implica subjetivamente a quienes participan de ella.

Jean Paul Sartre (2002) afirma que el hombre es siempre un narrador de historias; vive rodeado de sus historias y de las ajenas, ve a través de ellas todo lo que le sucede. Historias que se significan y resignifican en la medida en que las situaciones sociales y las vivencias personales y singulares, se van entramando.

Como señala Jorge Larrosa (2000), se piensa en una historia orientada por la interrogación sobre sí mismos, para disolver o relativizar algunas de las evidencias o familiaridades fuertemente sostenidas, y para detectar las condiciones históricas de posibilidad de aspectos del presente. Y Walter Benjamín (1980) señalará que la historia es objeto de construcción, y su marco no es el tiempo homogéneo y vacío, sino un ámbito lleno de tiempo actual.

Autores como Paul Ricoeur (2001) recuerdan que el *pensamiento narrativo* constituye una parte fundamental de la vida cognoscitiva y afectiva, que interviene también en aspectos éticos y prácticos. Siendo indispensable, por ejemplo, para comunicar quiénes somos, qué hacemos y por qué lo hacemos.

La narrativa estructura la experiencia, y los relatos son una forma de conocerla, transmitirla y compartirla (Bruner, 1997). Es el arte primordial de los humanos, afirma Rosa Montero (2003). Para ser, tenemos que narrarnos, y en ese cuento de nosotros mismos hay muchísimo cuento: nos mentimos, nos imaginamos, nos engañamos. Y también, desde nuestro lugar de docentes, podemos re–significar nuestro accionar profesional, generar espacios saludables para nosotros y para aquellos a los que enseñamos, intentando establecer relaciones interpersonales saludables. Se hace necesario poner énfasis en robarle palabras al silencio multiplicando, en los vínculos establecidos, la oportunidad de la palabra como apuesta.

Las personas somos, por encima de todo, novelistas, autores de una única novela cuya escritura nos lleva toda la existencia y en la que nos reservamos el papel protagónico. La capacidad de ser selectivos en relación a las experiencias que se narran, posibilita dar un significado a la propuesta educativa. Esa fue la apuesta de este espacio curricular.

Referencias

Brecht, B. (2012). *Poemas y canciones.* Buenos Aires: Alianza.

Bruner, J. (1997). La construcción narrativa de la realidad. En Bruner, J. *La educación puerta de la cultura.* Madrid: Visor.

Cazden, C. (1991). *El discurso en el aula. El lenguaje de la enseñanza y del aprendizaje.* Barcelona: Paidós.

Cazden, C.B. (2010). Las aulas como espacios híbridos para el encuentro de las mentes. En Elichiry N. (comp.) *Aprendizaje y contexto: contribuciones para un debate,* (pp. 61–80). Buenos Aires: Manantial.

Danielson, C. y Abrutyn, L. (2002). *Una introducción al uso de portafolios en el aula.* México: Fondo de Cultura Económica.

de Vries, M. (2009). El cuaderno de bitácora. Un dispositivo pedagógico. En *Primer Congreso Internacional de Pedagogía Universitaria.* Secretaría de Asuntos Académicos de la Universidad de Buenos Aires. Buenos Aires: Universidad de Buenos Aires.

Edelstein, G. E. (2000). El análisis didáctico de las prácticas de la enseñanza. Una referencia disciplinar para la reflexión crítica sobre el trabajo docente. *Revista del Instituto de Investigaciones en Ciencias de la Educación, 17.*

Egan, K. (1997). *The educated mind: How cognitive tools shape our understanding.* Chicago: University of Chicago Press.

Gimeno Sacristán, J. y Pérez Gómez, A. (1995). *Comprender y transformar la enseñanza.* Madrid: Ediciones Morata.

Larrosa, J. (2018). *P de Profesor.* Buenos Aires: Noveduc.

Larrosa, J. (2011). *La experiencia de la lectura: estudios sobre literatura y formación.* México: Fondo de Cultura Económica.

Larrosa, J. (2000). *Pedagogía profana: estudios sobre lenguaje, subjetividad, formación*. Buenos Aires: Noveduc Libros.

Lyons, N. (comp.) (1999). *El uso de portafolios. Propuestas para un nuevo profesionalismo docente.* Buenos Aires: Amorrortu.

Mercer, N. (1997). *La construcción guiada del conocimiento. El habla de profesores y alumnos (trad. de I. Gispert).* Barcelona: Paidós. [VO: The guided construction of knowledge. Talk amongst ...]

Montero, R. (2003). *La loca de la casa.* Buenos Aires: Punto de lectura.

Ricoeur, P. (2001). *Del texto a la acción.* Buenos Aires: Fondo de Cultura Económica.

Sartre, J.P. (2002). *La náusea.* Buenos Aires: Losada.

Schön, D.A. (1992). *La formación de profesionales reflexivos: hacia un nuevo diseño de la enseñanza y el aprendizaje en las profesiones. Educating the reflective practitioner.* Barcelona: Paidós.

Shaklee, B., Barbour, N., Ambrose, R. y Hansford, S. (1999). *Evaluación. El diseño y uso de carpetas.* Buenos Aires: Aiqué.

Souto, M. (2017). *Pliegues en la Formación. Sentidos y herramientas para la formación docente.* Buenos Aires: Homo Sapiens.

Shulman, L. (1999). Portafolios del docente: una actividad teórica. En Lyons (1999), (pp. 44–62). Buenos Aires: Amorrortu.

CAPÍTULO 14

Epílogo

Cristina Erausquin (compiladora)

Como no he olvidado la(s) pregunta(s) que lancé al principio del Libro, en la Introducción, después de la lectura de todos los capítulos del Libro II, vuelvo a formularla(s):

¿Qué ocurrió en este tiempo con nuestras deconstrucciones del pensamiento individualizador, binario, iluminista, centrado en el progreso de un solo matiz?

¿Se pudo armar algo distinto en todos estos años, en la disciplina psicológica y en el campo de la educación, o en otros?

¿Se está armando en algún lado?

Y el libro surge, para mí, como una de las pistas o indicios de que hay algunas cosas distintas surgidas en estas décadas. Y esos indicios son siempre singulares, situados, con validez ecológica, no demasiado generalizables en sus conclusiones, sin pretender conformar el corpus de una nueva teoría. El balance sobre lo que hay de contundente y novedoso en la diversidad de experiencias, cuando la analizan investigadores psico-educativos de hoy, es lo que decanta al final de la lectura de los capítulos, como ocurre también con otros libros de hoy, que recorren búsquedas y vocaciones semejantes.

En todos los capítulos de este Libro 2 "De aquí y allá...", hay un énfasis y una convicción acerca del trabajo colectivo y colaborativo dedicado a la construcción de un "saber sensible" entre la Psicología y la Educación, como lo denominan también V. Casal y M.J. Néspolo, en su nuevo libro sobre la Formación de Educadores para la Inclusión Educativa (2019). Y hablamos de un *saber sensible* porque no es sólo racional, sino también emocional, no es sólo de la mente, sino también del cuerpo, no es sólo de uno mismo sino también del otro, no es sólo lo que pienso al interior de mí, sino también lo que convierto en acción. O es la acción misma cuando se torna pensante, o cuando se enriquece con pensamientos que conmovieron a la humanidad y que continúan siendo estratégicos.

Pero también ese *saber* es *sensible* porque se torna dispuesto a entender *lo que está ahí*, lo que ocurre en esa trama, y en ese drama humano, y para ello la teoría se estira, se adapta, adopta nuevas formas, cambia, se desplaza en el tiempo y se transforma en herramienta para pensar, interrogar, acompañar, descubrir y resolver problemas. Y para transformar lo que vemos y vivimos hoy, que es diferente, y en parte también es similar, a lo que había cuando vivió Piaget, o Vygotsky, o Rivière. No hay concepto que no esté en estos capítulos dispuesto y disponible para reconstruirse, para re-contextualizar, en función de interrogar y comprender, de buscar potencias, posibilidades, en *lo que hay*, creando condiciones para ello con la ayuda de los conceptos de tan maravillosas teorías, acompañándonos a reflexionar.

Como también ocurre con el libro de Casal y Néspolo (2019), identificamos en todos los capítulos algunas pistas que nos habilitan para descubrir la potencia de la producción de *narrativas de experiencias,* como herramientas para la construcción de ese *saber sensible* que posibilita la expansión de las prácticas en dirección a la inclusión educativa.

- Las prácticas se presentan en los relatos como situadas, mediadas, y en contextos, con tiempos y espacios definidos; aunque partan del problema de un sujeto individual —cuando lo hacen—, el aprendizaje, para serlo, se presenta distribuido entre todos los actores participantes en dicho contexto y todos son necesarios y partícipes en él.

- Los relatos visibilizan y despiertan voces, perspectivas, posiciones de diferentes actores, con roles diferentes a veces dentro de un mismo sistema, o a veces dentro de distintos sistemas de actividad en interacción. La multivocalidad y pluralidad de significados está presente en todos los capítulos, y enriquece la apropiación recíproca de sentidos hallados, que podrían aparecen im–pertinentes, im–propios o in-apropiados, si los miráramos sólo desde un solo ángulo.

- Se identifican tensiones y conflictos, también contradicciones, y si bien puede aparecer violencia en el choque, como algo perturbador, hay conciencia de que el conflicto hace emerger la posibilidad de la transformación, construyendo una nueva situación que incluya a las partes en una relación diferente, de una manera nueva, y que en cambio el estancamiento sobreviene si las partes se niegan a escucharse, se escinden, pretenden actuar por separado.

- Se valoran las prácticas colectivas en tramas, entramados, articulaciones que pueden llegar a la hibridación de acciones, pensares y sentires, por momentos, con una puesta en valor de la creatividad, de la novedad que esos tejidos involucran, aunque hayan requerido destejer supuestos, sesgos, prejuicios, estereotipos, y aunque su tejido actual también quede disponible y dispuesto a nuevos des-tejidos o entre-tejidos cuando haga falta. Y sólo podemos aprender genuinamente a pensar la inclusión, si nos incluimos a nosotros mismos y también nos pensamos: ¿incluirnos a qué, para qué?

La narración genera un cierto placer, aunque no esté exenta de tomar contacto con un sufrimiento —o muchos—, porque se la identifica como instancia de construcción, a través de la acción, de una respuesta, de un modo distinto de vivir lo vivido, eso es, de un saber sensible. Y porque va a ser leído y escuchado por los otros, dialoga con otros sentidos y significados, los que arman otros autores desde sus otras experiencias, y también los que aportan las teorías desde otros tiempos y otros autores consagrados, académicos, científicos. Pero aquí también el actor se ha vuelto autor, y el autor se vive como actor. La acción se torna discurso y el discurso acción, de unos y otros y de unos con otros, que viven, escriben, leen, escuchan. Es aprendizaje expansivo, porque es horizontal, es dialógico, construye cosas nuevas que no había, se mete en los intersticios del sistema instituido con un movimiento instituyente de lo innovador (Engeström, 2001).

La apropiación participativa (Rogoff, 1997, Smolka, 2010) se descubre a sí misma en la narrativa, de nuevos significados y sentidos, que no estaban presentes en la vivencia originaria, y que hoy emergen en el intercambio de lecturas y escrituras, o en la propia acción de narrar pensando y sintiendo sobre lo vivido, que posibilitan revisitar la práctica y construir conocimiento nuevo. Como dicen Casal y Néspolo en su libro —con una intención similar a la de esta obra— "es una forma de democratizar el saber sobre un objeto de estudio", ya que todos pueden participar en la construcción de la novedad, enriquecer con la pregunta, con lo que no encaja e insiste, y abrir espacio para lo innovador que surge, como en el juego, sin terminar de saber cómo surgió, pero que ya está allí, para ser compartido.

Referencias

Casal, V. y Néspolo, M.J. (2019). Formación de educadores: la narración como eje del saber sensible para la inclusión. En Casal, V., Néspolo, M.J. (comp.) *Formación de educadores para la inclusión educativa,* (55–64). Buenos Aires: Lugar Editorial.

Engeström, Y. [Yrjö]. (2001). Expansive learning at work: Toward an activity theoretical reconceptualization. *Journal of education and work, 14*(1), 133–156.

Rogoff, B. (1997). Los tres planos de la actividad socio-cultural: apropiación participativa, participación guiada y aprendizaje. En Wertsch, J., del Río, P. y Alvarez, A. (Eds.), *La mente sociocultural. Aproximaciones teóricas y aplicadas.* Madrid: Fundación Infancia y Aprendizaje.

Smolka, A.L.B. (2010). Lo (im)propio y lo (im)pertinente en la apropiación de las prácticas sociales. En Elichiry, N. (comp.) *Aprendizaje y contexto: contribuciones para un debate* (pp. 41–60). Buenos Aires: Manantial.

CAPÍTULO 15

Autor y autoras

Trayectorias y comentarios personales

Leticia Mara Bardoneschi

Nací en la ciudad de Buenos Aires, Argentina, y viví durante muchos años allí. Actualmente vivo en Pilar, Provincia de Buenos Aires, en un contacto más cotidiano con la naturaleza.

Una vez finalizados mis estudios secundarios, estudié la Licenciatura en Ciencias de la Educación en la Universidad Nacional de Luján, convencida profundamente de que la educación era un instrumento esencial para lograr una legítima transformación social, convicción que continúo sosteniendo. Luego de mi formación de grado, realicé una diplomatura superior en Infancia, Educación y Pedagogía en FLACSO, para, más tarde, continuar mi recorrido académico en la Maestría en Psicología Educacional en la Facultad de Psicología de la Universidad de Buenos Aires. Todo ese recorrido me permitió, y aun hoy me permite, revisar, interpelar y complejizar los marcos epistemológicos que guían las prácticas y las intervenciones educativas en las diferentes instituciones.

Desde hace varios años trabajo —y aprendo— en la escuela como parte de los equipos de orientación interdisciplinarios de la Provincia de Buenos Aires. A su vez, me fortalezco y colaboro en la formación superior como docente–ayudante en la Universidad que me vio nacer (UNLu), y en aquella que me permitió crecer (UBA). Tuve el placer a su vez, durante los años 2016, 2017 y 2018, de trabajar en diferentes Programas Nacionales de Formación Docente, en los cuales pensábamos las prácticas pedagógicas en la escuela, en conjunto con sus equipos directivos, .

Braulio Javier Bruna González

Braulio Javier Bruna González nace en Talca, ciudad al sur de Chile. Hijo de un camionero y una contadora pública, realizó sus estudios en colegios de la ciudad, en medio de variadas expulsiones producto de las dificultades "actitudinales" hacia la normativa institucional. Sin mucha confianza por parte de su contexto, excepto la incondicional por parte de su madre, se traslada a Santiago a estudiar Psicología en la Universidad Central.

Ya desde adolescente había comenzado su incursión en Hegel, Heidegger, Schopenhauer, Nietzsche y Ortega y Gasset. Sin entenderlos muy bien, decidió estudiar Psicología como un medio para encontrar respuestas. Si bien en el curso de Epistemología de primer año de pregrado se encantó aun más con la Filosofía, fue el curso de Neuropsicología de segundo año y fundamentalmente, el profesor del curso, quien marcaría el deseo de Bruna de dedicarse a la docencia y recurrir al cerebro como un ámbito desde el que realizar preguntas y encontrar respuestas parciales.

"Neurito", apodo con el que llamaban a Jorge Fernández profesor del curso, era conocido por su alto nivel de reprobaciones, distancia con los estudiantes, humor sarcástico y la volubilidad emocional que se explicaba por su avanzada edad. El consejo de los estudiantes de cursos superiores era evitar cursar con él, lo que sería suficiente para postularlo como primera elección. Con un afán de comprensión clínica, Bruna se hizo parte del Laboratorio de Neuropsicología como ayudante, posición que mantuvo durante 6 años, lo que le permitió ingresar al Diplomado en Psicología Clínica en la Universidad de Chile antes de obtener el grado, pudiendo estar en contacto con docentes e investigadores dedicados a la clínica desde una encantadora danza entre filosofía y neurofisiología.

De ahí en más, todo ha sido formación y preguntas. Otros 6 diplomados, una maestría en Psicología Clínica, otra maestría en Educación Universitaria, además de postítulos y especializaciones en Neuropsicología y Psicología Cognitiva, sólo han contribuido a generar más preguntas. Hoy, cursando el Doctorado en Psicología de la Universidad de Buenos Aires y trabajando como docente investigador en la Universidad Santo Tomás en Chile, divide su intención entre el Laboratorio de

Psicología Básica y Experimental, estudiando respuestas fisiológicas a través de electroencefalografía y el intento de entender y aplicar lo que dicta Epicuro y Spinoza, mientras relee a Heidegger, Schopenhauer, Nietzsche y Ortega y Gasset (ya no leyó más a Hegel, probablemente por lo fan de Schopenhauer).

Más empeñoso que capacitado, espera que la vida profesional continúe como hasta ahora, siendo parte de los bendecidos que pueden dedicar su vida a leer, aprender, intentar–enseñar, y mantener entretanto a la familia.

Natalia Cánepa

Nací en la Provincia de Mendoza, allá por el año 1985. Mi infancia transcurre en un barrio del pedemonte mendocino, rodeada de mi familia, amigos y amigas. Ese tiempo indecible de la infancia, bello para quienes pudimos transitarla sin apuros, se opaca también por los recuerdos de escenas difíciles: la desocupación y la tristeza de un país que saquea a sus trabajadores/as.

Como adolescente con inquietudes múltiples, comienzo a estudiar Psicología en la Universidad del Aconcagua, de donde egreso en el año 2011. En el año 2008 comencé a participar como ayudante en la cátedra "Psicología Educacional" de la Facultad de Educación de la UNCuyo, espacio en el que hoy soy Jefa de Trabajos Prácticos.

Experiencias militantes en la izquierda (que luego decantan, como tantas cosas) y una vocación profunda puesta en la cuestión educativa me llevan a la perspectiva sociocultural y a pensar en los entrecruzamientos entre psicología, política, educación y filosofía. El ingreso a la cátedra de "Psicología Educacional" me impulsa a seguir los estudios en esa área tan querida, por lo que me inscribo en el año 2017 en la Maestría en Psicología Educacional de la UBA.

En la Facultad de Educación concurso luego para la cátedra "Construcción de la Subjetividad", espacio en el que también sigo desempeñándome. Al mismo tiempo participo en varios proyectos de investigación en la UNCuyo.

La Maestría, los viajes a Buenos Aires y la experiencia compartida con las compañeras del curso me enriquecen profundamente. Colaboran asimismo en la definición de mi tema de tesis, ubicado en la intersección entre la Psicología Educacional y el campo de los estudios de género en educación.

Silvia Di Falco

Nació en la ciudad de Buenos Aires, Argentina. Luego creció y cursó sus estudios primarios y secundarios en el oeste de la Provincia de Buenas Aires, en la ciudad de Ramos Mejía.

Su primera elección vocacional la llevó a la Facultad de Filosofía y Letras de la Universidad de Buenos Aires, donde cursó la carrera de Antropología. La experiencia formativa de aquel ámbito fue muy importante. Los interrogantes e intereses que surgieron allí la impulsan a continuar sus estudios en la Facultad de Psicología de la misma Universidad.

Es en el área de la Psicología Educacional donde encuentra algunas respuestas, tanto a interrogantes teóricos como a su interés en la educación como campo de prácticas. Comienza así a desempeñarse como co–ayudante en la cátedra de Psicología Educacional a cargo del Profesor Ricardo Baquero y luego de la Profesora Cristina Erausquin. Más tarde como Ayudante de Trabajos Prácticos en la misma cátedra, cargo en el que continúa.

En el ámbito profesional se inicia trabajando en clínica de niños y adolescentes, y en el ámbito de educación especial. Se desempeña como Co-Coordinadora y luego Coordinadora de Proyectos de Escolaridad Domiciliaria y Hospitalaria para el nivel secundario, y más tarde en proyectos de inclusión educativa en el mismo nivel. Participa también como investigadora de apoyo en varios proyectos de investigación.

Actualmente continúa trabajando en docencia universitaria, en proyectos de educación inclusiva en el nivel secundario y en capacitación docente. La Maestría en Psicología Educacional se ha convertido en una herramienta fundamental para enriquecer su trabajo en los distintos ámbitos de actuación profesional.

Cristina Erausquin

Nací hace 69 años, en Almagro, un barrio de la ciudad Buenos Aires, en Argentina. Después viví "mirando al sur": Temperley, Colegio Nacional de Adrogué, Burzaco, y años criando a mis hijos en Barrio Catalinas Sur. Refugio, durante las dictaduras, de gente bohemia, artistas, músicos, cientistas sociales, titiriteros: plaza de encuentros y Grupo de Teatro Catalinas Sur. Acordeones, máscaras, graffitti, La

Boca. En ese casi suburbio, se me entretejió la alegría vital con la miseria, secuestros, silencio y dolor.

De eso estamos hechos y por eso seguimos: también de Psicología a Educación, cruzando fronteras, haciendo identidad.

Marcas míticas juveniles: Filosofía y Letras, asambleas, bastones largos y escape por ventanas del Aula Mayor. Después, tiempos duros, otro refugio, Universidad del Salvador, y allí me hice "coordinadora", lo que fui toda mi vida: trabajo en equipo.

Cuando vuelve la democracia, volví a Psico UBA, y, ya Especialista en Psicoterapia Psicoanalítica, concurso como Profesora de Educacional, con Ricardo Baquero como Titular. Posgrado en Maestría en Psicología Cognitiva FLACSO, con un Director fuera de serie: Mario Carretero. Y fui/soy —orgullosa— profesora/investigadora de Psicología en UBA. Más tarde llego a otra Facultad de Psicología, pública, de La Plata, para apropiarme de la Extensión.

Habité tiempos confortables en universidades privadas —Salvador, Belgrano—, pero siempre respiré la educación pública, y seguiré situada allí. Viajé mucho, y eso hay que hacer: compararnos con lo que no somos nos hace ser y nos funde con el planeta.

Maestría en Psicología Educacional, Universidad de Buenos Aires, desde 2009. Siempre pensé que había que arrimar desarrollo subjetivo y aprendizajes, y tejer–destejer ese entramado en todo tipo de aulas.

Y aquí estoy.

Livia García Labandal

Nació en la ciudad de Buenos Aires, Argentina. Allí realizó sus estudios primarios y secundarios. Estos últimos se realizaron en el Colegio San Pio X fueron especialmente significativos porque allí también se formó como scout.

Al finalizarlos estudió Biología, carrera que terminó en el año 1984. Luego realizó varias especializaciones en Biología molecular, Paleontología y Educación para la Salud, entre otras. Estudió y completó estudios de Teología. Trabajando como profesora en escuelas secundarias, donde siempre era elegida tutora por los estudiantes, decidió estudiar otra carrera para dar respuestas a las necesidades de sus alumnos y así comenzó Psicología en la Universidad de Buenos Aires.

Se recibió de Licenciada en Psicología en 1997. Cursa la Maestría en Psicología Educacional y defiende su tesis cuyo título fue: "El afrontamiento del primer año de la Escuela Secundaria: estudio de la relación entre prácticas docentes y conductas resilientes en el proceso de enseñanza y aprendizaje de adolescentes que asisten a Escuelas Secundarias Públicas del Gobierno de la Ciudad de Buenos Aires", en 2009, luego cursa un Profesorado Universitario y egresa en 2010. Realiza una Diplomatura en Investigación Educativa en Ciencias de la Salud. Su historia académica sigue y en 2019 defiende su tesis doctoral que lleva el título: "Afrontamiento y Competencias Socioemocionales en la Formación de Profesores de Psicología".

Estuvo siempre ligada a la enseñanza y se desempeñó en todos los niveles educativos, con una experiencia profesional de 37 años en las áreas Social–Comunitaria, Educación y Evaluación Psicológica.

Su apuesta fuerte está centrada en el diseño de dispositivos que hagan atractiva la tarea de enseñar para que pueda convocar al aprender, en tanto que la educación se produce en el interior de determinadas formas materiales de disponer espacios, tiempos, cuerpos, relaciones, objetos, tecnologías, disciplinas, lenguajes y maneras de hacer, que hagan al mundo disponible para los sujetos y a los sujetos disponibles para el mundo. Por eso se hace necesario enfatizar la cuestión de la disposición, del estar puesto o dispuesto. En ese sentido, un dispositivo educativo sería algo así como un artificio o un artefacto en el que el mundo y los sujetos o estudiantes se ponen, mutuamente, a disposición. Lo que el profesor hace es trabajar sobre ese tiempo, sobre ese espacio, sobre esas materialidades y sobre esas actividades.

En este tiempo su mirada está puesta en trabajar con las competencias docentes: didácticas, evaluativas, metacognitivas y socioemocionales, que se deben poner en juego en el acto educativo.

Mariela Lloréns

Nací en la ciudad de Buenos Aires, Argentina. Allí realicé mis estudios primarios, secundarios y universitarios. Me recibí de Licenciada en Psicología en la Universidad de Buenos Aires y a los pocos años comencé el Profesorado de Psicología en la misma casa de estudios.

Hoy puedo decir que este recorrido pedagógico fue clave en mi vida profesional, laboral y personal. Tuve la oportunidad de transitar mi formación docente aprendiendo de manera colectiva como parte de una comunidad de aprendizaje. Esta experiencia fue tan significativa que transformó felizmente mi mirada tradicional sobre la educación en general, el aprendizaje y la enseñanza. Tal es así que mis intereses profesionales se orientaron cada vez más hacia el campo educativo.

Así, la docencia universitaria, la extensión y la investigación, como también la asesoría pedagógica en el nivel superior, fueron ganando terreno en mi agenda laboral. La tarea cotidiana en estos ámbitos me llevó a buscar un lugar de formación donde poder seguir reflexionando sobre la complejidad de las situaciones que se me presentaban a diario. Fue entonces que comencé a cursar la Maestría en Psicología Educacional en la UBA con la expectativa de encontrar diferentes perspectivas que enriquezcan mi mirada y me permitan seguir aprendiendo.

María Laura Romero Lévera

María Laura Romero Lévera nació en la Ciudad de Asunción, Paraguay, donde realizó sus estudios primarios y secundarios. En el año 2003 logró cumplir su sueño de estudiar en Buenos Aires, donde empezó la carrera de Psicología en la Universidad Católica Argentina. Allí se graduó de Licenciada en Psicología en el año 2008. Posteriormente, en el año 2014 realizó una Tecnicatura en Estimulación Temprana en ISALUD.

Sus primeras experiencias laborales en el área de la Educación fueron como maestra integradora en escuelas privadas, donde tuvo la oportunidad de trabajar en el nivel inicial, primario y secundario durante más de 6 años. Además trabajó en el área clínica con niños y adolescentes y en un Centro Terapéutico para chicos con Trastorno del Espectro Autista.

También participó de varios cursos y talleres referidos a evaluación psicológica infantil, actualización en psicopatología y juego.

Actualmente se encuentra realizando la Maestría en Psicología Educacional con el propósito de actualizar y profundizar sus conocimientos y poder aplicarlos a su campo laboral. Cuenta con una beca de su país que le permite realizar esta maestría.

Formó una hermosa familia y muchos amigos en Argentina. Cuando finalice la maestría retornará a su país, en donde podrá difundir y utilizar todos los conocimientos y sus experiencias adquiridos.

Claudia Ruiz Díaz Meza

Claudia Ruiz Díaz Meza nace en Asunción, Paraguay en 1987. Allí realizó sus estudios primarios y secundarios. A los 17 años realiza un intercambio estudiantil por un año a Alemania.

Inicia la carrera de Psicología en una universidad privada de Asunción, enfocándose en la práctica clínica. Luego de dos años de haber culminado, realiza una Maestría en Intervenciones Sistémicas y Prácticas Colaborativas y Dialógicas, que le ayuda inmensamente a trabajar como psicóloga clínica en una fundación para celíacos y en un sanatorio privado de Asunción.

En su práctica profesional algunos consultantes son adolescentes con diversas historias, que en ciertas veces involucran situaciones desafiantes vivenciadas en el colegio. Luego, viaja a Buenos Aires a realizar una Maestría en Psicología Cognitiva, a través de una beca.

Como cursos optativos de la Maestría elige el impartido por Cristina Erausquin, "Contribuciones de las teorías del desarrollo", y el de Ricardo Baquero, "Enfoque sociocultural en el desarrollo". Ambos resultaron significativos en su acompañamiento a niños y adolescentes.

En la actualidad cursa una especialización en Terapia Cognitiva Integrativa impartida por la Fundación Aiglé en Asunción y realiza consultorio privado.

Violeta Vicente Miguelez

Violeta Vicente Miguelez nació en Ciudad de Buenos Aires, Argentina. A los 4 años se mudó junto a su familia a Olivos, en la Provincia de Buenos Aires, donde realizó sus estudios primarios en una escuela privada del barrio. Cursó la secundaria en el Colegio Nacional de Buenos Aires.

Decidiendo continuar su educación en instituciones públicas, optó por la Universidad de Buenos Aires (UBA) y comenzó la carrera de Psicología en el año 2009. Se recibió en el 2013 y comenzó a trabajar como acompañante terapéutica, maestra integradora y coordinadora de talleres con niños con dificultades en el lazo con otros.

Desde ese momento decidió orientarse al trabajo con niños y adolescentes. Actualmente atiende en un centro comunitario y de forma particular. También continúa coordinando talleres. Además de la clínica, se interesó por la docencia y la investigación, incorporándose desde el 2015 a la cátedra de "Orientación Vocacional y Ocupacional" de la Facultad de Psicología de la UBA. En 2016 empezó a cursar algunos seminarios de la Maestría en Psicología Educacional para adquirir nuevas herramientas que le permitieran favorecer el vínculo entre el espacio terapéutico y la escuela.

Entusiasmada, prosiguió cursando y ahora se encuentra pronta a finalizar.

2 de enero del 1520.

En los primeros días del año 1520 la costa comenzó a girar
hacia el oeste. Yo lo tenía claro; por fin estábamos entrando en
el ansiado estrecho que comunicaría los dos continentes. Pero
al comprobar que la costa volvía a girar al este, tuve
un mal presentimiento: Me había equivocado. Ese no era el
paso. Tan solo era un profundo golfo, el Río de la Plata...
No tenía salida al mar.
Yo, optimista, pensé que no debía estar muy lejos y que sólo
tenía que bajar un poco al sur para encontrar el tan
deseado estrecho. Pero después de días y días explorando, tuve
que aceptar una terrible humillación: No había interpretado
bien los mapas. La tripulación comenzó a inquietarse... Los
planes se truncaban.
Allí conocimos el falso pimentero, cuya semilla también es
conocida como la pimienta. Pero para mí, las especias eran
sinónimo de Oriente. Y hacia ellas me dirigía... a pesar de tener
una de ellas delante de mis ojos.

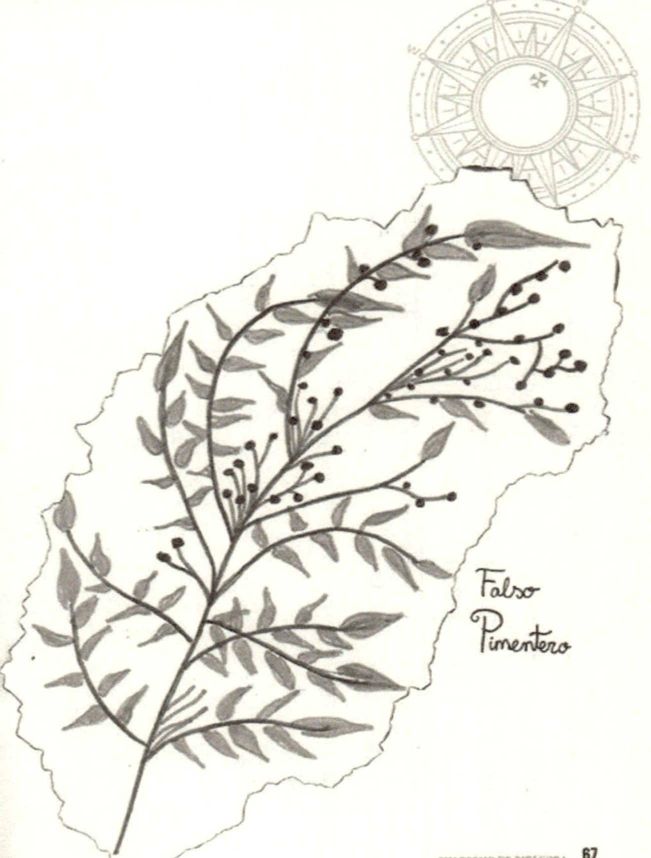